印象·中国历史

明朝卷

政治脉动中的绅士社会

冯贤亮/著

人民教育出版社
·北京·

图书在版编目（CIP）数据

印象 · 中国历史 . 明朝卷：政治脉动中的绅士社会 / 冯贤亮著 . —北京：人民教育出版社，2021.1

ISBN 978-7-107-33356-9

Ⅰ. ①印…　Ⅱ. ①冯…　Ⅲ. ①中国历史—研究—明代　Ⅳ. ① K207

中国版本图书馆 CIP 数据核字（2021）第 029664 号

印象 · 中国历史［明朝卷］　政治脉动中的绅士社会

著　　者 / 冯贤亮

责任编辑 / 黄云龙

装帧设计 / 李宏庆

出版发行　人民教育出版社

（北京市海淀区中关村南大街 17 号院 1 号楼　邮编：100081）

网　　址　http://www.pep.com.cn

经　　销　全国新华书店

印　　刷　北京恒艺博缘印务有限公司

版　　次　2021 年 1 月第 1 版

印　　次　2021 年 7 月第 1 次印刷

开　　本　787 毫米 ×1092 毫米　1/16

印　　张　19.5

字　　数　233 千字

定　　价　65.00 元

目 录

第一章

大明祖制：从朱元璋到朱棣

明朝历史有270多年，共16位皇帝，历经17朝。明王朝的各个时段均有不同的特征。从洪武开国到永乐年间，明朝基本确立了在政治、经济、文化等方面的制度和规范，常被称为“洪永祖制”。大明祖制成了明王朝的立国之本和政治延续的精神纲领。从洪武朝及之后长达四年的靖难之役，再延续至永乐朝之后短暂的仁、宣两代的太平盛世，是大明祖制表现得最清晰的时代。除了官绅集团在朝堂之上比较收敛之外，地方绅士阶层也受到了有力的抑制，特别是在江浙一带。此后，时代变革与政治变动，导致了很多实质性的变化。大明祖制的论说，有时就成了一种摆设，或者一种挥之不去的阴影。

一 元明交替的社会背景

元朝后期，社会矛盾趋于严重，变乱现象到处可见。一些有着特殊意涵的谣言，在社会上到处传播。浙江南部地区的乡民在村头树起了大旗，上书："天高皇帝远，民少相公多；一日三遍打，不反待如何！"河北地区流传的童谣，则预言天下即将易主："塔儿黑，北人作主南是客；塔儿红，朱衣人作主人公。"[1]

元末明初的浙江黄岩人陶宗仪（1329—约1412年），入赘江苏松江都漕运粮万户费雄家，后来与妻子费元珍移居泗泾南村。他记录的一首《醉太平小令》，深刻反映出元末社会的混乱景象：

> 堂堂大元，奸佞专权。开河变钞祸根源，惹红巾万千。官法滥，刑法重，黎民怨。人吃人，钞变钞，何曾见。贼做官，官做贼，混贤愚。哀哉可怜！[2]

由于太平日久，民不知兵。元朝的那些所谓将家之子，累世承袭官禄，生活上骄奢淫逸惯了，所谓"以飞觞为飞炮，酒令为军令，肉阵为军阵，讴歌为凯歌"，一旦发生战乱，根本不能应付。同时，社会上的贫富不均问题，一直比较严重，逼得老百姓不断起来造反。元末的红巾军之乱，又似乎应和了民间的某种

[1] 《元史》卷五十一《五行志》。

[2] 陶宗仪：《南村辍耕录》卷二十三，中华书局1997年版，第283页。

"天然"。有一首扶乱诗议论时局："天遣魔军杀不平，不平人杀不平人。不平人杀不平者，杀尽不平方太平。"这本来是由扶乱得来的，但在陶宗仪看来，当时社会正有这样的景象，这首诗非常有预见性。[1]

至正四年（1344年），黄河决口引发了黄河下游地区的大灾荒，朝廷不得不派官治理。到至正十一年，祖父辈就以白莲会烧香聚众的栾城人韩山童，倡言天下将要大乱，弥勒佛会降生人间。河南及江淮一带的百姓翕然信之。颍州人刘福通又与杜遵道、罗文素、盛文郁、王显忠、韩咬儿等一起，继续鼓吹这种言说，称韩山童实际上是宋徽宗的八世孙，应当成为"中国主"。他们杀白马、黑牛，誓告天地，正式起兵反元。因起义军头裹红巾，故称"红巾军"。

他们暗中刻了一个只有一眼的石人，埋在土中，之后在社会上派人四处散布童谣："石人一只眼，挑动黄河天下反。"当河工们发现这个石人后，都认为这是上天提示他们造反的信号。从此，到处都有红巾军造反。中原地区的红巾军初起之时，在反元大旗上写道："虎贲三千，直抵幽燕之地；龙飞九五，重开大宋之天。"这些都宣示他们的目的，就是要推翻元朝统治，恢复宋室江山。

不久，韩山童被捕杀，刘福通继续率领军队进行抵抗。他从安徽砀山夹河迎来韩山童的儿子韩林儿，立为皇帝，称"小明王"，建都亳州，国号"宋"，改元"龙凤"。他们的举动，得到河南许多贫苦农民的响应和拥护。

在与元朝军队的战争中，红巾军消耗严重。而元军也疲弱不堪，需要依靠各地地主武装的支持，来维持镇压活动。元朝政府规定，愿意出丁壮五千名的富民，可以担任"万户"一职，出

[1] 陶宗仪：《南村辍耕录》卷二十七，第343页。

五百名的可任“千户”，出一百名的则任“百户”。

然而，各种地主武装在拥护元朝正统的名义下，乘机夺取地盘，扩张私人势力。到至正十四年后，形成了几支势力强大的地主武装。一是河南沈丘探马赤军察罕帖木儿（本名李廷瑞）和罗山典史李思齐组织的地主武装，主要在河南、河北、陕西、山西等地与红巾军对抗。二是元朝宿将答失八都鲁领导的武装，在湖北、河南、安徽等地打击红巾军。三是福建陈友定的地主武装，主要在福建地区扩展势力。四是广东何真的地方武装，以广东为基本势力范围。

在农民起义军的内部，也逐渐分化，形成了几个大的武装集团。他们在共同反元的旗帜下，相互间也时常争斗。当时比较有影响的反元势力，一是以陈友谅为首的“大汉”政权，势力范围在江西、湖广等地；二是以明玉珍为首的“大夏”政权，势力范围在四川；三是以张士诚为首的“大周”政权，势力范围在以苏州为中心的江南一带；另外，还有以方国珍为首的在浙东地区的武装，以宁波为中心。然而，无论是在元朝大旗下的北方地主武装，还是势力、财力较大的陈友谅、张士诚，虽然称雄于一时，最终都被崛起于濠州的朱元璋所灭。

二 明朝国基的奠立

朱元璋，原名重八，濠州钟离（今安徽凤阳）人。他祖上家住沛县，后来迁居句容，再徙泗州，到朱元璋父亲朱世珍（原名朱五四，1283—1344年）时，才移居钟离。朱世珍有四子，朱元璋是最小的一个。据说，母亲陈氏怀他的时候曾经做过一个梦：有神人授给她一丸药，放在手掌中还有光。她吞了之后就醒了，觉得口中还有余香。天历元年（1328年）九月十八日，陈氏生产时，红光满室，而且夜间多次有光出现。邻居望见后，以为发生了大火，前来帮助救火，到了朱家，光又没有了。朱元璋出生后经常生病，家人就抱他到佛寺去消病。朱元璋长大后，“姿貌雄杰，奇骨贯顶”，而且“志意廓然，独居沉念”，一般人都看不透。[1]

撇开朱元璋的气质与志向不论，史料中有关他出生前后的记述，都与火、红光有关，符合后来人讲的明朝属于火德的言说。

至正四年春天，朱元璋17岁，适逢淮北大地旱灾、蝗灾、瘟疫并行，景象令人惊恐。四月，在饥荒的打击下，朱元璋的父、母、长兄相继死去。朱元璋孤苦无依，遂于九月入皇觉寺当和尚，干些杂活。50多天后，寺庙生计困难，寺主封仓后将僧众遣散。再次失去了生活依靠的朱元璋做起了游方僧，四处化缘乞食，备尝生活之艰辛。至正八年，流浪了4年的朱元璋再次回

[1]《明太祖实录》卷一，“天历元年戊辰九月十八日丁丑”条；《明史》卷一《太祖本纪一》。

朱元璋像

到皇觉寺，将其作为栖身之地。[1]

至正十二年（1352年）二月，定远人郭子兴与孙德崖等5人率众起义，自称元帅，攻占了濠州城。元廷派遣官军镇压。受战争波及，皇觉寺被烧毁，朱元璋再次失去了安身之所。在友人"与其束手待毙，不如起而抗争"的劝说下，他参加了郭子兴率领的红巾军。

朱元璋前去投靠郭子兴的时候，是至正十二年闰三月一日。他赶到濠州城后，守卫把他抓了起来，有人向郭子兴汇报了此事。不知为什么，过了很久朱元璋才被释放。之后，朱元璋被招入军中，几个月后被提拔为九夫长。

在这段时间里，郭子兴与朱元璋开始有了交流。通过交谈，郭子兴觉得朱元璋不会久屈人下。有一次，郭子兴关心起他的个人生活，说："汝单居，当为汝婚。"某天晚上，郭子兴与夫人吃饭时，又谈及此事。郭夫人很惋惜地说："方今兵乱，正当收招豪杰，是子举止异常，若不抚于家，反使为他人之亲，是失智也。"郭子兴大悟，于是将义女马氏嫁给朱元璋。从此，朱元璋成了郭子兴的"家人"。[2]

马氏一家原本是宿州人，居于闵子乡新丰里。马氏的父亲是农民，为人质朴，沉毅寡言，但体力健壮，性格刚强，嫉恶如仇，一般人也不敢轻易冒犯他。元末社会动荡，他与人发生争执后将对方杀死，之后畏罪而逃，搬家到定远。时已天下大乱，马氏的父母只好到处躲避，并将马氏寄养到郭子兴家，作为郭的义女。[3]

朱元璋作战比较勇敢，匹马单戈，日行百里，而且度量豁

[1]《明史》卷一《太祖本纪一》。

[2] 钱谦益：《国初群雄事略》卷二《滁阳王》，中华书局1982年版，第46页。

[3] 宋端仪：《立斋闲录》卷一，明抄本，收入《续修四库全书》子部第1167册，上海古籍出版社2002年影印版，第536页。

马皇后像

法，有智谋，才能比较出众。在成为郭子兴的女婿后，朱元璋便被人们称为“朱公子”。他有了身份，就起了个官名元璋，字国瑞。[1]

至正十三年六月，朱元璋奉命回家乡钟离招兵，以扩大队伍。他以旧时伙伴和同乡徐达等20余人为骨干，招集了700余人入伍，朱元璋因而被任命为镇抚。朱元璋发现郭子兴比较暗弱，难以成就大业，不足以共事，于是决心发展自己的队伍。至正十四年六月，朱元璋将其率领的兵士交与郭子兴，仅带领徐达、汤和、吴良、吴祯、花云等20余名心腹到定远。不久，他们就招编了张家堡驴牌寨民兵3000余人，收编了横涧山缪大亨义兵2万余人，并用了近10天的时间加以整顿和训练，形成了一支基本队伍。

朱元璋集聚了一定的力量后，开始南下，先后攻占滁州、和州、采石、太平等地。同时，很多其他起义部队加入了他的队伍，很多杰出的人才也帮他出谋划策。其中，定远人李善长，视朱元璋为承天命的天子，建议朱元璋学习同样出身卑微的汉高祖刘邦，逐步平定天下。

至正十五年，郭子兴病死。此后，郭的队伍就由朱元璋接管。但朱元璋此时的力量还不够强大，只能暂时接受在亳州的龙凤政权的领导。

这年五月，朱元璋得到了一支由廖永安、俞通海等人率领的有1000余艘战船的水军。这为朱元璋攻略水网密布的东南地区奠定了重要的军事基础。七月，朱元璋命手下攻打集庆（南京），直到次年三月才占领集庆，同时获得近60万的军民。朱元璋将集庆改称应天府，展开政治与军事的新布署，建立了比较完善的统治机构。

---

[1]　吴晗：《朱元璋传》，人民出版社1985年版，第52页。

自此，朱元璋信心大增。当然，他也注意到东南方的张士诚政权与长江中游的陈友谅政权的力量都很强大，形势依然严峻。他派遣军队攻占周边城镇，稳定应天的局势。为了扩大势力，他在攻占镇江、广德、常州、徽州等地后，先向浙东发展，占领了婺州（金华）、诸暨、衢州、处州（丽水）等地。这为朱元璋政权提供了物质基础，也让他成功网罗了大量文武人才，包括叶琛、章溢、刘基、朱升等。朱升曾为朱元璋贡献了“高筑墙，广积粮，缓称王”之计，为朱元璋所采纳。这些归附的地方绅士，为后来明朝的开国作出了重要贡献。

至正二十三年，为了更好地发展势力，朱元璋以北方红巾军作战失利为契机，主动迎小明王韩林儿到滁州，从而具有了“挟天子以令诸侯”的威权。第二年，他在应天府称吴王。至正二十六年底，朱元璋派廖永忠请小明王至应天府，途中覆舟淹死小明王，翌年即改年号为吴元年。

在此期间，张士诚、陈友谅、方国珍、陈友定等人建立的割据政权，仍然限制着朱元璋的进一步发展。张士诚占据太湖周边地区，陈友谅占据湖广。有人建议说：“苏湖地肥饶，又逼近金陵，当谋先取。”刘基则认为，应该首先攻取“名号不正”的陈友谅，陈氏既灭，张氏就如囊中之物了。[1]朱元璋采纳了他的建议。

至正二十三年七月鄱阳湖大战后，陈友谅的势力基本瓦解，不久陈友谅在混战中中箭而死。至正二十六年，朱元璋大举展开对张士诚的攻伐。八月，朱元璋以徐达为大将军、常遇春为副将军，率众20万讨伐张士诚。朱元璋说：“城下之日，毋杀掠，毋毁庐舍，毋发丘垄。士诚母葬平江城外，毋侵毁。”朱元璋的军队先后攻下了湖州、嘉兴、杭州、绍兴等地，廓清了平江外围城

[1] 《明太祖实录》卷九十九，“洪武八年四月丁巳”条。

镇。张士诚数次突围失败，在平江城中坚持了10个月，终于城破自缢。大周政权被消灭。攻城军队按照朱元璋的要求，各悬小木牌，上写“掠民财者死，拆民居者死，离营二十里者死”。所以在平江城被攻破后，朱元璋的军队军令严肃，不敢妄动，居民晏然。[1]

此后，南方的方国珍与福建的陈友定或投降或被俘，这两大势力也被消灭了。除四川明夏和广东何真两个小割据势力以外，南方大部分地区已在朱元璋的掌控之下。朱元璋终于有了足够的力量北伐中原。为了北伐，朱元璋专门召集谋臣将领们讨论具体方略。最后的策略是先取山东，驻师河南，西取潼关，再北上元大都。

当时，朱元璋作有一首《咏菊花》，很像唐末黄巢的《咏菊》，充满了霸气和豪气，反映出朱元璋看到天下大势已在自己掌握中的心境：

百花发时我不发，我若发时都吓杀。
要与西风战一场，遍身穿就黄金甲。[2]

至正二十七年，朱元璋向齐、鲁、河、洛、燕、蓟、秦、晋地方发布了北伐檄文，主要内容如下：

自古帝王临御天下，中国居内以制夷狄，夷狄居外以奉中国，未闻以夷狄居中国治天下者也。自宋祚倾移，元以北狄入主中国，四海内外，罔不臣服。此岂人力，实乃天授。彼时君明臣良，足以纲维天下，然达人志士尚有冠履倒

[1]《明太祖实录》卷二十五，“吴元年九月辛巳”条。

[2] 朱元璋：《明太祖集》卷二十，黄山书社1991年版，第169页。

置之叹。自是以后，元之臣子不遵祖训，废坏纲常，有如大德废长立幼、泰定以臣弑君、天历以弟酖兄，至于弟收兄妻、子烝父妾，上下相习，恬不为怪。其于父子、君臣、夫妇、长幼之伦渎乱甚矣！……古云“胡虏无百年之运”，验之今日，信乎不谬。当此之时，天运循环，中原气盛，亿兆之中，当降生圣人，驱逐胡虏，恢复中华，立纲陈纪，救济斯民。今一纪于兹，未闻有济世安民者，徒使尔等战战兢兢，处于朝秦暮楚之地，诚可矜悯。……予本淮右布衣，因天下乱，为众所推，率师渡江，居金陵形势之地，得长江天堑之险，今十有三年。西抵巴蜀，东连沧海，南控闽越，湖湘、汉沔、两淮、徐邳皆入版图，奄及南方，尽为我有。民稍安，食稍足，兵稍精，控弦执矢，目视我中原之民久无所主，深用疚心。予恭天成命，罔敢自安，方欲遣兵北逐群虏，拯生民于涂炭，复汉官之威仪。虑民人未知反为我雠，挈家北走，陷溺尤深，故先谕告，兵至民人勿避，予号令严肃，无秋毫之犯。归我者永安于中华，背我者自窜于塞外。盖我中国之民，天必命中国之人以安之，夷狄何得而治哉？予恐中土久污膻腥，生民扰扰，故率群雄，奋力廓清，志在逐胡虏、除暴乱，使民皆得其所，雪中国之耻。尔民其体之。如蒙古、色目，虽非华夏族类，然同生天地之间，有能知礼义，愿为臣民者，与中夏之人抚养无异。故兹告谕，想宜知悉。[1]

朱元璋在檄文中强调了华夷之别，指出“胡虏”不会有百年之运；他本人出身寒微，只是因众望所归，想为中原之民驱逐群虏，以免他们再遭涂炭；他的军队号令严明，对百姓秋毫无犯；

[1] 《明太祖实录》卷二十六，“吴元年十月丙寅”条。

蒙古人、色目人也是同生天地间之人，只要愿意降顺，可与“中夏之人”一视同仁。这篇北伐檄文的目的，当然是要团结更多的人，来实现朱元璋等人一直为之努力的光复大业。他提出了民族自主的口号，在政治上具有重大意义。

至正二十八年二月，北伐军平定了山东，接着分兵两路，水陆并进，先后攻克归德（今河南商丘）、陈州（今河南淮阳）、许州（今河南许昌）、汴梁（今河南开封）、河南（今河南洛阳）等地。四月，元梁王阿鲁温降，河南平。五月，冯国胜、康茂才等率军攻克了陕州（今河南陕县）、潼关，阻断了关陇地区李思齐武装集团与元朝的联系。至此，元大都已失去了屏障和外援，对朱元璋来说已是指日可下了。

五月，朱元璋来到汴梁（今河南开封），从容部署了攻克大都的战斗。闰七月，徐达、常遇春从汴梁挥师北上，经彰德（河南安阳）、广平（今河北永年），攻克大运河上的重镇临清，不久又攻克德州，兵锋直达长芦、直沽。二十七日夜，大军攻克通州，迫近大都。元顺帝闻报大惊，次日夜即仓皇逃往上都。八月初二日，北伐大军攻克大都，元朝在中原的统治至此宣告结束。

元顺帝在位共36年，是中国历史上少见的擅长木工的皇帝。能与他比的，大概就是明末的天启皇帝了。元顺帝在内苑所造的龙船与宫漏，精巧绝伦，世所罕见。元顺帝决定北撤时，臣下伯颜不花曾哭劝道：“天下者，世祖之天下，陛下当以死守，奈何弃之！”但元顺帝还是放弃了北京，北上应昌府，最后因痢疾死于应昌。对于元顺帝的主动北撤，朱元璋认为这是“知顺天命，退避而去”，特加其号为“顺帝”。[1]

朱元璋给这位木匠皇帝写过一封文绉绉的信。说是信，还不如说是公文告谕。朱元璋这样写道：

---

[1] 《元史》卷四十七《顺帝本纪十》。

> 大明皇帝记谕大元幼君曰：顺天者昌，逆天者亡。古今通论如是，非新造之语。自古无千载国家，亦理之常也。且君之父子当中国之时，兵多将广，尚不能自持其权，以致上等兵多者，意在莽操懿温；中等者颉颃，日废生民；下等者，东送款、西受降，剥民以供上下。君之父子，曾一敕令而谁何者与？以今日之事，君尚迷如酒酣，昏若重寝，所以不省者何？盖在至正之间，兵多将广，尚不能驾驭，又被逼挟，今之众，壮弱不过二万，流离边境，意图中兴。君之神谋，子不知何如耳？君能度今时之权比至正时低昂若何？以此观之，岂不愚哉！……君若不悟，不效古人之事，他日加兵于彼，祸福有不可测者矣。[1]

朱元璋的目的，就是想让北逃的元顺帝等人早些降顺，以免兵革相加，断绝了蒙元之祀。后来，明朝人编的《元史·地理志》中，对元朝这个过往的朝代，有较好的评说。《元史·地理志》写道，元朝“北逾阴山，西极流沙，东尽辽左，南越海表”，疆域广大，汉、隋、唐、宋四朝无法与之相比。但是，元朝后期“狃于治安，而不知诘戎兵、慎封守，积习委靡，一旦有变，而天下遂至于不可为”，也属盛极而衰。

早在至正二十四年正月，朱元璋即自封为吴王，设置百官。至正二十八年正月，朱元璋在南京城的南郊祭告天地，宣布登皇帝位，立国号为“大明”，改元“洪武”。“大明”国号应该来自白莲教徒诵读的净土宗经典《大阿弥陀经》。从继承宋室的阴阳五行的德运来看，最初确定与宋代一样是火德，到明朝中后期才

[1] 陈仁锡编：《皇明世法录》卷十二《圣制·与元幼主书》，台湾学生书局1986年影印版，第335—336页。

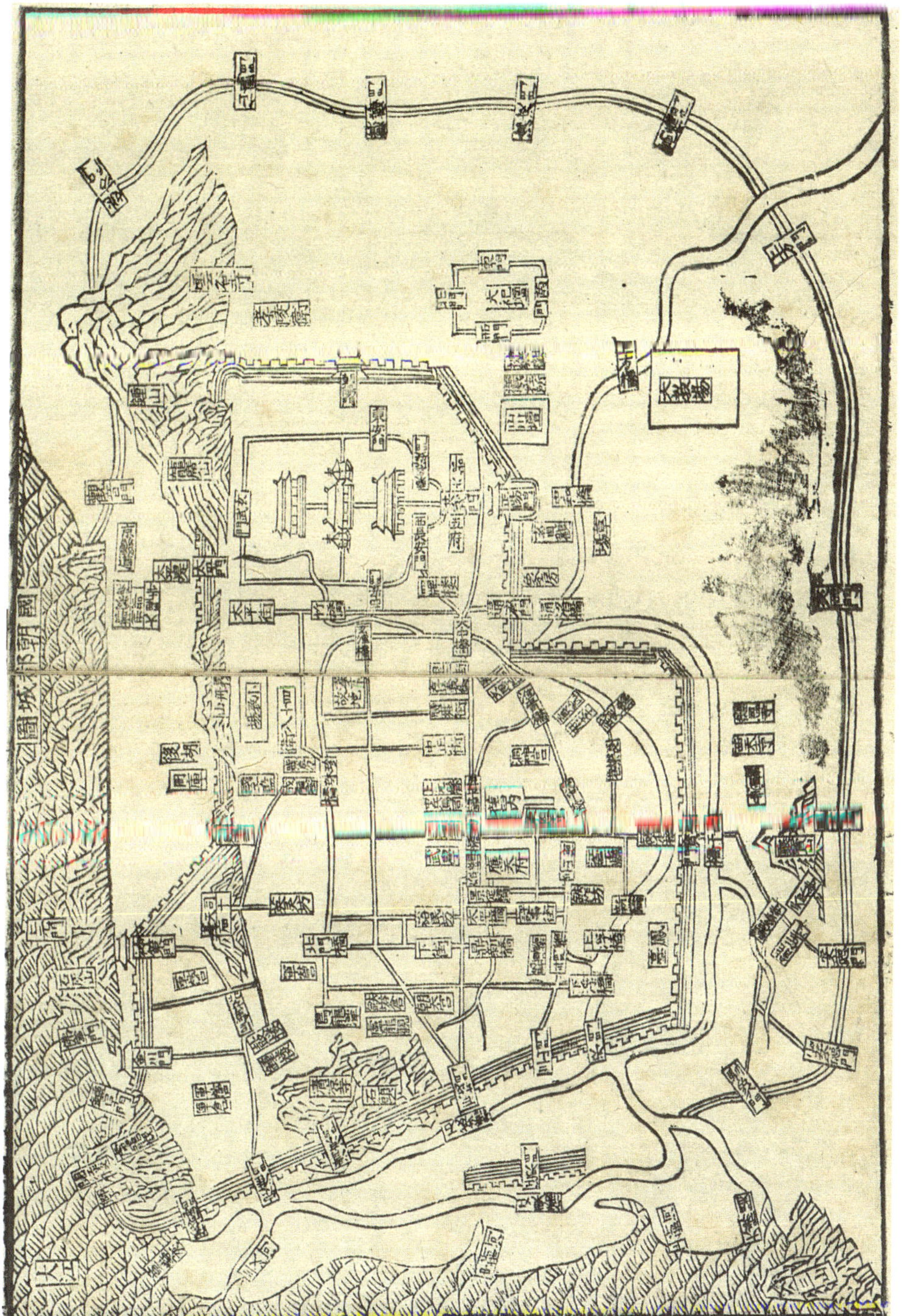

正德十一年刊《金陵古今图考》所附的南京城图

有土德之说，目的是将元朝列入闰位。[1]

朱元璋还追尊了四代祖先，确立了皇后、皇太子，任命李善长、徐达为左右丞相，为各位功臣进爵。

在向天下公告的诏书中，朱元璋这样讲道：

> 朕惟中国之君，自宋运既终，天命真人起于沙漠，入中国为天下主，传及子孙，百有余年，今运亦终。海内土疆，豪杰分争。朕本淮右庶民，荷上天眷顾，祖宗之灵，遂乘逐鹿之秋，致英贤于左右。凡两淮、两浙、江东、江西、湖湘、汉沔、闽广、山东及西南诸部蛮夷，各处寇攘，屡命大将军与诸将校奋扬威武，已皆戡定，民安田里。今文武大臣、百司众庶合辞劝进，尊朕为皇帝，以主黔黎。勉徇舆情，于吴二年正月四日告祭天地于钟山之阳，即皇帝位于南郊。定有天下之号曰大明，以是年为洪武元年。追尊四代考妣为皇帝、皇后，建大社大稷于京师，立妃马氏为皇后，长子标为皇太子。布告天下，咸使闻知。[2]

洪武三年以后，明朝的军队仍然持续征讨北方地区，并深入大漠，迫使元朝残余势力北撤。洪武五年，朱元璋继续派兵征虏，远征岭北，号称“清沙漠”，但结果很不理想，兵力损失严重。至此，朱元璋觉得很难在短期内将蒙古军力全部消灭，决定调整战略，改为以防御为主。

同时，朱元璋注意到，天下已经大定，而礼仪风俗不可不正。他指出：“诸遭乱为人奴隶者复为民。冻馁者里中富室假贷之，孤寡残疾者官养之，毋失所。乡党论齿，相见揖拜，毋违

[1] 陈学霖：《明初的人物、史事与传说》，北京大学出版社2010年版，第5、34页。

[2] 《明太祖实录》卷二十九，“洪武元年正月丙子”条。

礼。婚姻毋论财，丧事称家有无，毋惑阴阳拘忌，停柩暴露。流民复业者各就丁力耕种，毋以旧田为限。僧道斋醮杂男女，恣饮食，有司严治之。闽、粤豪家毋阉人子为火者，犯者抵罪。”[1]他要求地方官府必须加强整顿秩序与安抚民众的工作。

洪武十一年夏四月间，朱元璋下令江阴侯吴良督造皇堂。他揽镜自照，见自己已是苍颜皓首，忽然又回忆起往日打拼天下时的艰辛岁月，觉得儒臣们撰写的《皇陵碑记》多粉饰之词，不足以为后世子孙戒，于是亲自动手撰写碑文，专述开国之艰难，以明昌运，希望后代能了解这些情况。朱元璋所谓的艰难经历，无非是他少年时颠沛流离的生活，以及后来南征北战的戎马生涯。

明军攻占四川后，于洪武十五年初平定云南全境。洪武二十年，占据辽东的元朝残余势力投降，明朝最终完成了全国的统一。

有学者说，中国自三代以后，得国最正者，只有汉朝与明朝。[2]明朝是一个政治、经济、文化发展都极为成熟的时代，出现了从中世社会向近世社会转型的各种新气象。[3]尤其是明太祖的开国规模及典章制度，为后代论者所赞扬。清朝顺治皇帝就认为“历代贤君，莫如洪武”。

当然，明朝也极具纵横曲折的多面性格。延至万历朝时，可以说已是新航路开辟后的全球化时代了，而明朝在经济与文化方面已有融入世界的重要表现。从整个中国历史的发展来看，总体上或如梁启超在《中国史叙论》中所谓，黄帝时代到秦始皇统一中国，是“中国之中国”；秦朝建立后到清朝乾隆时期，是“亚洲之中国”；乾隆朝以降至梁启超生活的时代，是“世界之中

[1] 《明史》卷二《太祖本纪二》。

[2] 孟森：《明清史讲义》，中华书局1981年版，第13页。

[3] 陈梧桐、彭勇：《明史十讲》，中华书局2016年版，第3页。

国”。[1]处在中世“亚洲之中国”时代的明王朝，承上启下，地位重要。明朝与清朝一同奠定了现代中国的版图，为近世中国开新基运。

---

[1] 陈永发：《绪论》，参陈永发主编：《明清帝国及其近现代转型》，台湾允晨文化实业股份有限公司2011年版，第7页。

三　明初的秩序与制度

一般认为，传统中国社会结构的基本特征建立在“地主经济”基础之上，又以专制主义中央集权为政治背景，等级关系与土地占有并无直接联系。这样的结构从总体上看，首先是上层的“皇帝与贵族等级”；其次是中层的“官僚士人等级”（包括了这个等级中比较居下的孝廉、弟子员、太学生、举人、贡生、秀才、监生、未出仕的进士等）；最后是下层的“平民等级”，这一等级的构成最为复杂，数量也最多，包括庶民大地主、自耕农、中小地主、一般城镇居民、商人、手工业者、佃户、佣工以及奴婢贱民等。[1] 由此，也可以构建出传统中国社会结构的一个基本框架：最上层的是第一等级，包括皇帝和宗室贵族；接下来是第二等级，主要是官僚缙绅；其次是第三等级的“绅衿”；第四是“凡人”等级，这一等级极为复杂，且人数最多；第五是“雇工人”等级；最下的是“贱民”等级。[2]

而从地方政府与社会关系的层面来说，那些在社会中占据主导地位的绅士，以及盘踞于各类衙门中为数众多的官吏，是影响地方政治的两大群体。两大群体之间、群体内部之间的政治互动、利益冲突、社会网络等问题，会极大地影响地方行政工作，也给民间社会生活带来深刻影响。

明朝初年，还延续着元末社会矛盾尖锐、秩序混乱的局面，

---

[1] 李治安、孙立群撰：《社会阶层制度志》，上海人民出版社1998年版。

[2] 详参经君健：《清代社会的贱民等级》，浙江人民出版社1993年版，第3—[illegible]页。

战争的创伤随处可见。在新政权的控制下，地方社会的豪强阶层仍会以各种办法，将经济压力和赋役负担转嫁到普通民众身上。那些开国功臣宿将们开始骄纵乱纪，贪污腐化现象日益滋生。新生的政权面临各种亟待调整与解决的问题。

明朝虽然采取了十分严密的中央集权体制，但比较注意以均衡的姿态来维持王朝的安全与稳定。这种情形，在世界上也许罕见，在中国历史上也以明朝为甚。其开创者就是明太祖朱元璋。[1]

朱元璋觉得要恢复纲纪，首要的工作是推行礼法，礼法的内容就是礼仪规范，具体而言就在人心、风俗。他指出：

> 建国之初，当先正纪纲。元世昏乱，纪纲不立，主荒臣专，威福下移，由是法度不行，人心涣散，遂至天下骚乱。……礼法，国之纪纲，礼法立，则人志定，上下安。建国之初，此为先务。[2]

“主荒臣专，威福下移”的状态，是朱元璋绝不容许出现的，他更不希望出现“天下骚乱”的局面。有关“正纪纲”的一项重要工作，是“正家”，即从家庭、家族内部的规范着手。洪武元年春天，朱元璋就要求翰林儒臣撰修《女诫》。他跟朱升等人这样讲道：“治天下者，修身为本，正家为先。正家之道，始于夫妇。后妃虽母仪天下，然不可以预政事。至于嫔嫱，不过备职事，侍巾栉，若宠之太过，则上下失序。”他觉得政由内出，难免滋生祸乱。撰修《女诫》的目的就是建立必要的秩序或礼法，

---

[1] 黄仁宇：《万历十五年》，“自序”，三联书店1997年版，第2页。

[2] 《明太祖实录》卷十四，“甲辰正月戊辰”条。

并使后世子孙知所持守。[1]

在编定《皇明祖训》时，朱元璋特别指出："朕观自古国家建立法制，皆在始受命之君。当时法已定，人已守，是以恩威加于海内，民用平康。"朱元璋规定，他在翰林院协助下编成的这部典章，绝不允许随便再作更动，后世子孙"一字不可改易"。[2]

稳定社会秩序，加强中央集权，祛除社会不安因素，是当时朱元璋最重要的工作。他要打击官绅豪强，建立严密的里甲制度和粮长制，以保证人口与赋役催征不致脱漏，同时还要在地方上笼络可以利用的社会力量，达到避免胥吏舞弊、取缔揽纳户以及利便官民的目的。他强调州县地方要劝课农桑，俭以养廉，以藏富于民。洪武时期确立的政治与经济制度，主要的着眼点在于保存一个农业社会的俭朴之风。[3]洪武三年，朱元璋还专门将杭州、嘉兴、湖州与苏州的"富民"们召集到南京，当面教育他们："毋凌弱，毋贪贫，毋虐小，毋欺老。孝敬父母，和睦亲族，周恤贫乏。"[4]

洪武四年，刑部在搜查狱中囚犯的时候，发现了一些私人书信，并向朱元璋汇报。在这些书信中，朱元璋发现了一封湖州府德清县新市镇人王升写的家信。这封信是王升写给前一年十一月刚刚去平凉府崇信县任知县的儿子王轸的。信的内容让朱元璋十分震动。他觉得这封家信是向全国宣扬遵纪守法、劝善惩恶、移风易俗的好材料，是推行"礼治社会"的理想素材，于是马上派人带着谕旨到湖州王升家中进行赏赐旌扬，以表彰他对儿子教导有方。

[1] 谷应泰：《明史纪事本末》卷十四《开国规模》，中华书局1977年版，第197页。

[2] 朱元璋：《皇明祖训》，"序"，洪武礼部刻本，收入《四库全书存目丛书》史部第264册，齐鲁书社1996年影印版，第165页。

[3] 黄仁宇：《万历十五年》，第150页。

[4] 谷应泰：《明史纪事本末》卷十四《开国规模》，第204、210、[illegible]、[illegible]页。

后来明宣宗在编写《五伦书》时，将此事记了下来。[1]到英宗时，《五伦书》刊行全国，朝廷的目的是宣扬忠、孝、悌、忍、善，包括父子、君臣、夫妇、兄弟、朋友五伦道德根本，采集经传子史中的嘉言善行，以期产生宏扬教化的良好效果。不过，《五伦书》中有关王轸情况的记载有不准确的地方。

正统十年（1445年）进士，曾任兵科给事中、山西布政使司右参政、礼部右侍郎、吏部左侍郎等职的昆山人叶盛，见闻广博，酷爱读书。他将这个故事比较全面地记在了其《水东日记》中。

先看王升的这封家书：

> 自旧年十一月初二日南浔别后，至今年，凡四得书镇江、高邮、宁陵、郑州者，余一书不知寄何人，必浮沉矣。三月十一日，汝兄会枲至刚于德清，书中简略，不知从者及同游俱无恙否？且言岁中可至任，不知果然乎？本家德清之役已办，两图黄册，里长及归安甲首皆不扰而办，里长不赴京仓，此甚良法也。正拟安靖几时，十二月间，本县又定新市，弓兵分管十二都，但办什物，勾捉军人，至今不得安息，所费亦不少也。家中上下俱无事，傥欲挈家，须在彼稍安，详度可否，然后来取，恐川途迢递，或迁转不常，跋涉劳顿。我今稀年，又一老景侵寻，傥则朝廷容侍亲，则上章求归，父子相见，以尽余年。若宛转仕途，则相见无日矣。人说有分俸之例，不审有否？如得分禄以养，亦足为荣，若彼处关支，则不必也。凡事须清心洁己，以廉自守，食贫处俭，儒者之常，慎勿以富贵为念。古人云："贫乏不能存，此是好消息。"正当以此言为受用也。治民以仁慈为心，报国以忠勤为本，处己当以谦敬，学业更须勉力。暇日即以性

[1] 朱瞻基编：《五伦书》卷五十四《父道一·善行上》，正统十二年内府经厂本。

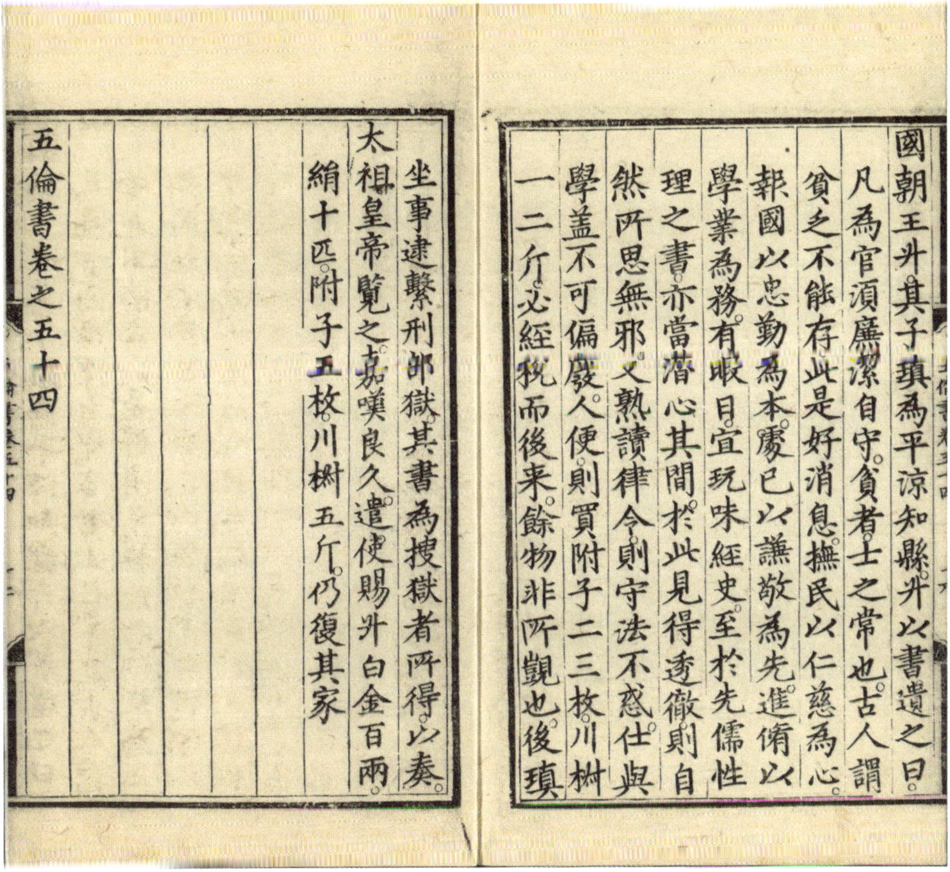

國朝王升其子瑱為平涼知縣升以書遺之曰凡為官須廉潔自守貧者士之常也古人謂貧乏不能存此是好消息撫民以仁慈為心報國以忠勤為本處己以謙敬為先進脩以學業為務有暇日宜玩味經史至於先儒性理之書亦當潛心其間於此見得透徹則自然所思無邪又熟讀律令則守法不惑仕與學蓋不可偏廢人便則買附子二三枚川椒一二斤必經稅而後來餘物非所覬也後瑱坐事逮繫刑部獄其書為搜獄者所得以奏

太祖皇帝覽之咨嗟良久遣使賜升白金百兩綃十匹附子五枚川椒五斤仍復其家

五倫書卷之五十四

《五伦书》中记载的王升家书故事

理之书及群经留玩，自然所思无邪。更须熟读新律，自然守法不惑。饮酒当以康节先生为范，不可纵恣。忠定之事，律许则行，不则不可干其纪也。此后傥有的便，可买附子[1]一二枚、川椒一二觔，起税而来，余物非所觊也。临川奴、世生俱无疾，但诸子未出疮疹为忧耳。浙西米价极廉，白者一分一升，可见太平之时矣。安西虽有来者，而往者绝不可得。汝之外舅向曾寄书与盩厔俞主簿，祇候去若达，必能道吾家中平安矣。焕章二亲俱康健，希声于十一月望后逝世，余外亲俱安，就令知之。路远作书，不能详尽。

在信中，王升告诉儿子王轸要好好在外地做官，不必担心家中事务。王家在乡下已完成国家要求的里长之役，但新佥派的徭役，主要是弓兵，在新市镇又要开始了，花费自然少不了。王升很想念儿子，但也知道儿子要为国家效忠，倘若在仕途上还有更多发展，远在江南老家的他，真的担心父子相见无日了。他告诫儿子为官要廉洁，除了强调“治民以仁慈为心，报国以忠勤为本，处己当以谦敬”外，也不可荒废学业，要认真读些传统经典，熟读洪武初期新定的律法，平时生活要有节制，不要过度饮酒。有意思的是，他要儿子得空时买一二枚附子、一二斤四川产的辣椒寄回，而且叮嘱儿子一定要先交税。

王升将这封信托付给在浙右巡检的御史台管勾宇文桂转交王轸。不料，宇文桂因事犯法，在被审查时，身边共有上百封信被起获。这些信件的内容基本是地方儒吏的奖誉之词，也有一些请托为官的。而朱元璋在了解这起案件时，偶然看到了王升的家书，觉得与众不同。他认为在薄俗之中居然有这样善为人父者，实在难能可贵，必须予以旌扬。朱元璋专门派人到王家予以

[1] 附子，又称乌头或附片，有补火助阳等功效。

表彰，除丁应以承担的杂役外，下令免除了王家的里长、弓兵之役，顺便满足了王升的愿望，将他想要的附子、辣椒送了过去。

朱元璋的诏书是这样的：

> 朕起草莱、削群雄，攘夷狄、安中国之务，欲天下承平。迩者，诸郡官吏不畏法律之严，奸弊迭兴。御史台管勾宇文桂因事被问，囊中所藏书信百封，尽取目之，悉系浙右儒吏奖誉之言，或是或非，皆欲祸人，中间亦有私托求进者。呜呼！昔元之初得天下，人材皆务实学，故贤能由公道而进，后元之失天下，世俗皆尚虚名，故赃私于权门而用。朕多涉艰难，备知此矣。其立法未尝不严，而用法未尝不审，然赃吏贪婪，如蝇蚋之趋朽腐，蝼蚁之慕腥膻。噫！若是者，岂非慈父失教于平日耶，抑其子之不孝，不听父之训耶？今于百封书中，得一善教其子者，系浙右登科举人王轸之父家书，意望管勾宇文桂转达平凉子之任所，书未发，朕偶获见之。书中语言谆切，教以忠孝，子之贤否虽未可知，然薄俗中有善于为人父者如此，谁能出其右哉！劝善惩恶，移风易俗，实有国之善治。其令中书遣人赍朕诏谕往诣其家，赐以白金百两、附子五枚、川椒五觔、绢十疋，以旌其贤。令有司，除本户杂役依旧应当，其里长弓兵，不须再役。

忽然引起洪武帝的垂顾，并得到这样的恩荣，作为平民百姓的王升，自然感到意外和激动，也必须谢恩。他上呈的谢表如下：

> 伏蒙圣恩，赐臣诏书并银绢椒药，谨上表称谢者。伏以圣明御极，自惭无补于埍埃，诏命临门，忽沐分沾于雨露，辉生蓬荜，欢动乡闾。臣诚惶诚恐，顿首顿首。钦惟皇帝陛下，德厚道高，功崇业广，智勇天锡，圣敬日跻。任贤使

> 能，与尧、舜之心同大；赏功罚罪，如天地之德无私。端居九重之中，明见万里之外。伏念臣性资愚陋，学术迂疎，分甘老于山林，名敢求于簪绂？教子乏义方之训，承恩忝科甲之荣。大邑分符，深佩选抡之重；安书寄远，勉加忠孝之全。俾恪守于廉勤，庶少酬于知遇。何冀上闻于天阙，过承下逮于星轺，白金光照于琴书，黄绢春生于筐篚。芳椒助养，上药扶衰，岂期枯朽之余，遽被骈蕃之赐。征徭特免，喜惧交臻。臣瞻仰清光，钧陶圣化，心同犬马，愿摅报效之诚；景迫桑榆，欣睹太平之盛。谨奉表称谢以闻，无任瞻天望圣激切屏营之至。臣诚惶诚恐，顿首顿首，谨言。[1]

正如王升所言，朱元璋虽处九重之中，对于地方社会的治理如明见万里一般。朱元璋深悉其中的症结，针对元末以来社会生活的虚浮、地方吏治的腐败，提出了许多带有理想色彩的制度设计。

洪武八年春天，朱元璋要求全国乡村地方建立社学，教导民间百姓。朱元璋专门派出国子监生去北方一些地区加强教化工作。他说："致治在于善俗，善俗在于教化。教化行，虽闾阎可使为君子，教化废，虽中材或坠于小人。"[2]

洪武三十年，朱元璋命令户部发出通告，要求乡里地方各置木铎，选年老有德望的人，"每月六次持铎徇于道路"。他又令民间依时设置一鼓，在农忙时节，从清晨起就击鼓，召唤农民到田间干活。如果有怠惰的，里老要督责。里老督责工作做得不好，就要受罚。乡间凡是遇到婚姻、死丧、吉凶等事，在一个里[3]的社区范围内，要互相赒给帮助。[4]

---

[1] 叶盛：《水东日记》卷十一，"记王轸父家书事"条，中华书局1997年版，第115—117页。

[2] 谷应泰：《明史纪事本末》卷十四《开国规模》，第210页。

[3] 一里之内，大概有110户人家。

[4] 谷应泰：《明史纪事本末》卷十四《开国规模》，第204、210、222—223页。

朱元璋对户部尚书郁新、吏部侍郎张迪等人这样讲过："人有恒产，斯有恒心。今天下富民生长田里之间，周知民事，其间岂无才能可用者？其稽诸户籍，列名以闻，朕将选用焉。"[1]可见，朱元璋对于如何将生长于基层社会的富民转换为新建立的明王朝的社会中坚力量，有其独到的看法。

无论是礼法上的要求，还是基层社会的治理，都是朱元璋对理想社会的设计。这需要思想教化与制度建设的双重保障，才有望达成。

他曾召集许多儒生讨论礼仪纲纪，最终形成了洪武礼制，具体内容主要如下：

> 职官自一品至九品，房舍、车舆、器用、衣服各有等差。庶民房舍不过三间，不得用斗拱彩色；其男女衣服，并不得用金绣锦绮、纻丝绫罗，止用䌷绢素纱；首饰钏镯，不得用金玉珠翠，止用银靴，不得裁制花样、金线装饰，违者罪之。[2]

至于明朝各级官员们的俸禄安排，按照国初定制，都是支给本色（实物）。比如，七品官的月薪是支给本色米七石。后来又改为四品以上的官员的薪资由三分本色、七分折色（货币）等组成；五品以下的，则是四分本色、六分折色。外地官员月薪是支给本色米二石，其他全部是折色。折色以钞为标准，一石米折钞十五贯或者二十贯；一匹布值银五钱，折米二十石。洪武时期俸禄安排的目的，主要在养廉。[3]

据《诸司职掌》的记载，明朝俸禄制度对各级官员的基本要

---

[1]　《明太祖实录》卷二百五十二，"洪武三十年四月癸巳"条。

[2]　《明太祖实录》卷五十五，"洪武三年八月庚申"条。

[3]　皇甫录：《皇明纪略》，民国二十九年商务印书馆景印元明善本丛书十种"历代小史"本，收入《续修四库全书》子部第1167册，上海古籍出版社2002年影印版，第661页。

求是这样的：

“凡在京五军都督府首领官吏并六部、通政司、大理寺等衙门官吏，俸给本部，每岁于秋粮内会定数目，起运拨赴各衙门仓内收贮，按月造册，照依品从等第，分豁该支粮数，委官验名支给。其各卫军官俸给，已将人户对定，编给勘合，自行依期送纳供给。其首领官吏俸给，该卫造册到部，定仓放支，年终通为稽考。及在外各布政司府州县官吏俸给，照例每米一石，折钞二贯五百文，按月于系官钱钞内支给。其支过数目，通行岁报本部，以凭查考。”即在京的文武官员，俸禄由本部衙门配发。地方政府与卫所官吏的俸禄，定期配发，并且可以按固定标准折成官钞支给。户部依据品级高低，对各品级官吏的俸禄作出了基本编制，排列如下（以米计，当中包括了后来所谓的本色与折色）：

正一品，每员月支米八十七石，岁该一千四十四石。

从一品，每员月支米七十四石，岁该八百八十八石。

正二品，每员月支米六十一石，岁该七百三十二石。

从二品，每员月支米四十八石，岁该五百七十六石。

正三品，每员月支米三十五石，岁该四百二十石。

从三品，每员月支米二十六石，岁该三百一十二石。

正四品，每员月支米二十四石，岁该二百八十八石。

从四品，每员月支米二十一石，岁该二百五十二石。

正五品，每员月支米一十六石，岁该一百九十二石。

从五品，每员月支米一十四石，岁该一百六十八石。

正六品，每员月支米一十石，岁该一百二十石。

从六品，每员月支米八石，岁该九十六石。

正七品，每员月支米七石五斗，岁该九十石。

从七品，每员月支米七石，岁该八十四石。

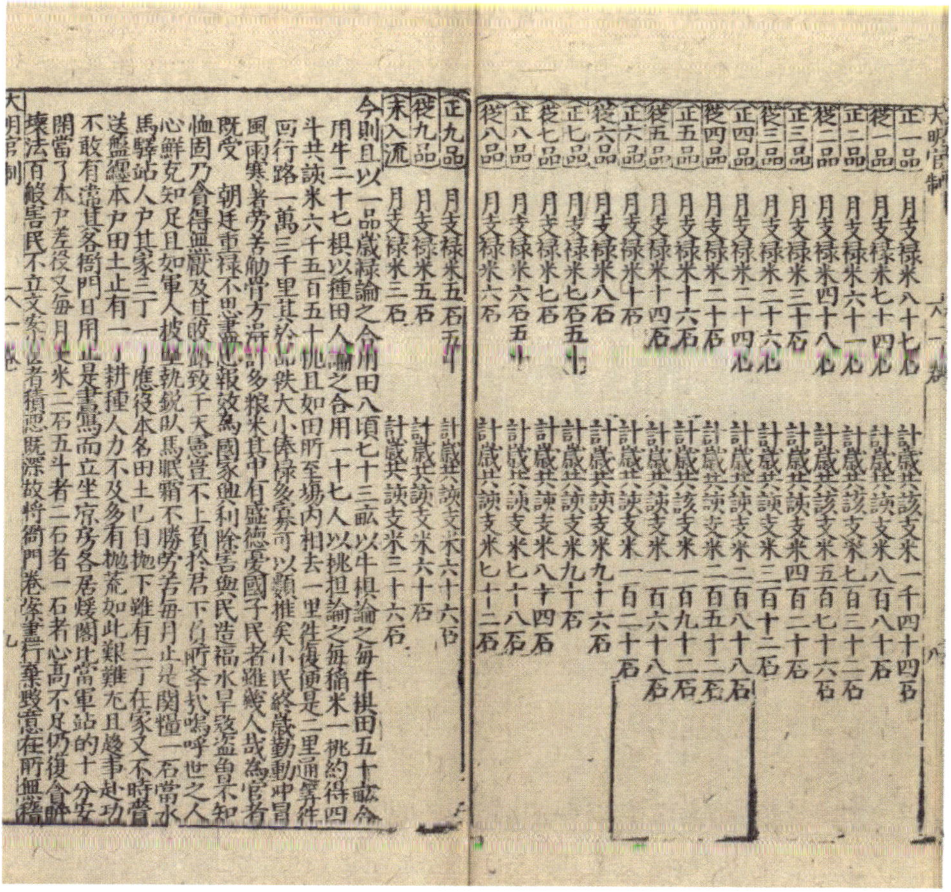

正一品	月支祿米八十七石	計歲共該支米一千四十四石
從一品	月支祿米七十四石	計歲共該支米八百八十石
正二品	月支祿米六十一石	計歲共該支米七百三十二石
從二品	月支祿米四十八石	計歲共該支米五百七十六石
正三品	月支祿米三十五石	計歲共該支米四百二十石
從三品	月支祿米二十六石	計歲共該支米三百十二石
正四品	月支祿米二十四石	計歲共該支米二百八十八石
從四品	月支祿米二十石	計歲共該支米二百五十二石
正五品	月支祿米十六石	計歲共該支米一百九十二石
從五品	月支祿米十四石	計歲共該支米一百六十八石
正六品	月支祿米十石	計歲共該支米一百二十石
從六品	月支祿米八石	計歲共該支米九十六石
正七品	月支祿米七石五斗	計歲共該支米九十石
從七品	月支祿米七石	計歲共該支米八十四石
正八品	月支祿米六石五斗	計歲共該支米七十八石
從八品	月支祿米六石	計歲共該支米七十二石
正九品	月支祿米五石五斗	計歲共該支米六十六石
從九品	月支祿米五石	計歲共該支米六十石
未入流	月支祿米三石	計歲共該支米三十六石

今則且以一品歲祿論之合用田八頃七十三畝以牛根論之每牛根田五十畝合用牛二十七根以種田人論之合用一十七人以挑担論之每擔米一挑約得四斗共該米六千五百五十挑且如田所至場内相去一里往復便是二里通算往回行路一萬三千里其於此铁大小俸祿多寡可以類推矣小民終歲勤動冲冒風雨寒暑勞苦觔骨方得許多粮米其中有盛德憂國子民者雖幾人哉為官者既受 朝廷重祿不思盡心報效為國家興利除害與民造福水旱盜賊曾不知恤固乃會得無厭及其敗露致干天憲豈不上負於君下負所望哉嗚呼世之人心鮮克知足且如軍人披堅執鋭臥馬眠霜不勝勞苦每月止是關糧一石當水馬驛站人户其家三丁一丁應役本名田土已自拋下雖有二丁在家又不時當送盤纏本户田土止有一丁耕種人力不及多有拋荒如此艱難况且趁事赴功不敢有違其各衙門日用止是書寫而立坐宗房各居矮閣比當軍站的十分安閒當了本户差役又每月支米二石五斗者二石者一石者心高不足仍復貪酢壞法百般害民不立文案不肖者積惡既深故將衙門卷案盡行棄毀意在所無稽

《新锲华夷一统大明官制》中记载的官员俸禄情况

正八品，每员月支米六石五斗，岁该七十八石。

从八品，每员月支米六石，岁该七十二石。

正九品，每员月支米五石五斗，岁该六十六石。

从九品，每员月支米五石，岁该六十石。[1]

为了有效地征收赋税、征发劳役，必须加强土地与人口的管理。为此，明朝建立了比较严格的鱼鳞册与黄册制度。洪武三年，为统计人口，强化户籍管理，设立了“户帖”制度。朱元璋发了一道圣旨，要求全国各地认真执行。这道圣旨非常口语化，十分生动，流传颇广，真切地反映了朱元璋的语言风格：

说与户部官知道：如今天下太平了也，止是户口不明白哩！教中书省置天下户口的勘合文簿户帖。你每户部家出榜，支教那有司官将他们所管的应有百姓，都教入官，附名字，写着他家人口多少，写得真着，与那百姓一个户帖，上用半印勘合，都取勘来了。我这大军如今不出征了，都教去各州县里下着绕地里去，点户比勘合，比着的便是好百姓，比不着的便拿来做军。比到其间有司官吏隐瞒了的，将那有司官吏处斩。百姓每躲避了的，依律要了罪过，拿来做军。钦此。[2]

[1] 佚名：《诸司职掌》，明刻本，收入《续修四库全书》史部第748册史部，上海古籍出版社2002年影印版，第626—631页。

[2] 崇祯《嘉兴县志》卷九《户口》，崇祯十年刻本。

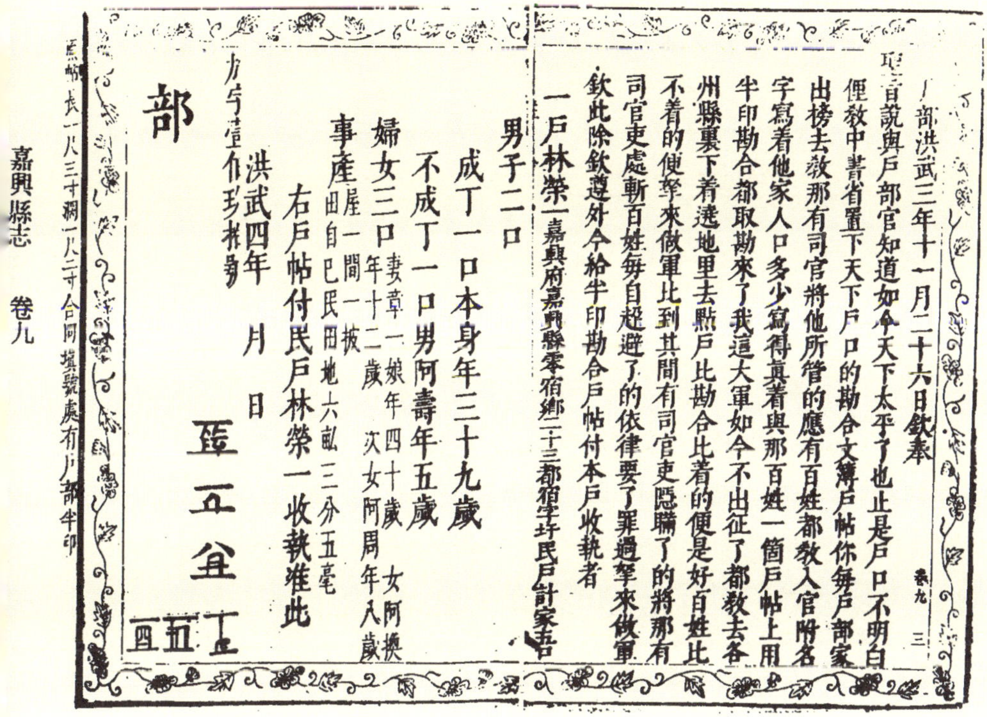

戶部洪武三年十一月二十六日欽奉

聖旨說與戶部官知道如今天下太平了也止是戶口不明白

俚教中書省置下天下戶口的勘合文簿戶帖你每戶部家

出榜去教那有司官將他所管的應有百姓都教入官附名

字寫着他家人口多少寫得真着與那百姓一箇戶帖上用

半印勘合都取勘來了我這大軍如今不出征了都教去各

州縣裏下着遶地里去點戶比勘合比着的便是好百姓比

不着的便拏來做軍比到其間有司官吏隱瞞了的將那有

司官吏處斬百姓每自躲避了的依律要了罪過拏來做軍

欽此除欽遵外今給半印勘合戶帖付本戶收執者

一戶林榮一嘉興府嘉興縣零宿鄉二十三都宿字圩民戶計家五口

卷九 三

男子二口

成丁一口本身年三十九歲

不成丁一口男阿壽年五歲

婦女三口妻章一娘年四十歲 女阿換年十二歲 次女阿周年八歲

事產屋一間一披 田自己民田地六畝三分五毫

右戶帖付民戶林榮一收執準此

洪武四年 月 日

[illegible]字壹伯玖拾號

部

戶帖長一尺三寸闊一尺二寸合同填號處有戶部半印

嘉興縣志 卷九

崇祯《嘉兴县志》中保留的一份户帖样式

四 中央集权和政治控制

明朝初年，中央机构与元朝一样，仍设有中书省。洪武十三年，朱元璋废除了中书省机构，由吏、户、礼、兵、刑、工六部衙门直接对皇帝负责。朱元璋废除丞相之后，挑选了一些文官担任华盖殿、武英殿、文渊阁及东阁等殿阁大学士，协助自己批阅奏章。同时，他以勋旧大臣为太师、太傅、太保，总率百僚庶务。洪武二十八年六月，朱元璋再次向文武百官强调，以后再也不准设立丞相：

> 自古三公论道，六卿分职，自秦始置丞相，不旋踵而亡。汉、唐、宋因之，虽有贤相，然其间所用者多有小人专权乱政。我朝罢相，设五府、六部、都察院、通政司、大理寺等衙门，分理天下庶务，彼此颉颃，不敢相压，事皆朝廷总之，所以稳当。以后嗣君并不许立丞相。臣下敢有奏请设立者，文武群臣即时劾奏，处以重刑。[1]

所谓“事皆朝廷总之，所以稳当”，这里的朝廷自然是皇帝的朝廷。朝廷总理各个中央机构，各个中央机构之间又互相牵制抗衡。最终大权都集中到皇帝那里，利于皇权稳固。明成祖之后，阁臣的权力趋重，形成了所谓的内阁制度。阁臣从表面上的“备顾问”，变成了事实上的宰相职任。景泰朝以降，阁权更重。

---

[1] 《明太祖实录》卷二百三十九，“洪武二十八年六月己丑”条。

嘉靖朝之后，阁臣的朝班已在六部之上了。

明初中央机构的变化，还有改御史台为都察院，专职弹劾百司；设立六科给事中，负责稽查各部。至于地方行政组织，在洪武九年废除行省后，除了以南京为中心的直隶地区[1]，全国只设十三个布政使司辖区，主管各省民政和财政，另设提刑按察使司、都指挥使司分管刑事与军事。布政使司之下的架构，基本行政系统是府、州、县。

在军事方面，洪武初年，从京师到各地府县，都设有卫所。卫所外统之于都司，内则统于五军都督府。但都督府只管兵籍和军政，并不直接统军，调军之权掌在兵部。这样，军队的最高指挥权全由皇帝掌握。

洪武十五年，朱元璋把负责警卫的亲军都督府的仪鸾卫改为锦衣卫，授以侦察、缉捕、审判、处罚罪犯的大权，加强对官吏和百姓的控制，从而开了明朝厂卫特务统治的先河。

明成祖朱棣迁都北京后，仍遵循洪武时期的祖制。可惜的是，洪熙、宣德以降，狃于治平，明朝军队的战斗力下降。后来会发生土木之变，与这一点有较大关系。

需要指出的是，在永乐时期，曾更定卫所屯守军士。除了边疆军事重地需要守多于屯之外，内地一般是屯多于守。迁都北京后，南方漕粮北上的路途变得相当漫长，增加了东南地区民众的困苦。宣德五年（1430年），根据平江伯陈瑄的建议，明朝以地方卫官兼职漕运工作，增加了东南地区军兵的困难。[2]

在法律方面，早在吴元年（1367年）冬天，朱元璋就下令由李善长负责，刘基、陶安等人协助，讨论并制定明朝的律法。他指出："法贵简当，使人易晓。若条绪繁多，或一事两端，可

---

[1] 明朝迁都北京，有了北直隶后，以南京为中心的地区就被称为南直隶。

[2] 《明史》卷九十《兵志二》。

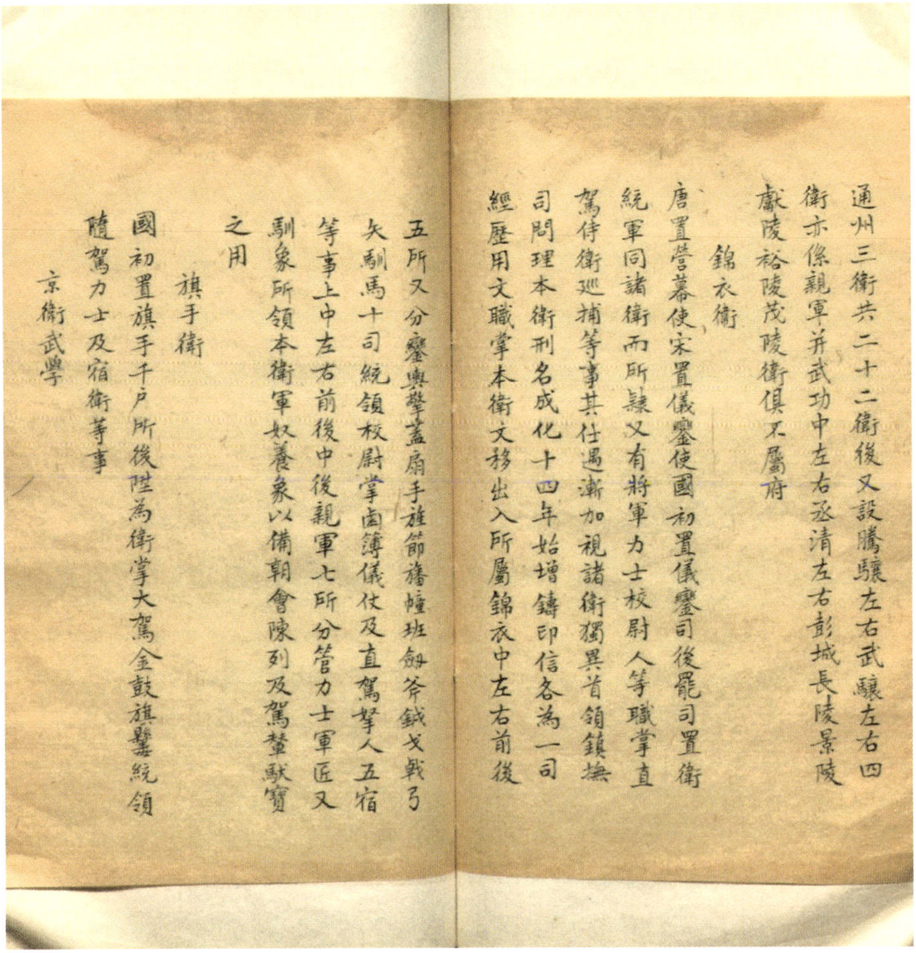

通州三衛共二十二衛後又設騰驤左右武驤左右四
衛亦係親軍并武功中左右丞清左右彭城長陵景陵
獻陵裕陵茂陵衛俱不屬府

錦衣衛

唐置營幕使宋置儀鑾使國初置儀鑾司後罷司置衛
統軍同諸衛而所隸又有將軍力士校尉人等職掌直
駕侍衛巡捕等事其任遇漸加視諸衛獨異首領鎮撫
司問理本衛刑名成化十四年始增鑄印信各為一司
經歷用文職掌本衛文移出入所屬錦衣中左右前後
五所又分鑾輿擎蓋扇手旌節旛幢班劍斧鉞戈戟弓
矢馴馬十司統領校尉掌鹵簿儀仗及直駕擎人五宿
等事上中左右前後中後親軍七所分管力士軍匠又
馴象所領本衛軍奴養象以備朝會陳列及駕輦馱寶
之用

旗手衛

國初置旗手千戶所後陞為衛掌大駕金鼓旗纛統領
隨駕力士及宿衛等事

京衛武學

明朝徐石麒编辑的《官爵志》中对锦衣卫的说明

轻可重，吏得因缘为奸，非法意也。夫网密则水无大鱼，法密则国无全民。”朱元璋要求他们认真酌定，最后编成285条律，力求简洁明了。朱元璋担心民间不能及时了解新定的律法，就安排大理寺官员选择重要的部分，按类编成一部《律令直解》，颁行地方。朱元璋看后高兴地说：“吾民可以寡过矣。”此后该律令在洪武六年作了修改，最终于洪武三十年颁示天下，成为明朝稳定的法制典章。明朝的立法创制，都完成于洪武时期。洪武、永乐间的定制，是法司断狱都依律拟议，但在英宗、宪宗之后，经常出现舍律用例的情况，条例就变得越来越繁了。[1]

朱元璋亲自编撰了《大诰》(《大诰》共三编，外加《大诰武臣》)，并在洪武十八年颁示天下。《大诰》汇集了严惩官民贪污、逃税抗租等案例。朱元璋说：“忠君孝亲，治人修己，尽在此矣。能者养之以福，不能者败以取祸。颁之臣民，永以为训。”[2]

总体上，朱元璋先是在洪武元年编定《大明令》以教之于先，再于洪武六年命刑部尚书刘惟谦等制定《大明律》以齐之于后，同时制有《大诰》三编以告谕臣民。他希望以这一整套制度，来规范、约束天下臣民的行为，从而在立法上达到“正教化、明尊卑”的目的，也使“贵贱各有等差，无敢僭越”。[3]

洪武六年，工部尚书王肃犯法，按律当处以笞刑。朱元璋说：“六卿贵重，不宜以细故辱，命以俸赎罪。”他认为，官绅阶层犯法与庶民不同，可以用个人年俸来赎罪。后来群臣挂误的，都允许以俸抵偿。但也有例外，如永嘉侯朱亮祖父子是被鞭死的，工部尚书薛祥则毙命于杖下。所以《明史・刑法志》中指

[1] 孟森：《明清史讲义》，第171页。

[2] 《明太祖实录》卷一百七十六，“洪武十八年十月己丑”条。

[3] 马文升：《马端肃奏议》卷十《申明旧章以厚风化事》，收入《景印文渊阁四库丛书》史部第427册，台湾商务印书馆1986年影印版，第3页。

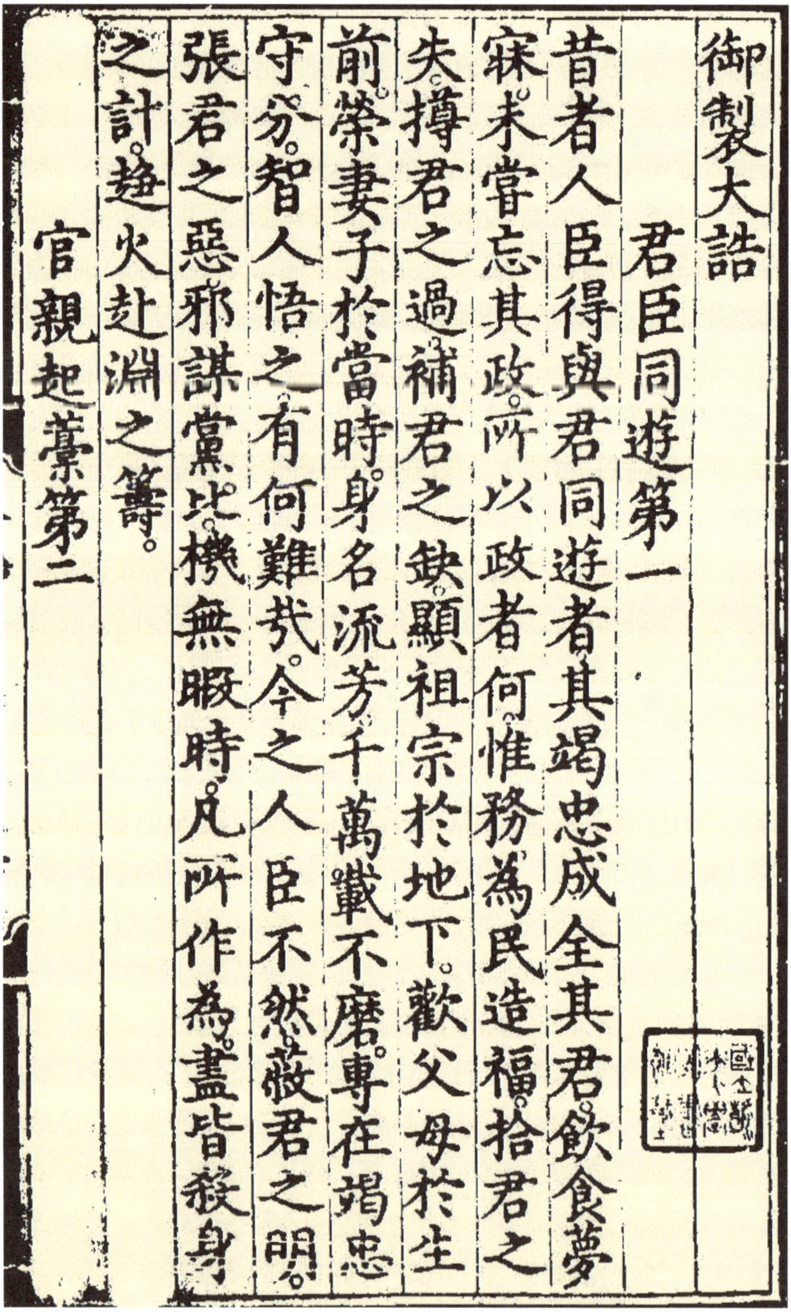
御製大誥
君臣同遊第一
昔者人臣得與君同遊者其竭忠成全其君飲食夢寐未嘗忘其政所以政者何惟務為民造福拾君之失搏君之過補君之缺顯祖宗於地下歡父母於生前榮妻子於當時身名流芳千萬載不磨專在竭忠守分智人悟之有何難哉今之人臣不然蔽君之明張君之惡邪謀黨比機無暇時凡所作為盡皆殺身之計趍火赴淵之籌
官親起稾第二

洪武十八年内府所刊《大诰》书影

出："刑法有创之自明，不衷古制者，廷杖、东西厂、锦衣卫、镇抚司狱是已。是数者，杀人至惨，而不丽于法。踵而行之，至末造而极。"这些都是洪武以来的创制，要为后世作则。廷杖之刑虽然残酷，但是在当时人看来，如果是正人君子被杖，天下以为至荣，终身令人倾慕。孟森认为："此犹太祖以来，与臣下争意气不与臣下争是非所养成之美俗。"[1]

洪武七年，刑部侍郎、泽州人茹太素向朱元璋上书："自中书省内外百司，听御史、按察使检举。而御史台未有定考，宜令守院御史一体察核。磨勘司官吏数少，难以检核天下钱粮，请增置若干员，各分为科。在外省卫，凡会议军民事，各不相合，致稽延。请用按察司一员纠正。"朱元璋对此表示认可。

次年，茹太素因事被降职为刑部主事，仍然上陈时政问题，写了上万字的报告。朱元璋叫中书郎王敏读给他听。在听的过程中，他说："才能之士，数年来幸存者百无一二，今所任率迂儒俗吏。"茹太素太过迂直，很多话触怒了朱元璋。朱元璋下令对茹施以廷杖之刑。第二天傍晚，朱元璋在宫中又让人读茹太素的奏疏给他听。他觉得茹所言之事中，可以施行的还能举出四条，十分感慨："为君难，为臣不易。朕所以求直言，欲其切于情事。文词太多，便至荧听。太素所陈，五百余言可尽耳。"他下令有关部门，对茹太素奏疏中可行者，下达到有司，并亲自作序，颁示全国。[2]

在学校教育与科举方面，明朝的学校主要包括中央国子监、府县学和民间社学，是培育士人精英和国家官僚队伍的重要系统。他们学习的内容，以四书五经及《大诰》《大明律》等为主，强化了治国理政的知识训练。至于科举考试，基本是三年一科，

---

[1] 孟森：《明清史讲义》，第78页。

[2] 《明史》卷一百三十九《茹太素传》。

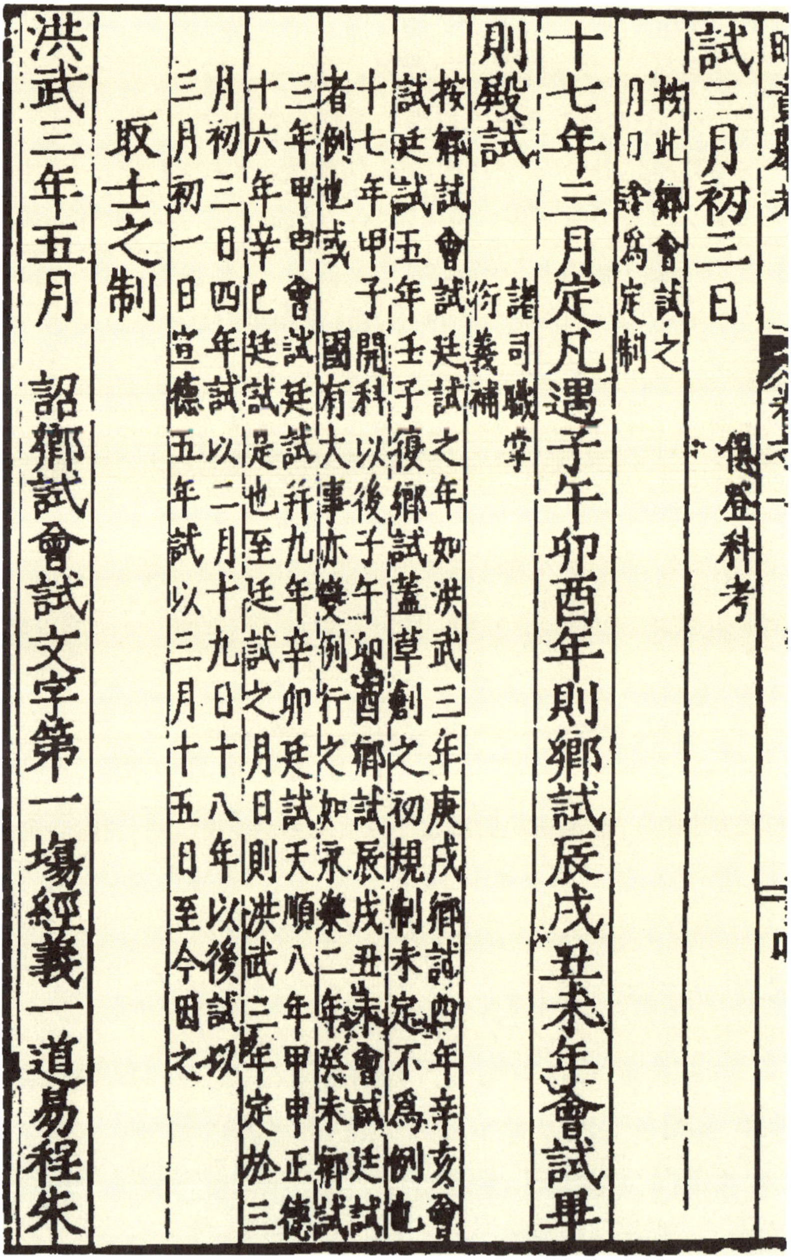

試三月初三日　俱登科考

按此鄉會試之月日遂爲定制

十七年三月定凡遇子午卯酉年則鄉試辰戌丑未年會試畢則殿試　諸司職掌　衍義補

按鄉試會試廷試之年如洪武三年庚戌鄉試四年辛亥會試廷試五年壬子復鄉試蓋草創之初規制未定不爲例也十七年甲子開科以後子午卯酉鄉試辰戌丑未會試廷試者例也或國有大事亦變例行之如永樂二年癸未鄉試三年甲申會試廷試并九年辛卯廷試天順八年甲申正德十六年辛巳廷試是也至廷試之月日則洪武三年定於三月初三日四年試以二月十九日十八年以後試以三月初一日宣德五年試以三月十五日至今因之

取士之制

洪武三年五月　詔鄉試會試文字第一場經義一道易程朱

《皇明贡举考》中有关科举制度的规定

分乡试、会试和廷试三级。考生答题时，必须以朱熹对四书五经的注解为依据，文章格式则定为八股文体。

洪武十七年春三月，朝廷正式颁定科举成式。凡三年一次大比，乡试试三场：八月初九日第一场，考《四书》义三道，经义四道；十二日第二场，试论一道，判语五道，诏诰章表内科一道；十五日第三场，考经史策五道。礼部会试定于次年二月，场次与乡试相同。

至于具体如何考试，程序比较复杂。简单来说，就是各地考生自备试卷，每场草卷、正卷各用纸十二幅，首书三代姓名及籍贯、年甲、所习经书。在直隶地区的就到应天府参加乡试，非直隶地区的到各省省城考试。至于此后的会试、殿试都到礼部印卷。考试当天黎明时分，应考举人开始入场，每人由一名军士监察，禁止讲问、代冒，到晚上收卷。未完成的考生，则给予蜡烛三支以作照明之用。答题时要回避御名庙讳，也不许暴露个人信息；试卷弥封编号，誊录时用红色，考试官批时用黑色，以防欺伪。会试中式的，三月一日再参加最后一轮的殿试。[1]

在这样的科举体制下，地方社会涌现出的大量知识精英被有效控制，甚至终其一生都处在科考生活的循环之中。他们当中只有少数人能获得较高功名，进入上层官绅队伍。其他大部分人，也就是那些平民眼中有些许特权的秀才，包括廪生、增生、附生等，长期处于普通士人的生活圈中，作为一种重要的社会“过渡性”群体，最多只能被归入“下层绅士”之列。其中廪生的待遇最好，官府每年给予膏火银120两。无论是进士、举人，还是低级的生员，都属于笼统意义上的绅士群体。

但在地方而言，生员在数量上远比进士、举人这样的“上层绅士”庞大，是“乡之望”，应该“读书修行，不与外事，以期

[1] 《明太祖实录》卷一百六十，“洪武十七年三月戊戌”条。

功名”，即便“穷而不遇”，“研田终身”仍是他们的本分。[1]曾担任过南京翰林院孔目的松江人何良俊（1506—1573年）就说，士君子即命位列卿相，也当存一分“秀才气”，“方是名士”[2]，对能保持读书人本色的生员们评价颇高。而且，社会上对生员的道德修养要求较高：“做秀才如处子”，要像“处子”般不能随便“侈口家事，并预邻家事”。[3]直到明末，生员一直享受朝廷的优厚待遇，如无锡县的秀才，“每岁免粮银五钱，无田可免者，则与之银，谓之‘叩散米’”。[4]

尽管这样，数量相对庞大的生员们似乎仍不够“安分”。朱元璋对生员公议国事有所禁约，曾颁禁例于天下，各学校镌勒卧碑，置于明伦堂之左。清代沿袭此制，但称“功令卧碑”，碑上刻的是《学政全书》中的内容。[5]

朱元璋的禁令，发布于洪武十五年，由礼部颁定，共计12条：

一、生员事非干己之大者，毋轻诉于官；

二、生员父母有过，必恳告至于再三，毋致陷父母于危辱；

三、军国政事，生员毋出位妄言；

四、生员有学优才赡、深明治体、年及三十、愿出仕者，许敷陈王道，讲论治化，述为文辞，先由教官考较，果

[1] 汪永安原纂、侯承庆续纂、沈葵增补：《紫隄村志》卷八《庠生》，康熙五十七年修、咸丰六年增修，上海图书馆藏传抄本。

[2] 董含：《三冈识略》卷三，“林史”条，辽宁教育出版社2000年版，第62页。

[3] 陆文衡：《啬庵随笔》卷四《风俗》，光绪二十三年吴江陆同寿刻本，台湾广文书局1969年影印版。

[4] 计六奇：《明季北略》卷十八，“锡邑诸生逐县令”条，中华书局1984年版，第337—338页。

[5] 周寿昌：《思益堂日札》，“功令卧碑”条，中华书局2007年版，第258页。

> 有司取，以名上于有司，然后赴阙以闻；
>
> 五、为学之道，必尊敬其师，凡讲说须诚心听受，毋恃己长，妄为辩难；
>
> 六、为师者，当体先贤，竭忠教训，以导愚蒙；
>
> 七、生员勤惰，有司严加考较，奖其勤敏，斥其顽惰，斯为称职；
>
> 八、在野贤人，君子果能练达治体，敷陈王道，许其赴京面奏；
>
> 九、民间冤抑等事，自下而上陈诉，不许蓦越；
>
> 十、江西、两浙、江东之民，多有代人诉状者，自今不许；
>
> 十一、有罪充军安置之人，毋妄建言；
>
> 十二、十恶之事，有干朝政，实迹可验者，许密以闻，其不遵者，以违制论。[1]

这些基本要求，在清代人编的《大清会典》《清实录》及各地方志中也有记载，包括生员应读书明理，孝顺父母；应当学做“清官”，行利国爱民之事；不可干求官长、交结势要；不可轻入官司衙门，与他人轻易发生词讼；对地方军民一切利病，不能随便上书陈言；更不能纠党结社，把持官府，武断乡曲；等等。[2]不过，就明初洪武以来的变化而言，正如松江人陆容年轻时在太仓兴福寺见到的老僧智暕所论：“洪武间，秀才做官吃多少辛苦，受多少惊怕，与朝廷出多少心力？到头来，小有过犯，轻则充军，重则刑戮，善终者十二三耳。其时士大夫无负国家，

[1] 《明太祖实录》卷一百四十七，“洪武十五年八月辛巳”条。

[2] 张仲礼：《中国绅士——关于其在19世纪中国社会中作用的研究》，李荣昌译，上海社会科学院出版社1991年版，第201—202页。

国家负天下士大夫多矣。”可是到了陆容生活的时代（正统至弘治时期），“圣恩宽大，法网疏阔。秀才做官，饮食衣服，舆马宫室，子女妻妾，多少好受用，干得几许好事来？到头全无一些罪过。今日国家无负士大夫，天下士大夫负国家多矣”。所以陆容感叹道：“谓今日士大夫有负朝廷，则确论也。省之，不能无愧。”[1]

明朝建国后，曾颁定一些措施，以规范文字、称谓等的使用，以免人们触犯朝廷忌讳。

洪武三年，朝廷禁止平民用天、国、君、臣、圣、神、尧、舜、禹、汤、文、武、周、秦、汉、晋等字取名。洪武二十六年，朝廷又禁止百姓用太祖、圣孙、龙孙、黄孙、王孙、太叔、太兄、太弟、太师、太傅、太保、大夫、待诏、博士、太医、太监、大官、郎中等取名；称呼医生时只许称医士、医人、医者，禁止称太医、大夫、郎中；梳头人只许称梳篦人、整容，不许称待诏；官员之家的守门人，只许称阍者，不许称太监。[2]

然而，洪武年间仍然发生了很多文字狱。朱元璋特别注意文字细节和与他出身经历相关的禁忌，这种禁忌还比较广泛。比如，朱元璋剃过光头，当过和尚，因此“光”“秃”这类字就是犯忌讳的，“僧”这个字对他来说也很刺眼，和“僧”同音的“生”字，也让他不喜。他早年当过红巾军的小兵，在元末时被称作“红贼”“红寇”，推而广之，和“贼”字形音相像的“则”字，也会让朱元璋不高兴。例如，杭州府学教授徐一夔有一份《贺表》，上有“光天之下，天生圣人，为世作则”等语。朱元璋读后大怒，说：“生者僧也，骂我当过和尚。光是剃发，说我是秃子。则音近贼，骂我作过贼。”再如，有一个和尚叫来复，

[1] 陆容：《菽园杂记》卷二，中华书局1985年版，第16页。

[2] 顾起元：《客座赘语》卷十，“国初榜文”条，中华书局1987年版，第347页。

作了一首谢恩诗，其中有两句："金盘苏合来殊域，自惭无德颂陶唐"。朱元璋认为，诗中的"殊"字，拆开就是歹朱的意思，是骂他；"无德颂陶唐"，是骂他无德。于是，这个和尚也就被杀了。[1]

永乐年间的文字狱也比较严重。这时的文字和思想禁忌，主要集中在朱棣继承皇位这件事上。如果有人被认为在文字和言行中表现出对建文帝的同情或者对朱棣统治的不满，就会受到严厉的惩罚。

在打击豪强、贪官方面，措施同样严厉。

洪武元年正月，天下府州县官到南京朝见朱元璋。朱元璋告诫他们："天下初定，百姓财力俱困，譬犹初飞之鸟，不可拔其羽，新植之木，不可摇其根，要在赡养生息之而已。惟廉者能约己而利人，贪者必朘人而厚己。有才敏者或尼于私，善柔者或昧于欲，此皆不廉致之也。尔等当深戒之！"[2]

朱元璋多次下令将地主豪富从本乡迁徙到外地，使他们失去原有的社会基础和政治实力。《明史·食货志》中指出，朱元璋"惩元末豪强侮贫弱，立法多右贫抑富"。朱元璋曾命"户部籍浙江等九布政司、应天十八府州富民万四千三百余户，以次召见"，将他们迁至京师，称作"富户"。到永乐时期，朱棣又选出应天、浙江富民三千户，移充北京宛平、大兴二县厢长，附籍京师，但仍要承担本籍的徭役。

早在张士诚统治时期，苏州等地区的社会治理已颇有成效。张士诚政权鼓励蚕桑，重视兴修水利，疏浚了白茆港。这些措施发展了地方经济，也收服了地方民心。而且，张士诚对地方文人礼遇有加，所以后世有人称赞他"颇以仁厚有称于其下，开宾

[1] 吴晗：《朱元璋传》，第268—273页。

[2] 《明太祖实录》卷二十九，"洪武元年正月辛丑"条。

贤馆以礼羁寓，一时士人被难择地，视东南若归”。[1]文征明也称，张士诚虽然酗酒嗜杀，但特别能礼下文士。[2]据说，就因为苏、松、嘉、湖等地的官绅地主对于张士诚颇有好感，朱元璋采取打压措施，特意将这里的豪族及富民田籍没为官田，并按私租起税，赋额较重。

在分封诸王的问题上，朱元璋坚持实行分封制。除长子朱标被册立为太子外，他的24个儿子和1个从孙都被封为藩王，分驻于各个军事要地，所谓“藩屏帝室”。这些藩王各置官属，还有护卫甲士，实力不容小觑。其中的宁王朱权，就藩于喜峰口外的大宁，带甲八万，革车六千，是一支不小的武装力量。

以国子生授平遥训导的浙江宁海人叶伯巨，乘洪武九年星象变化、朱元璋诏求直言的时机，呈上了一份很长的奏疏，主要内容就有反对分封。他在奏疏中说：“臣观当今之事，太过者三：分封太侈也，用刑太繁也，求治太速也。”他认为裂土分封，在几代之后，就会产生尾大不掉的割据态势。到那时再削其地而夺之权，必生觖望，祸患不可胜言，有可能出现像西汉七国之乱和西晋八王之乱那样的动乱。结果，朱元璋大怒：“小子间吾骨肉，速逮来，吾手射之！”叶伯臣最后死于狱中。据说，叶伯巨上书前曾与朋友说过：“今天下惟三事可患耳，其二事易见而患迟，其一事难见而患速。纵无明诏，吾犹将言之，况求言乎。”叶伯巨所预见的分封之祸，并未等到数世之后，而是在朱元璋死后的第二年就应验了，那就是燕王朱棣发动的“靖难”。

除了分封，为了让子孙皇位永固，朱元璋开始诛杀功臣。

他首先针对的就是文官集团。洪武十三年春正月，爆发了所

[1] 杨循吉：《吴中故语》，“太傅收城”条，收入《苏州文献丛钞初编（上）》，古吴轩出版社2005年版，第176页。

[2] 文征明：《文征明集》卷二十一《题跋一》，“题七姬权厝志后”条，上海古籍出版社1987年版，第525页。

谓的左丞相胡惟庸的谋反大案，其党羽御史大夫陈宁、中丞涂节等全部被杀。胡惟庸的主要罪名是“擅权植党”。明朝从此罢中书省，废丞相等官。[1]此后十年，受此案株连的李善长、陆仲亨、唐胜宗、费聚、赵庸、郑遇春、黄彬、陆聚、金朝兴、叶升、毛麒、李伯升等一批大臣，都被宣布为奸党，连坐受诛者总计有3万余人。

其次处置的是武将集团，最著名的莫过于蓝党大狱。定远人蓝玉是开平王常遇春的妻弟，战功卓著。洪武二十六年二月，锦衣卫指挥蒋瓛告发蓝玉谋反，基本罪状是：“玉同景川侯曹震、鹤庆侯张翼、舳舻侯硃寿、东莞伯何荣及吏部尚书詹徽、户部侍郎傅友文等谋为变，将伺帝出耤田举事。”蓝氏一族因而被诛，还牵连到武臣曹震、张翼、陈桓、朱寿、曹兴等人，被诛者共计1.5万余人。这样，连同上述的胡惟庸党，可以说“元功宿将相继尽矣！”[2]

朱元璋在废丞相的问题上特别告诫后人：“以后嗣君并不许立丞相，臣下敢有奏请设立者，文武群臣即时劾奏，处以重刑。”[3]在翰林院协助编定的《皇明祖训》中，他还加上了一句话，说明是怎样的“重刑”：“将犯人凌迟，全家处死。”[4]

可以说，朱元璋在中国政治、经济与社会史上留下的痕迹，影响所及，至今未衰。

洪武三十一年闰五月，朱元璋死于西宫，终年71岁，后与马皇后合葬于南京明孝陵。朱元璋身体一向不错。他在病重时，仍然“临朝决事不倦，如平时”。[5]他在遗诏中这样讲道：“朕膺

[1]《明史》卷二《太祖本纪二》。

[2]《明史》卷一百三十二《蓝玉传》。

[3]《明太祖实录》卷二百三十九，“洪武二十八年六月己丑”条。

[4] 朱元璋：《皇明祖训》，“祖训首章”条，《四库全书存目丛书》史部第264册，第167页。

[5]《明太祖实录》卷二百五十七，“洪武三十一年闰五月乙酉”条。

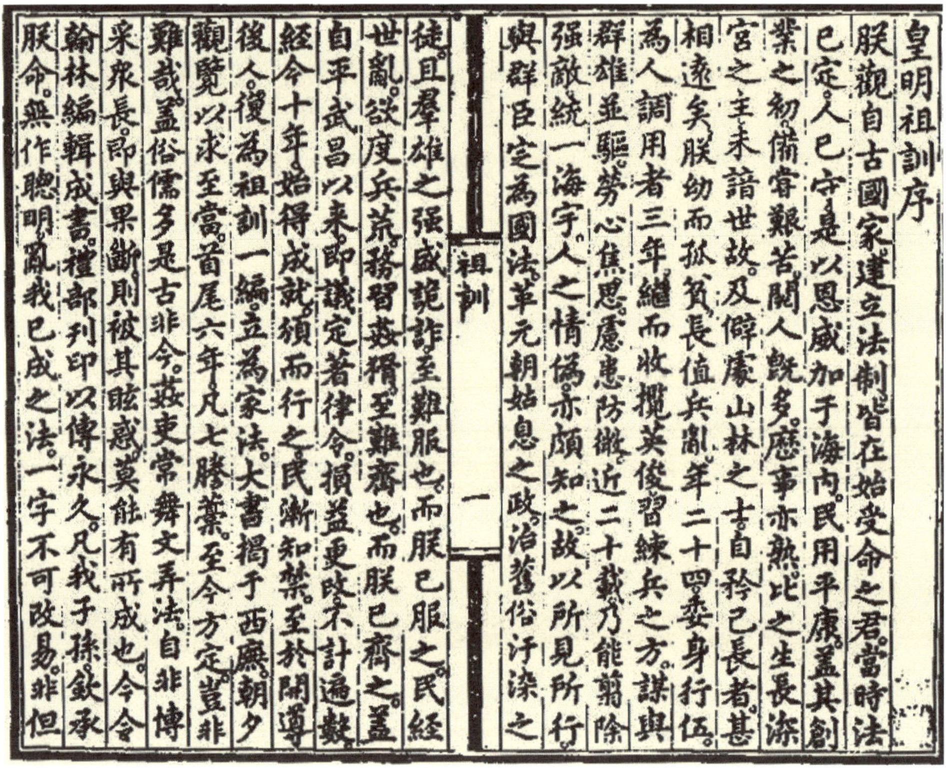

皇明祖訓序
朕觀自古國家建立法制皆在始受命之君當時法已定人已守是以恩威加于海內民用平康蓋其創業之初備嘗艱苦閱人既多歷事亦熟比之生長深宮之主未諳世故及僻處山林之士自矜己長者甚相遠矣朕幼而孤貧長值兵亂年二十四委身行伍為人調用者三年繼而收攬英俊習練兵之方謀與群雄並驅勞心焦思慮患防微近二十載乃能翦除強敵統一海宇人之情偽亦頗知之故以所見所行與群臣定為國法革元朝姑息之政治舊俗汙染之

祖訓 一

徒且羣雄之強盛詭詐至難服也而朕已服之民經世亂欲度兵荒務習姦猾至難齊也而朕已齊之蓋自平武昌以來即議定著律令損益更改不計遍數經今十年始得成就頒而行之民漸知禁至於開導後人復為祖訓一編立為家法大書揭于西廡朝夕觀覽以求至當首尾六年凡七謄藁至今方定豈非難哉蓋俗儒多是古非今姦吏常舞文弄法自非博采衆長即與果斷則被其眩惑莫能有所成也今令翰林編輯成書禮部刊印以傳永久凡我子孫欽承朕命無作聰明亂我已成之法一字不可改易非但

洪武时期礼部刊刻的《皇明祖训》

天命三十有一年，忧危积心，日勤不怠，务有益于民。奈起自寒微，无古人之博知，好善恶恶，不及远矣。今得万物自然之理，其奚哀念之有。皇太孙允炆仁明孝友，天下归心，宜登大位。内外文武臣僚同心辅政，以安吾民。丧祭仪物，毋用金玉。孝陵山川因其故，毋改作。天下臣民，哭临三日，皆释服，毋妨嫁娶。诸王临国中，毋至京师。诸不在令中者，推此令从事。”[1]

直到这时，朱元璋还在强调要贯彻俭朴之风。洪武朝文官中，绅士领袖、才华被刘基推为第一的宋濂，对此是有贡献的。据说有一次朱元璋到南京奉天门外西鹰房，赏观号称飞得最高最快的神鹰“海东青”。时为翰林学士的宋濂上谏说：“禽荒古所戒。”朱元璋很尴尬，说：“朕聊玩之耳，不甚好也。”宋濂说：“亦防微杜渐。”朱元璋只好走了。对此，后人感叹道：“此虽一事，可以见当时君臣相得之际，如此其盛云！”[2]

---

[1] 《明史》卷三《太祖本纪三》。

[2] 姚福:《清溪暇笔》卷上，明邢氏来禽馆抄本，收入《续修四库全书》子部第1167册，上海古籍出版社2002年影印版，第[illegible]页。

明孝陵神道

五 永乐政治

朱元璋死后，十六岁的皇太孙朱允炆继位，改年号为“建文”，并下诏要求行三年之丧。同时，他也施行了一些行政举措，如省并州县，裁革冗员，升兵部侍郎齐泰为尚书、原为东宫伴读的翰林院修撰黄子澄为太常卿，召汉中府教授方孝孺为翰林院侍讲，实行宽政，大赦天下，蠲免逋赋，等等。

朱允炆即位后，感到诸王以叔父之尊各拥重兵，虎视眈眈，对自己威胁很大。在与齐泰、黄子澄密议后，朱允炆决定削藩以根除祸患。各个藩王中数燕王朱棣年龄最长、权势最大、军功最高。朱元璋在临死前也曾说过：“燕王不可不虑。”削藩的工作就从燕王的“手足”开始，包括封藩开封的周王橚、大同的代王桂、青州的齐王榑、荆州的湘王柏、岷王楩等。燕王称病在家，暗中则加紧练兵，赶制军器，之后迅速控制北平，正式起兵“靖难”，开始了长达四年的夺位之战，史称“靖难之役”。

战争期间，建文帝施行了一些很重要的举措。

建文二年（1400年）二月间，燕王朱棣的兵马已攻陷蔚州，进逼大同。在南京，朝廷重新以都察院为御史府，均平江浙地区的田赋。洪武时期，苏州、松江籍人在户部任官是被禁止的事。江浙地区的官绅势力，遭到明显抑制。建文帝为了更多地获得江浙地区士人的支持，有效地从江浙地区汲取财政与人力资源，下诏说：“国家有惟正之供，江、浙赋独重，而苏、松官田悉准私税，用惩一时，岂可为定则。今悉与减免，亩毋逾一斗。苏、松

朱棣像

人仍得官户部。"[1]

建文四年六月，燕王的兵马打进了南京。当时宫中起火，建文帝"不知所终"，但燕王"遣中使出帝后尸于火中，越八日壬申葬之"。另一种说法是建文帝已由地道出逃了。到正统五年（1440年），有僧人从云南至广西，诡称自己是建文帝。他被官方抓获后，审得是钧州人杨行祥，90多岁，4个月后死于狱中。此后，滇、黔、巴、蜀等地，都有建文帝化身为僧往来各地的传言。

由于永乐朝修订《明实录》时将建文朝的历史全部抹杀，有关建文帝的一些故事，也因此成了疑案。

万历二年（1574年）时，年幼的万历帝在文华殿学习，与辅臣谈起这段往事，问道："闻建文帝当时逃逸，果否？"内阁首辅张居正这样回答："国史不载此事。但故老相传，言建文当靖难师入城，即削发披缁从间道走出，后云游四方，人无知者。至正统间，忽于云南邮壁上题诗一首，有'沦落江湖数十秋'之句。有一御史觉其有异，召而问之。老僧坐地不跪，曰：'吾欲归骨故园。'乃验知为建文也。御史以闻，遂驿召来京，入宫验之，良是。是年已七八十矣。后莫知其所终。"[2]

张居正所谓的"国史不载此事"，正是永乐朝以来的禁忌。实际上，在正德、万历、崇祯年间，不断有大臣上书要给建文帝、后加封和加庙谥。但也许是碍于成祖时的"祖制"，这些建议在廷臣讨论时都没有通过。直到清朝乾隆元年（1736年），通过廷臣集议，终于追谥建文帝为恭闵惠皇帝。[3]

朱棣在南京城内的奉天殿即位后，定次年为永乐元年

[1] 《明史》卷四《恭闵帝本纪》。

[2] 《明神宗实录》卷三十，"万历二年十月戊午"条。

[3] 《明史》卷四《恭闵帝本纪》。

（1403年）。很快，他就开始对不肯投顺的文武群臣进行捕杀甚至族诛。

早在朱棣兵发北平的时候，他的重要谋士姚广孝就提出要保全名臣方孝孺："城下之日，彼必不降，幸勿杀之。杀孝孺，天下读书种子绝矣。"朱棣当时同意了，也希望通过优容方孝孺来获得士人阶层的支持。

结果朱棣准备即皇帝位时，方孝孺为建文帝穿孝服，拒绝为朱棣起草即位诏书，悲恸之声响彻殿陛。

朱棣安慰道："先生毋自苦，予欲法周公辅成王耳。"

方孝孺问："成王安在？"

朱棣说："彼自焚死。"

方考儒又问："何不立成王之子？"

朱棣开始生气了："国赖长君。"

方考儒又说："何不立成王之弟？"

朱棣有些不耐烦了："此朕家事。"但他坚持要方孝孺草诏。方就将笔扔到地上，且哭且骂："死即死耳，诏不可草。"朱棣大怒，下令对方处以割舌和寸割的磔刑。方孝孺慨然就死，作绝命词说："天降乱离兮孰知其由，奸臣得计兮谋国用犹。忠臣发愤兮血泪交流，以此殉君兮抑又何求？呜呼哀哉兮庶不我尤！"时年46岁。[1]方氏一族也因此被灭门。

另外，兵部尚书铁铉、礼部尚书陈迪、大理寺少卿胡闰、刑部尚书暴昭、右副都御史练子宁、左佥都御史景清等均因不肯屈从，而被处以残酷至极的剥皮、凌迟的极刑。同时被株连而死的不计其数，连疏族远亲也没有被放过，后人称为"瓜蔓抄"。

建文四年七月，朱棣在南郊大祀天地，下诏说："今年以洪武三十五年为纪，明年为永乐元年。建文中更改成法，一复旧

---

[1] 《明史》卷一百四十一《方孝孺传》。

制。山东、北平、河南被兵州县，复徭役三年，未被兵者与凤阳、淮安、徐、滁、扬三州蠲租一年，余天下州县悉蠲今年田租之半。”[1]

从此，建文朝四年的历史，完全被洪武纪年所取代。建文朝的很多档案被毁去，反对朱棣的声音被消弭。《明太祖实录》被修改，将朱棣的继位宣扬为敬守祖法之举，是朱元璋的本意：“诸子中，燕王仁孝，有文武才略，能抚国安民，吾所属意。”《明太祖实录》还有这样的记载：太祖朱元璋在太子朱标死后，更属意于朱棣，要立朱棣为储贰；朱元璋临死前，多次问左右燕王来了没有。[2]

朱棣将建文年间的政制改回到洪武祖制，但对战争时期受祸较重的地区，仍然施行休养和宽免之政。朱棣派出大批官吏，加强各地的社会稳定和地区开发工作，对于逃移流民复业的，可以全部蠲免“积年所负粮刍”。[3]

对周边民族政权，朱棣延用了洪武时期恩威并施的策略，加强控制或防御，特别对洪武末年已经分为鞑靼、瓦剌与兀良哈三部的北元，进行了比较有效的防卫和安抚。[4]可以说从秦朝以来，中国的北方长期处于内线防御的态势。明朝重修长城，以长城沿线的九边，即九个军事重镇为主干设置防护带，在有余力的情况下，才会出兵塞外，消灭潜在的敌人。在明朝，除了明成祖时有九入北方大漠的攻势，其他时代实在罕见。[5]

通过战争夺取皇位的朱棣，颇具雄才大略。面对整个社会的

---

[1] 《明史》卷五《成祖本纪一》。

[2] 《明太宗实录》卷一，“奉天靖难事迹一”。

[3] 《明太宗实录》卷二十五，“永乐元年闰十一月丁未”条。

[4] 陈梧桐、彭勇：《明史十讲》，第29页。

[5] 汪荣祖：《明清帝国的空间》，收入陈永发主编：《明清帝国及其近现代转型》，台湾允晨文化实业股份有限公司2011年版，第121页。

八达岭长城

质疑，朱棣采取了强力手段，以稳固其统治。他为了宣扬其皇位的正统性，即位之初即下达敕谕：

> 我今主宰天下，谨遵父皇太祖高皇帝成法，纤毫不敢改违。今后尔天下文武官员军民人等，共守太祖高皇帝成法，为官者保守禄位，军民士庶百工技艺安分乐生。不守太祖高皇帝成法，是尔等自取其祸，但有违法，必难轻饶。省谕之后，依我言语，永为遵守，共享太平之福。[1]

在朱元璋称帝后，全国统一逐步完成，社会秩序日渐稳定，社会经济得到恢复与发展。当然，任何一个王朝统治伊始，大概都可以看到类似的现象。明朝的建立，确立了一个新的亚洲中心。朱元璋对于周边政权与世界的看法是：“四方诸夷皆限山隔海，僻在一隅，得其地不足以供给，得其民不足以使令。”他豪迈地表示：“若其自不揣量，来挠我边，则彼为不祥。”他觉得一定要选将练兵、谨慎防备的，是“胡戎与西北边境”，其他周边诸夷小国，均不予征伐，包括朝鲜国、日本国、大琉球国、小琉球国、安南国、真蜡国、暹罗国、占城国、苏门答剌、西洋国、爪洼国、湓亨国、白花国、三弗齐国和浡泥国。[2]后来，朱棣将朱元璋开创的基业积极加以拓展，延至此后的仁宗与宣宗时期，出现了“盛世”的局面，奠定了当时中国在亚洲和世界上的强国地位。[3]

清朝人对朱棣的评价，还是比较全面的：“少长习兵，据幽燕形胜之地，乘建文孱弱，长驱内向，奄有四海。即位以后，躬

---

[1]　宋端仪：《立斋闲录》卷三，《续修四库全书》子部第1167册，第599页。

[2]　朱元璋：《皇明祖训》，“祖训首章”条，《四库全书存目丛书》史部第264册，第167—168页。

[3]　陈梧桐、彭勇：《明史十讲》，第3—4页。

行节俭，水旱朝告夕振，无有壅蔽。知人善任，表里洞达，雄武之略，同符高祖。六师屡出，漠北尘清。至其季年，威德遐被，四方宾服，明命而入贡者殆三十国。幅员之广，远迈汉、唐。成功骏烈，卓乎盛矣。然而革除之际，倒行逆施，惭德亦曷可掩哉。”[1]确实，朱棣统治的22年中，有两方面的成就是不可抹杀的：一是明朝的疆域得到了一定的开拓和巩固；二是他多次派遣郑和出使西洋，使中外经济文化交流出现前所未有的盛况。但在“靖难”之际的“倒行逆施”，也是难以掩盖的事实。除受方孝孺株连而死的870多人外，因邹瑾之案被诛戮的达440人，因练子宁之狱被弃市者有150人，因陈迪之案被杖戍者有180人，因胡闰之狱而被全家抄提者有217人，受董镛株连而死戍者达230人。其他还有卓敬、黄观、齐泰、黄子澄、魏冕、王度、卢元质等人，多的被灭三族，少的也被夷灭一族。[2]朱棣对于反对者们的惩治，可谓极其血腥和残忍。

永乐时期用刑残酷，宦官专权开始抬头。有学者认为，这是明朝政治败坏的开始。[3]

永乐十九年迁都北京后，明朝的北部边防和对北方社会的控制有所加强。永乐二十二年七月，六十五岁的朱棣在榆木川走到人生尽头。曾经奉命在江南修治水利而颇著成效的户部尚书夏原吉，在官绅群体中较具影响力。早在永乐十九年冬天，夏原吉就与礼部、兵部、工部三位尚书一起，反对朱棣北征大漠。朱棣不听，仍然连年北征。这时，即将离开人世的朱棣环顾左右说：“夏原吉爱我。”[4]

朱棣的丧礼一如明太祖遗制。当时，太监马云与大学士杨

---

[1] 《明史》卷七《成祖本纪三》。

[2] 谷应泰：《明史纪事本末》卷十《壬午殉难》，第307页。

[3] 吕思勉：《中国通史》，华东师范大学出版社1992年版，第455页。

[4] 《明史》卷一百四十九《夏原吉传》。

荣、金幼孜秘密商定，以六军在外，秘不发丧，“熔锡为椑以敛，载以龙举，所至朝夕上膳如常仪”，让外人感觉到朱棣还活着，一切照常。到八月，皇太子朱高炽得知朱棣已逝后才发丧，后来给朱棣上尊谥为“体天弘道高明广运圣武神功纯仁至孝文皇帝”，庙号太宗，葬于长陵。嘉靖十七年（1538年）九月，又改尊谥为“启天弘道高明肇运圣武神功纯仁至孝文皇帝”，庙号成祖。[1]成祖朱棣与太祖朱元璋一样，共为大明王朝的二祖。

从永乐时期开始，朱元璋定下的皇位传承祖制已经被改写。朱元璋即位不久，曾制定了东宫太子与各藩王的子孙承袭名字，各拟了20个字。在东宫名下，是“允文遵祖训、钦武大君胜、顺道宜达吉、师良善用晟”，结果只用到建文帝朱允炆一代。朱棣继位后，朱元璋为燕王名下所拟的20个字“高瞻祁见祐、厚载翊常由、慈和怡伯仲、简靖迪先猷”，最终延用到了“由”字。[2]

---

[1]　《明史》卷七《成祖本纪三》。

[2]　朱元璋：《皇明祖训》，“礼仪”条，《四库全书存目丛书》史部第264册，第175页。

南京大报恩寺遗址公园

大报恩寺位于南京秦淮区中华门外，其前身为东吴年间建造的建初寺和阿育王塔。朱棣即位后，以纪念朱元璋的名义，下令重建该寺和琉璃宝塔，并赐名“大报恩寺”。这是当时中国规模最大、规格最高的寺院。琉璃宝塔建成后，长期被视作中国最具特色的标志性建筑，清朝咸丰年间因战争被毁。2007年，大报恩寺遗址公园启动建设，2015年底正式向公众开放。

六 "仁宣致治"

明初中央集权的加强，使明王朝得以集中更多的人力、物力与财力，有力地控制一支强大的军事力量，维持内部的稳定和应对来自外部的挑战，也有能力开展很多规模宏大的政治、军事和文化工程。在永乐时期，朱棣派遣郑和下西洋，主动与海外诸邦交流沟通。后来，一些西方传教士也以文化交流的方式进入中国。

明王朝原是以江南地区为基础建立的，在对外交往或海上贸易方面具有较好的先天条件。所以，虽有禁民出洋经商的举措，但从郑和下西洋这样的壮举来观，明王朝向海洋或海外拓张的能力和条件是很强的。不过在宣德年间，朝廷认为"下西洋"徒然耗费国力，不利于北方的国防，遂完全停止了海上宣扬国威的举动，恢复了明太祖的海禁政策。此后，明朝确实呈现出了内敛之态，再也没有出现敢于向外进行军事扩张的帝王。但是，商业贸易方面的扩张一直在进行。明朝后期商品经济繁荣，出现了发达的远程商业，完全与一个王朝到了后期就会衰落不振的旧说不侔。[1]这是明朝后期表现出来的王朝特质，与清朝的情形大为不同。

仁宗朱高炽（1378—1425年）是朱棣长子。他继位后，改翌年为洪熙元年，结果只做了10个月的皇帝就去世了。

---

[1] 陈永发：《绪论》，参陈永发主编：《明清帝国及其近现代转型》，台湾允晨文化实业股份有限公司2011年版，第11—18、80页。

郑和宝船（模型）

宣宗朱瞻基（1398—1435年）是朱高炽长子，1425年即位，年号宣德（1426—1435年），在位十年。在仁宗、宣宗时期，明朝的主导性政策转向宽松、休养，取代了明初以来的严猛政治。但是也因为这样，这一时期的明朝较诸洪武、永乐时期不免有收敛之态，显得较为保守，特别是在边疆采取收缩政策，在北方奉行单纯防御的策略，屡弃军事重镇。[1]

后人评价仁宗时说："在位一载，用人行政，善不胜书。使天假之年，涵濡休养，德化之盛，岂不与文、景比隆哉！"[2]尽管仁宗在位时间甚短，但其所施行的政策都被宣宗继承，以致后代史家将这一时期称为"仁宣致治"或"仁宣之治""仁宣盛世"。

仁宣时期，出现了大批"廉节自重"的士大夫。而且，仁宣二帝能够"惩吏道贪墨，登进公廉刚正之士"，信任并重用那些真正有才干之人，使这一时期的政治风纪为之一清。官绅群体主导的帝国政治，呈现良好的发展态势。

宣宗曾在一次早朝后，在便殿与翰林儒臣闲谈，谈到了政治的否泰以及君子与小人的问题。他说：

> 《易》泰、否二卦尽之矣。君子进小人退，上下之情通，斯谓泰；小人进君子退，上下之情不通，斯谓否。泰之时，人君大有为，所以成参赞之功；否之时，君子引退，则不可以有为矣。求否、泰之端，则在乎君子、小人之进退，人君之用舍，有关世道，如此岂可不慎？！但君子、小人猝未易辨知，朕所用有不当者，卿等亦宜直言无隐。[3]

---

[1] 陈梧桐、彭勇：《明史十讲》，第37页。

[2] 《明史》卷八《仁宗本纪》。

[3] 《明宣宗实录》卷十八，"宣德元年六月甲戌"条。

朱瞻基像

宣宗意识到君子、小人之进退有关世道，必须谨慎。如果自己用人不当，他希望臣下能直言指出。宣宗的这种致治在于正确用人的思想，对明朝的政治发展有着积极的影响。

宣德五年二月，宣宗拜谒献陵。他跟旁边的侍臣说：“皇祖尝言，古帝王陵寝有崇奢丽及藏宝玉者，皆无远虑，吾子孙宜戒之，不可蹈也。此语朕恒记忆不忘，今所建寝陵，皆皇祖当时规划，不敢有所增益。”他陪同皇太后到献陵的时候，附近居民都来迎拜。皇太后对宣宗说：“百姓爱戴君上，以能安之，古帝王保有天下，垂裕子孙，令问长世，千载之下，人犹仰慕，亦惟能安民耳。国家恒轻徭薄赋，以存恤为务，庶几为民父母之道。”他回城时经过昌平，看见道旁的农夫保持着跽跪的姿势，但仍不停止耕作，也不抬头看皇帝。宣宗将农民召来，问道：“何若是之勤哉？”

农民说：“勤，我职也。”

宣宗问：“亦有时而逸乎？”

农民答：“农之于田，春则耕，夏则耘，秋而熟则获，三者皆用勤也。有一弗勤，农弗成功，而寒馁及之，奈何敢怠？”

宣宗又问：“冬其遂逸乎？”

农民答：“冬然后执力役于县官，亦我之职，不敢怠也。”

这次出行，使宣宗更为切近地了解了京畿地区的民生状况。他推行轻徭薄赋、休养生息的国策，与此事也有一定关系。后来，宣宗将这次出行见闻写成文字，给蹇义等大臣看，要求他们不忘体恤民生。[1]

对整个大明王朝而言，江南是朝廷极为倚重的基本经济区。但从元末明初的鼎革以来，江南地区经济和社会秩序遭到严重破坏，亟待恢复。

---

[1] 余继登：《典故纪闻》卷十，中华书局1997年版，第171—172页。

洪熙元年（1425年），朝廷派出广西右布政使周干、按察使胡概等人，前往江南考察地方利病问题。他们在向朝廷的汇报中着重提到了当地的“弊政”：

> 苏州等处人民多有逃亡者，询之耆老，皆云由官府弊政困民，及粮长、弓兵害民所致。如吴江、昆山民田，亩旧税五升，小民佃种富室田，亩出私租一石，后因没入官，依私租减二斗，是十分而取其八也。拨赐公侯驸马等项田，每亩旧输租一石，后因事故还官，又如私租例尽取之，且十分而取其八，民犹不堪，况尽取之乎？尽取则无以给私家，而必至冻馁，欲不逃亡不可得矣。[1]

到宣德年间，苏州等地“税粮甲于他省，而民困吏奸”，赋税征收困难，出现了“繁剧难治”的局面。[2]于是，宣宗令大臣们保举才能出众的郎中、御史出任苏州知府，清除当地积弊。在众多大臣的推荐下，未经科举而仅凭才干由吏员升任礼部郎中的况钟，于宣德五年七月被派任苏州知府，直到正统七年十二月因病卒于任上，前后任职达十三年之久。其任期之长，在明朝知府中是罕见的。

在赴任之际，宣宗对况钟提出了很多要求：

> 国家之政，首在安民，安民之方，先择守令。朕临御以来，孜孜夙夜，以安民为心。而比岁田里之民，鲜得其所，究其所自，盖守令匪人。或恣肆贪刻，剥削无厌，或阘冗庸

---

[1] 《明宣宗实录》卷六，“洪熙元年闰七月丁巳”条。

[2] 况廷秀：《况太守列传（上）》，收入况钟：《况太守集》卷一《太守列传编年（卷上）》，吴奈夫、吴奈蛤点校，江苏人民出版社1983年版，第32页。

《吴郡名贤图传赞》中的况钟像

懦，坐视民患，相为蒙蔽，默不以闻，致下情不得上通，上泽不得下施。

今慎简尔等，付以郡寄。夫千里之民，安危皆系于尔，宜体朕心，以保养为务。必使其衣食有资，礼义有教，而察其休戚，均其徭役，兴利除弊，一顺民情。

毋徒玩愒，毋事苟简，毋为权威所胁，毋为奸吏所欺。凡公差官人等有违法害民者，即具实奏闻。所属官员人等，或作奸害民，尔就提下差人解京。尔亦宜奉法循理，始终不渝，庶副朕之委任，钦哉！[1]

况钟在知府任上，基本达到了宣宗的要求，真正做到“视民事如己事，诛滑吏，劾贪官，以清弊源”。[2]《明实录》中有赞语：“钟有治剧才，故郡事虽殷，理之绰有余裕。”[3]

关于他的事迹，民间流传有《十五贯》的故事。这个故事主要颂扬了况钟的为人和他治苏的政绩，包括严惩贪污、整顿吏治、减免赋税、与民休息、兴修水利、劝课农桑、平反冤狱、打击强暴、兴修府学、重视人才等很多方面。[4]实际上，地方治理的工作，远比故事中所讲的要复杂得多。对“官田改民田、盗卖粮悬不割、父子伪为别籍，巧避差徭；牙侩隐税、嚼商粮里洒派，老人作奸”等情况，况钟“不烦敲扑钩访厘剔”，使“纤毫之弊悉除”。地方民众都把他奉作神明一般。[5]同时，从况钟治理苏州地区的工作，可以知晓当地的绅士力量并不彰显，况钟要

---

[1] 况钟：《况太守集》卷五《敕谕》，“特赐任苏州玺书”条，第61页。

[2] 况钟：《况太守集》卷首《记（道光六年陈文述撰）》，第13页。

[3] 《明英宗实录》卷九十九，“正统七年十二月丙辰”条。

[4] 王仲：《苏州历史名人·况钟》，古吴轩出版社2003年版。

[5] 况廷秀：《况太守列传（下）》，收入况钟：《况太守集》卷二《太守列传编年（卷中）》，第39页。

处理的，大多是“牙侩”“老人”这样的人群，而非有势力的绅士豪族。这样的情形，与明代中后期地方绅士强大的状况多有不同。当然，这与明初以来政府对于地方力量的长期打压有较大关系。

况钟在苏州府任上所取得的成绩，离不开巡抚周忱的有力配合。

明朝初年，因为赋税太重，江南人民逋逃问题严重。宣德初年起，宣宗屡次下诏减赋，但因积弊太深，很难在短时间内解决民困问题。宣德五年，周忱以工部右侍郎的身份巡抚江南。周忱治理江南的主要办法，在于合理运用了“平米法”与“济农仓”，建立起江南的地方财政系统。这样，既保证了税粮的缴纳，其间产生的“羡余”还能用于地方开支。[1]

宣德七年九月间，周忱与况钟一起，奉命联合修治江南水利。他们仿效永乐年间夏原吉在江南的治水办法，取得很好的成效。周忱还对太湖流域豪强私筑圩田阻遏湖水的现象，进行了遏制。正统年间，周忱亲自主持土地丈量和规划。他用大方甓刻下佃者的姓名、所佃田亩数、田亩四至，竖在田亩垃段，并画影图形，藏于政府官库，作为永久凭证，来保护小民的利益。[2]周忱抚吴时的成效，后来被称颂为“百姓不知有凶荒，朝廷不知有缺乏”。[3]

宣德年间值得一提的事，是宣宗采取息兵养民的政策，放弃了交趾。永乐年间，明朝出兵征讨安南黎氏，在安南设置交趾布政使司。此后安南屡次起兵反抗，明朝不断派兵征剿，无岁不用兵，最多时达80万人。针对交趾的战事成了明朝的一大包袱。

---

[1] 郁维明:《明代周忱对江南地区经济社会的改革》，台湾商务印书馆1990年版。

[2] 正德《姑苏志》卷十八《乡都·市镇村附》，正德间刻本。

[3] 《云间杂志》卷中，奇晋斋丛书本。

宣宗放弃交趾后，整个明朝版图，除南、北二京外，就稳定为十三布政使司辖区。

洪武、建文、永乐、洪熙、宣德几朝，是明王朝从建立到稳定的时期。那时的地方社会与中央朝政，既有进取之态，也有安祥之实。所谓“百姓充实，府藏衍溢”，国民财富都有较好的保障。无论是内地的开发，还是边疆的供给，堪称“上下交足，军民胥裕”。[1]

[1] 《明史》卷七十七《食货志一》。

第二章

官绅政治：嘉、隆、万时代的变化

成化、弘治以后的明朝，在政治、经济、文化等方面出现了新变化。从主流政治来说，帝王们对于朝政的荒怠，是最主要的问题。从嘉靖朝开始，到天启朝为止，帝王们的不上朝以及上朝不说话，竟成了一种常态。这不但有违大明祖训，而且使明朝政治乱象丛生。与明初相较，绅士阶层的力量得到了极大的增强，特别在地方社会，辨识度很高的“乡绅”是掌控地方最有力的群体。绅士阶层对于中国政治、经济与文化的影响越发重大，形成了与庶民区别明显的群体，广布于从政治中枢机构到地方基层的各个层面。同时值得注意的是，朝野政争纷起，门户林立，内忧外患不断，社会危机感加剧。然而，明朝在这样的政治局面下依然维持了一百多年，并且在经济与社会生活中，出现了比较繁盛的局面。这与官绅政治平稳、有序的维持，有着极大的关系。

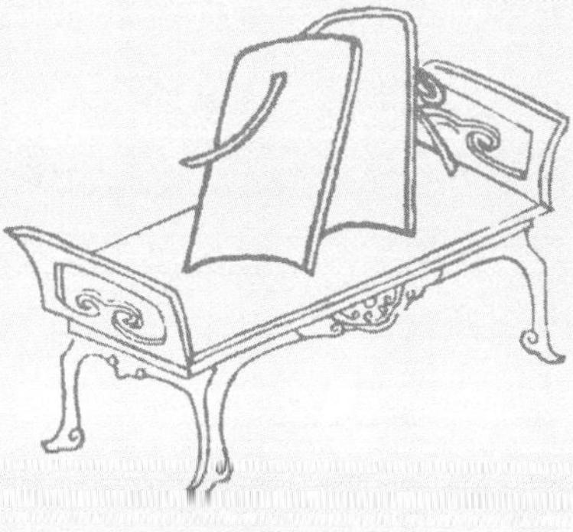

一 太监干政与社会变化

孟森认为，凡是历朝享国稍久者，必有一朝之制度。制度渐坏，国祚就渐衰了。[1]明初开国至宣德末年，已近70年。宣德十年正月，宣宗崩于乾清宫。年仅九岁的皇太子朱祁镇即位，是为英宗。从英宗即位开始，明朝经历了景帝、宪宗、孝宗、武宗、世宗、穆宗、神宗的统治，历180多年。这一时期，皇帝信任宦官，内阁地位显要。朝廷内部政争纷繁，政局经常动荡。

英宗即位后，早期在东宫侍候过他的太监、蔚州人王振，受到了重用。他被提拔至司礼监，还被尊称为“先生”。本来，明太祖时禁止太监干政，但自永乐以后，太监渐渐被委以政事。很会讨英宗欢心的王振以防止大臣欺蔽为理由，诱导英宗用重典统治天下，使得当时“大臣下狱者不绝”。王振的权势越来越大。幸运的是，英宗的祖母、太皇太后张氏还具有很大的威权，她曾当面对王振说“汝侍皇帝起居多不律，今当赐汝死”，还让宫女把刀架在了王振的脖子上。由于英宗的求情，王振才得以免死。太皇太后比较重视内阁，内阁中杨士奇、杨荣、杨溥等都是累朝元老，对王振至少还有牵制或震慑作用。

正统前期，国家还算太平。太皇太后张氏辅佐英宗，维持朝局稳定，被颂称为“女中尧舜”。实际政治的运转，则基本在台阁。凡是军国大事，先上报太皇太后，再由太皇太后决定下放至内阁商议讨论。王振等人虽想擅权，但根本不敢轻动。每过几

[1] 孟森：《明清史讲义》，第14页。

大，张氏就派人监到内阁了解政事处理情况，使王振等人不能轻易插手。张氏死后，王振才有了专权的机会。

正统十四年七月，也先率领瓦剌军队大举入寇。王振怂恿英宗亲征，与瓦剌在土木堡对战，结果大败。英宗被俘，王振也被乱兵所杀。后来，朝廷讨论太监干政的问题，并杀掉了一批王振的党羽。王振家族不分少长全被诛杀。王振干政达7年之久，在京城内外积累了多处房产。在抄家的时候，发现王振家藏有金银60多库、玉盘百面、高六七尺的珊瑚20余株，其他还有无数珍玩。[1]

英宗之后，放任太监干政的还有武宗朱厚照。他荒怠朝政，整日沉湎于玩乐之中。他在西华门另筑宫殿，打造密室，称为“豹房”“新宅”，每日游乐其中。朱厚照宠信佞臣江彬等人，赐他们姓“朱”；自封为总督军务的“威武大将军朱寿”，下谕兵部，要亲统六师，剿除虏寇，安民保众；由于所谓的“功劳”较大，他还给自己封爵增俸。武宗的荒政，使民间怨声载道。最后他因溺水得病而亡，也无子嗣。总体上看，正统以来的国势可谓“寖弱”，武宗虽有“欲以武功自雄”的意思，但是“耽乐嬉游，暱近群小”，使“冠履之分”荡然无存。[2]

武宗荒疏朝政，使觊觎皇位已久的宁王朱宸濠伺机而起。宁王就藩于江西。从正德三年（1508年）开始，江西的农民暴乱一直不断。朝廷曾派兵镇压，但屡平屡起。正德十四年六月十四日，宁王朱宸濠公然举起反叛的旗帜，袭杀不依附于己的地方官，集兵6万。七月初一日，朱宸濠亲率大军，分五哨出鄱阳，舳舻蔽江而下，声言要直取南京。经过安庆时，安庆知府张文锦令军士登城大骂，朱宸濠便率军急攻安庆。当时，巡抚南赣都御

---

[1] 《明史》卷三百四《王振传》。

[2] 《明史》卷十六《武宗本纪》。

朱厚照像

史王守仁（1472—1529年）刚刚将围剿了一年的农民起义军镇压下去。得到宁王叛乱的消息后，他马上组织兵力攻打宁王的老巢南昌。七月二十日，王守仁攻克南昌。久攻安庆不下的朱宸濠，得到南昌被围的消息，只好丢下安庆回援南昌。二十四日，两军相遇于黄家渡，激战三天。结果朱宸濠大败，与诸子、兄弟等一起被擒，妃嫔则大多投水而死。

正德年间的官场，贪腐日益严重。太监刘瑾（1451—1510年）的擅权乱政，是最具代表性的事例。

刘瑾是陕西兴平人，本姓谈，六岁时被太监刘顺收养，遂冒姓刘。他曾在弘治年间犯死罪，后来被赦免，并进入东宫侍奉太子朱厚照，即后来的武宗。武宗即位后，刘瑾就掌管了钟鼓司。他与马永成、高凤、罗祥、魏彬、丘聚、谷大用、张永都因侍奉过武宗而得宠，合称“八虎”。刘瑾很认同王振的行事方法，每天想办法进奉些鹰犬、歌舞、角抵之戏，供武宗游乐，于是就更受武宗的宠信。他历经数次升迁，做到了司礼监掌印太监，十分骄横跋扈。

当时，明朝组织编纂了《通鉴纂要》一书。该书编成后，刘瑾诬称翰林纂修官誊写不谨慎，将他们全部发配，并命令文华殿书办官张骏等重新改誊。他发明了“枷法”，即让犯人戴上一种极为沉重的枷。很多得罪过刘瑾的官员受此刑罚，不少人因此而死。刘瑾又创“罚米法”，曾经触忤过刘瑾的的官员都被罚把米运到边疆，以充军粮。刘瑾公然贪污索贿，只要京城里有入觐、出使之官，都要给他一份厚礼。给事中周钥在外地处理完公事返京，因为没钱贿赂他，忧惧之下，竟然在半路上自杀了。

正德五年四月，安化王朱寘鐇发动叛乱，并发布檄文历数刘瑾的罪状。刘瑾开始感到惧怕，将檄文藏了起来，不敢让武宗知道檄文的具体内容。朝廷派都御史杨一清、太监张永为总督，前往平乱。与刘瑾同称“八虎”的数人，互相之间也有不和。马永成与杨一清等人决定要除掉刘瑾。他们乘平乱后回朝进献俘虏之机，向酒醉后的武宗揭发刘瑾17项不法之事。武宗听后低着头说："瑾负我。"刘瑾因而被抓，被贬居凤阳。

此时武宗还并未真正想杀刘瑾。刘瑾觉得只是到凤阳谪居，仍很得意，说："犹不失富太监也！"随后，武宗亲自抄了刘瑾的家。抄家的结果，令他震惊。除了无数金银财宝外，刘家还藏有1枚伪玺、500枚用于出入宫禁的穿宫牌以及诸多衣甲、弓弩、衮衣、玉带等违禁物，另外还发现了2把内藏匕首的扇子和数十道告发刘瑾罪状的奏折。武宗大怒，说："奴果反。"最终，刘瑾被施以凌迟之刑，并枭首示众，公布天下。至于刘瑾擅权时变更的"吏部二十四事、户部三十余事、兵部十八事、工部十三事"，全部回改如旧。[1]刘瑾被抓的时候，还狂妄叫嚣："满朝公卿，皆出我门，谁敢问我者！"结果，刘瑾的凌迟之刑持续了三天。曾被刘瑾所害之人，都争着买他的肉来吃，甚至有以一钱易一脔的。[2]

武宗治下的明王朝，已经出现了全面性的统治危机，具体表现在土地兼并、财政困难、农民反乱、北方民族的威胁、东南沿海倭寇的侵扰等方面。在武宗在位的最后岁月中，大学士杨廷和等人还在极力上言，从华北社会的实际出发，陈述彼时的政治危机与地方社会存在的动乱情势：

> 况今各处地方水旱相仍，灾异迭见，岁用钱粮小民拖欠数多，各边军士月粮经年无支，该镇奏讨殆无虚日，欲征之于民而脂膏已竭，欲取之于官而帑藏已空。闾阎之间，愁苦万状。饥寒所逼，啸聚为非者，在在有之。其畿内州县及山

---

[1] 《明史》卷三百四《刘瑾传》。

[2] 谷应泰：《明史纪事本末》卷四十三《刘瑾用事》，第654—656页。

> 东、河南、陕西等处盗贼，百十成群，白昼公行劫掠，居民被害，商旅不通。若非早为拯救，痛加宽恤，则将来事势有大可忧者。[1]

自明初以来，政府的理想设计，是经由创立法制，来长期维持“田有定额，赋有常经”，以至达成“上足国用，下固邦本”的理想状态。然而明中期以后，法制已然大坏，“府州县总书、书手通同贪污，官吏上下之间，关节相通，造作奸弊，无所不至”。很多州县官员都是初入仕途，“百责所萃”，不到三四年，就要升迁交代，“孰能勾稽磨算以摘发其奸哉”？[2]他们根本无心于地方政事，遑论讲求地方利弊了。

另外，社会的维续与政治的有效控制，越来越依赖地方绅士的配合与支持。费正清曾强调说，绅士的产生是用来填补官僚政府与社会之间的真空；帝制政府仍然是一个上层结构，并不直接进入村庄，因为它是以绅士为基础的。瞿同祖认为，绅士是与地方政府共同管理当地事务的地方精英，与地方政府所具有的正式权力相比，他们属于非正式的权力；其发挥影响的渠道，主要有百姓的圈子和地方官的圈子。“绅士”这个意涵比较笼统的群体，包括了本地举、监、生员及告休家居之大小官员，是地方官最应熟悉的社会有力阶层。其中公正廉明的，是所谓的“公正绅士”，要格外予以礼遇。

酒井忠夫指出，在《明实录》的记载中，万历十六年第一次出现了“乡绅”这个词，此后该词在官方与民间的使用变得更为

---

[1] 《明世宗实录》卷一百九十六，“正德十六年二月乙巳”条。

[2] 顾鼎臣：《顾文康公文草》卷一《陈愚见划积弊以裨新政疏》，中国科学院图书馆藏万历至顺治顾氏家刻本，收入《四库全书存目丛书》集部第55册，齐鲁书社1997年影印版，第265—270页。

普遍。而且明清文献中经常出现的“乡官”与乡绅是同义词。[1] 绅士群体中这个识别度较高的乡绅阶层，就是那些“有任京外者、有告假在籍者、有闲废家居者”[2]，与地方州县官员、举人、贡生、监生等有着明显不同的属性，是具有官僚身份者乡居时的称呼。较有学识的乡绅，在乡村事务的决断中，普遍拥有更大的声望。

隆庆三年（1569年），以右佥都御史身份巡抚应天十府的海瑞，从贤良乡官那里了解到：“二十年以来府县官偏听乡官举监嘱事，民产渐消，乡官渐富，再后状不准理，民亦畏不敢告。日积月累，致有今日，事可恨叹！先年士风不如是也。”海瑞感到“为富不仁，人心同愤”。[3] 为此，他大力清退江南豪强兼并的百姓土地，甚至对致仕的松江名宦徐阶完全不予优待，为政刚猛，但仅半年就受到弹劾而罢职。海瑞为政失败的主要原因，就在于他在江南时，“一意澄清，而不识时务”，在大多数官绅们看来，是“好为不近人情之事”[4],而遭致普遍反对。假如按照嘉靖十三年巡按直隶御史郑坤上奏朝廷的条陈中所言，名宦乡贤的概念是“仕于其地而有政绩惠泽及于民者谓之名宦，生于其地而有德业学行传于世者谓之乡贤”[5] 的话，恐怕很多乡宦都不太够格。

明代中期以来出现的这些变化，与政治风气的变迁密切相关。明朝政治，总体上已呈现出一种日趋败坏之势。在成化二十年（1484年）进士、吴县人杨循吉的笔下，官员群体中多有

---

[1]　[日]酒井忠夫：《中国善书研究（增补版）》，刘岳斌等译，江苏人民出版社2010年版，第87—88、95页。

[2]　黄六鸿：《福惠全书》卷四《莅任部三·待绅士》，光绪十九年文昌会馆刻本。

[3]　海瑞：《海瑞集》上编《被论自陈不职疏》，中华书局1962年版，第238页。

[4]　沈德符：《万历野获编》卷二十二《督抚》，“海忠介抚江南”条，中华书局1959年版，第556页。

[5]　俞汝楫编：《礼部志稿》卷八十五下《崇祀备考·严名宦乡贤祀》，文渊阁四库全书本。

“酷吏”之相：

> 酷吏面上无慈色，手中长提法三尺。怒肉横生髯奋张，高呼拍案气扬扬。
>
> 鞭笞在前视如戏，人血纵横流满地。水浸生荆尚怪轻，铜包大杖犹嫌细。
>
> 贫穷百姓真可怜，每每见官多被鞭。忍饥忍痛哭向天，公人更觅杖头钱。[1]

降至晚明，“天下吏治日衰，教化不获宣布，词讼不获速理，耕敛不获时省”。这些现象发生的根本原因，是“上官好趋承而参谒繁也”。[2]清人也评判道：“吏治迭变，为循为酷，或猛或宽，视上好尚以为转移。”[3]各级官员在政治上不重实务，只求跟风献媚。

但是，倘不从政治得失的角度而论，而从各朝的比较来看，嘉靖、隆庆、万历三朝，属于明朝社会最为富庶的时期。这一时期政治的衰败倾颓与社会经济的富裕，显得有些格格不入。在最富庶的江浙一带，浑厚之风少衰，已是一派“华侈相高”的景象，僭越违制十分普遍。[4]

这种社会生活中出现的奢侈化现象，与政治上的窳败一样，都招致了很多批评。何良俊晚年感叹说：“风俗日坏，可忧者非

[1] 杨循吉：《松筹堂集》卷二《古诗·酷吏行》，北京图书馆藏清金氏文瑞楼钞本，收入《四库全书存目丛书》集部第43册，齐鲁书社1997年影印版，第198页。

[2] 伍袁萃：《林居漫录》畸集卷四，明万历间刻本，收入《续修四库全书》子部杂家类第1172册，上海古籍出版社2002年影印版，第231页。

[3] 况钟：《况太守集》卷首《序》，道光六年董国华序，第5页。

[4] 徐泓：《明代社会风气的变迁——以江、浙地区为例》，收入邢义田、林丽月主编：《社会变迁》（台湾学者中国史研究论丛），中国大百科全书出版社2005年版，第292—318页。

《新镌海内奇观》中描画的明代杭州北关繁华的夜市生活

一事。”在他的家乡松江，有一种长期沿袭的旧俗——对于那些作风不好、行事不善的府县官，里巷中自然会产生相应的歌谣或对联，予以刺讥，十分犀利。有副对联内容是：“松江府同知贪酷拼得重参，华亭县知县清廉允宜光荐。”当中所论之是非，完全符合实情，而且松江与华亭的两位官员之名，也嵌在当中，十分有趣：松江府同知是潘天泉，名仲骖；华亭知县是倪东洲，名光荐。[1]

较何氏生活时代稍晚的嘉兴人沈德符则认为，“政以贿成”的情况，在嘉靖末年已经很严重。[2]这不仅体现在官场政治的交际之中，还表现在地方社会的日常生活中。

苏州地方的缙绅阶层，据说曾有洁己好修、砥砺风节的良好时期，可是后来却“典型既远，澜倒无隄”。当然这也有一个过程，就像明末长洲秀才徐树丕所论的：“始焉犹畏人知，即则攘窃公行，甚乃指官诓骗。”平时地方有小“利害”，就相视如寒蝉，暗无一语，但一旦涉及“居间请托”，就嗫嚅絮絮，在官长面前奴颜婢膝，风气因而大坏。[3]

当年朱元璋要求后世子孙遵守的法纪，此时已形同具文。朱元璋曾告诫子孙的“帝王以天下为忧”“帝王居安，常怀警备，日夜时刻不敢怠慢”“凡帝王居宫，要早起睡迟，酒要少饮，饭要依时进，午后不许太饱，在外行路则不拘”[4]等语，在武宗之后的帝王中，基本看不到认真的蹈行者。到万历末期，纪纲尽坏，国事遂有不可为之叹。

---

［1］　何良俊：《四友斋丛说》卷十八《杂纪》，中华书局1959年版，第161—162页。

［2］　沈德符：《万历野获编》卷二十六《谐谑》，“术艺”条，中华书局1959年版，第666页。

［3］　徐树丕：《识小录》卷二，“合纪诸不肖始末”条，稿本，收入孙毓修编：《涵芬楼秘笈》第一集，北京图书馆出版社2000年影印版，第587—588页。

［4］　朱元璋：《皇明祖训》，“祖训首章”条，《四库全书存目丛书》史部第264册，第168—169页。

二 “大礼议”的影响

武宗死后，因为没有子嗣，皇太后张氏（孝宗皇后）命太监张永、谷大用与内阁大臣商议，决定让宪宗之孙、孝宗亲弟兴献王朱祐杬长子朱厚熜继位。正德十六年四月二十二日，朱厚熜在奉天殿登上皇帝宝座，是为明世宗，改翌年为嘉靖元年。由于他是以藩王身份入继大统的，在一些礼仪的安排上与廷臣发生了冲突。而这时官绅阶层的政治生活，与洪武年间相比，已有较大改变。很多人敢于犯颜直上，维护祖制与“礼制社会”的要求，颇具忠节之气概。

即位时年仅14岁的明世宗嘉靖帝，绝非不谙世事、任人摆布的少年天子。他的车驾从湖北安陆的藩王府出发，先到良乡（今北京良乡），后在京城外行殿驻跸。这时，他在即位礼仪上与内廷和内阁发生了争执。礼部官员提出，按制度要求，请世宗依皇太子即位礼，由东安门入居文华殿登极。世宗认为自己是来继承皇位的，应从大明门入宫，在奉天殿即位，拒绝行皇太子即位礼。最后，内廷与内阁只得让步，世宗以皇帝的权威压倒了内廷与内阁。

内阁首辅杨廷和在武宗新逝、佞臣江彬还在位的复杂情况下，与皇太后张氏一起迅速稳定了朝局，对世宗的顺利即位实有定策之功。在武宗去世至世宗即位的37天内，他总揽朝政，主持了几件大事：一是颁布武宗遗诏，罢威武营团练诸军，革皇店，遣还豹房番僧、少林僧、教坊乐人等，放遣四方进献女子，停止京师不急工务等；二是收捕手握重兵的江彬，为天下除去一

朱厚熜像

大祸患；三是草拟了8000多字的世宗登极诏书，在其中提出了很多政治、经济方面的改革举措。尽管杨廷和声望很高，也很得民心，但他与嘉靖帝之间在即位礼仪和嘉靖帝生父兴献王祀号的问题上，意见相左，双方矛盾迅速激化。[1]

关于兴献王的主祀称号，礼部尚书毛澄请示杨廷和后，提出要称孝宗为考、兴献王及妃为皇叔父母。嘉靖帝十分生气，说："父母可移易乎？其再议。"杨廷和等人坚持原议，以程颐的《濮议》为例，说这是附合礼义之正，"皇上采而行之，可为万世法"。嘉靖帝仍然不听。毛澄等70多人再上议："武宗皇帝以神器授之陛下，有父道焉。特以昭穆既同，不可为世。孝庙而上，称祖、曾、高，以次加称，岂容异议！兴献王虽有罔极恩，断不可以称孝庙者称之也。"

七月，观政进士张璁上《大礼疏》：

> 朝议谓皇上入嗣大宗，宜称孝宗皇帝为皇考，改称兴献王为皇叔父，王妃为皇叔母者，不过拘执汉定陶王、宋濮王故事耳。……今武宗皇帝已嗣孝宗十有六年，比于崩殂，而廷臣遵祖训，奉遗诏，迎取皇上，入继大统。遗诏直曰："兴献王长子伦序当立。"初未尝明著为孝宗后，比之预立为嗣，养之宫中者，较然不同。夫兴献王往矣，称之以皇叔父，鬼神固不能无疑也。今圣母之迎也，称皇叔母，则当以君臣礼见，恐子无臣母之义。……皇上为继统武宗，而得尊崇其亲则可；谓嗣孝宗，以自绝其亲则不可。或以大统不可绝为说者，则将继孝宗乎？继武宗乎？夫统与嗣不同，非必父死子立也。……臣窃谓今日之礼，宜别为兴献王立庙京师，使得隆尊亲之孝，且使母以子贵，尊与父同。则兴献王

[1] 皇甫录：《皇明纪略》，《续修四库全书》子部第1167册，第667页。

不失其为父，圣母不失其为母矣。

张璁的基本意思，就是要帮嘉靖帝说话。他提出嘉靖帝是按照兄终弟及的原则即位的，是“继统不继嗣”，必须强调孝道的重大意义，凸显兴献王及王妃的地位。这些都迎合了嘉靖帝的心意。

当司礼监将这份奏疏送到内阁后，杨廷和骂道：“书生焉知国体！”但嘉靖帝看了以后十分高兴，说：“此论一出，吾父子必终可完也。”他宣布要“尊父为兴献皇帝，母为兴献皇后”。杨廷和等人当然表示反对，就这样，双方僵持到十月间。最后，杨廷和见势不得已，只好草敕下礼部，称奉了皇太后懿旨，“本生父兴献王宜称兴献帝，母宜称兴献后”。嘉靖帝暂时对此表示认可。[1]

嘉靖二年十一月，南京刑部主事桂萼上疏，提出应该“循名考实，称孝宗为皇伯考，兴献帝曰皇考，而别立庙于大内”。不料，有250多名官员反对这样改称名号。

次年春天，杨廷和再次提出辞职，嘉靖帝表示同意。那些反对改称名号的官员们仍然坚持原议，这使年少的嘉靖帝十分震怒：“此礼当速改，尔辈无君，欲使朕亦无父乎！”他对这200多名官员施以撤职、监押、夺俸或杖责的处罚。嘉靖七年，嘉靖帝颁布《明伦大典》，将上述大礼议事件予以政治上的定性，将早已辞官的杨廷和定为罪魁祸首，斥责他“以定策国老自居，门生天子视朕，法当戮市，特宽宥削籍为民”。

后人对嘉靖帝即位之初的政治表现，评价较好：“世宗御极之初，力除一切弊政，天下翕然称治。”[2]嘉靖帝采取的一项重要

[1] 谷应泰：《明史纪事本末》卷五十《大礼议》，第733—737页。

[2] 《明史》卷十八《世宗本纪二》。

举措，是清查勋戚强占的庄田。从嘉靖八年开始，清查工作持续展开。这虽然不能从根本上抑制土地兼并的趋势，但在一定程度上缓和了社会矛盾。

嘉靖前期值得一提的，还有赋役制度方面的创新。桂萼因在“大礼议”事件中的表现，被嘉靖帝提拔为礼部尚书兼翰林学士。明朝以尚书兼学士的官员任职方式就是从桂萼开始的。嘉靖八年，已经是太子太保、太子太傅兼武英殿大学士并入内阁参赞机务的桂萼，还被嘉靖帝赏赐了银质印章两方，一刻“忠诚敬慎”，一刻“绳愆匡违”。他提出应对全国赋役进行编审，改变征收方法，具体就是：“合将十甲丁粮总于一里，各里丁粮总于一州一县，各州县丁粮总于一府，各府丁粮总于一布政司。而布政司通将一省丁粮均派一省徭役，内量除优免之数，每粮一石编银若干，每丁审银若干，斟酌繁简，通融科派，造定册籍，行令各府州县，永为遵行。”[1]但由于桂萼很快就因病返乡，此法并未实际推行。不过，他创立的将税粮与徭役分别审定，交银若干，统一征收，以求均平的“一条鞭法”，为明朝后来的赋役制度改革奠定了很好的基础。

[1]《明史》卷一百九十六《桂萼传》。

三　崇奉道教与不上朝

嘉靖帝在位四十五年，其间发生过很多大事。除上述“大礼议”之争外，还有：嘉靖二年五月在宁波发生的日使争贡之役，使明廷开始实行海禁；嘉靖八年，王阳明逝世，他和陆九渊的“陆王心学”开始盛行；嘉靖十九年，很得嘉靖帝恩宠信任的“青词宰相”顾鼎臣辞世；嘉靖二十一年十月发生“壬寅宫变”，嘉靖帝差点被宫女勒死；嘉靖二十三年，戚继光世袭登州卫指挥佥事一职，抗倭名将的军事生涯由此开始；嘉靖二十六年，张居正考中进士，此后逐渐由翰林院编修升至翰林院掌院学士；嘉靖二十七年，内阁首辅夏言被杀，严嵩取而代之；嘉靖二十九年，鞑靼部俺答汗率军长驱直入北京郊区，造成“庚戌之乱”，京师告急；嘉靖三十六年，海瑞出任浙江淳安知县，同年葡萄牙人取得在澳门的长久居住权；嘉靖四十一年，御史邹应龙弹劾严嵩，最终致使严嵩被罢官抄家；嘉靖四十三年，海瑞升任户部云南清吏司主事，两年后他上“天下第一疏”，痛骂皇帝；嘉靖四十五年，内阁首辅徐阶推荐高拱任文渊阁大学士，使其入阁；等等。

然而，这一时期最让后人慨叹的，是嘉靖帝长达数十年的崇奉道教与不上朝。从嘉靖二年始，年幼的嘉靖帝在太监崔文等人的引诱下，就已经崇信起道教方术来了。他在宫内到处建醮，日夜不绝。

嘉靖三年，龙虎山上清宫道士邵元节被征入京。因他在宫中祷雪应验，嘉靖帝对他一直宠信不疑，封其为“致一真人”。嘉靖七年春正月，大学士杨一清等人上言：“宫寝之中，非祀天之所。每日拜祝，恐劳且亵，请已之。”[1]但嘉靖帝根本不听。嘉靖十五年，嘉靖帝加授邵元节为礼部尚书。邵元节死后，方士陶仲文接替了邵的工作，并得到了嘉靖帝的宠信。嘉靖帝先封陶仲文为“神霄保国宣教高士”。后来他得病痊愈，认为是陶仲文的祈祷之功，于是又授陶少保、礼部尚书等职，食一品俸禄。给事中周怡因在上陈时事的文中，有“日事祷祠”等语，触怒了嘉靖帝，被抓入狱中。吏部尚书熊浃上谏反对乩仙，被削籍。后来，朝廷内外无人敢反对崇道活动，大臣们都争相献符瑞。[2]嘉靖帝致志于修坛炼丹、长生不老，对朝政越来越荒怠。

嘉靖二十一年十月间，皇宫内发生了一起宫婢造反之事。一天晚上，宫女杨金英等人乘嘉靖帝熟睡之机，准备用绳子勒死他。但由于天黑心慌，她们把绳子错弄成死结，越拉越紧，却就是勒不死人。宫女张金莲觉得事情不能成功，急忙跑到皇后那边告发。最终嘉靖帝得救。事发后，一干人犯全部被抓，包括杨金英、苏川药、杨玉香、邢翠莲、姚淑翠、杨翠英、关梅秀、刘妙莲、陈菊花、王秀兰以及同谋徐秋花、邓金香、张春景、黄玉莲，与告发者张金莲一起，不分首从，公开游街凌辱后磔于西市；同时斩其家属10人，发配给功臣家为奴的有20人，相关财产全部籍没。这次震动朝野的变乱被称为“壬寅宫变”。

此后，嘉靖帝长期移居西苑内，“日求长生，郊庙不亲，朝讲尽废”。君臣不相接，只有陶仲文时或能见，见面的时候嘉靖帝称陶为师。由此，不上朝问题更为严重了。

当然，嘉靖帝也知道臣下对他必定多有议论。于是他每下诏旨，就故意发些愤疾之辞，让廷臣们莫名其妙，也无话可说。陶仲文则被加封至少师兼少傅、少保。一人兼领“三孤”，终明之

[1] 谷应泰：《明史纪事本末》卷五十二《世宗崇道教》，第783—784页。

[2] 《明史》卷三百七《佞幸传》。

世，只有陶仲文一人而已。在这样的情势下，想要获得皇帝的眷顾，也只有崇道一路了。严嵩就是因“虔奉焚修”而蒙受嘉靖帝的异常眷顾达20年之久。嘉靖帝天天求长生之道，挑选文武大臣及词臣入值西苑，供奉青词。段朝用、龚可佩、蓝道行、王金、胡大顺、蓝田玉等人，都因会烧炼符咒而得宠。

为了追求长生，嘉靖帝每天都听陶仲文的安排，服食丹药。如何炼制丹药，也都是陶仲文设计的。陶仲文说要炼制一种名为“先天丹铅”的丹药，长期服用此丹后可以长生。于是，嘉靖帝下令从京师内外挑选8岁至14岁的女子300名，送入宫中；后来又降低年龄，选10岁以下的女子160人入宫，全部供炼制丹药之用。[1]

嘉靖三十五年，嘉靖帝为皇考上道号为“三天金阙无上玉堂都仙法主玄元道德哲慧圣尊开真仁化大帝”，为皇妣上道号为“三天金阙无上玉堂总仙法主玄元道德哲慧圣母天后掌仙妙化元君”，给自己的道号是“灵霄上清统雷元阳妙一飞玄君”，后来又加号“九天弘教普济生灵掌阴阳功过大道思仁紫极仙翁一阳真人元虚玄应开化伏魔真忠孝帝君”，此后再次改号为“太上大罗天仙紫极长生圣智昭灵统元证应玉虚总掌五雷大真人玄都境万寿帝君”。

次年，陶仲文得病，要求还山，还献上了历年嘉靖帝赏赐给他的蟒玉、金宝、法冠以及万两白银。陶仲文走了以后，嘉靖帝对他念念不忘，“遣锦衣官存问，命有司以时加礼”。陶仲文得宠长达20年，可谓位极人臣，然而他行事小心慎密，不敢恣肆。嘉靖三十九年，陶仲文去世。嘉靖帝闻讯后十分哀痛，要求葬祭之礼与邵元节一样。直到隆庆元年，陶仲文的秩谥才全部被

[1] 沈德符：《万历野获编》补遗卷一，“宫词”条，中华书局1997年版，第803—804页。

追削。[1]

嘉靖帝对道教方士十分信任，恩宠有加，对内阁首辅却时时防范，如果有谁权势稍盛，很快就加以抑制。因此，整个嘉靖朝的内阁首辅，就像走马灯似的不断更换。嘉靖朝任首辅时间最长的是严嵩。

严嵩，字惟中，江西分宜人。《明史》中说他“长身戍削，疏眉目，大音声”。他于弘治十八年（1505年）中进士后，先后担任翰林院庶吉士、编修，在文学上颇有名声，可谓才貌双全。进官至礼部右侍郎后，他奉嘉靖帝之命祭告显陵，在向皇帝汇报时说：“臣恭上宝册及奉安神床，皆应时雨霁。又石产枣阳，群鹳集绕，碑入汉江，河流骤涨。请命辅臣撰文刻石，以纪天眷。”这些祥瑞之说，自然令嘉靖帝大悦。此后严嵩改任吏部左侍郎，进南京礼部尚书，后改任南京吏部尚书。清初人在《明史》中批评他说：“嵩无他才略，惟一意媚上，窃权罔利。”这恐怕并不客观。

嘉靖帝对严嵩的宠信，持续了很长时间。前后弹劾严嵩及其子严世蕃的，如谢瑜、叶经、童汉臣、赵锦、王宗茂、何维柏、王晔、陈垲、厉汝进、沈练、徐学诗、杨继盛、周铁、吴时来、张翀、董传策等人，都被惩治。严嵩80岁时，嘉靖帝允许他坐小轿直入禁苑，这是非同一般的恩遇。嘉靖帝在嘉靖十八年葬章圣太后之后，就不大上朝了，“壬寅宫变”后，更是移居西苑万寿宫，不上朝成为常态。朝廷大臣一般见不到皇帝，只有严嵩“独承顾问”。[2]

后来，在方士蓝道行的影响下，嘉靖帝更有去嵩之意。嘉靖四十一年，嘉靖帝在宫中向擅长扶鸾术的蓝道行问道：“今天下何以不治？”蓝道行本来就讨厌严嵩，就以扶乩的方式，道出了

[1] 《明史》卷三百七《佞幸传》。

[2] 《明史》卷三百八《严嵩传》。

严嵩像

严嵩之奸罪。嘉靖帝问："果尔，上仙何不殛之？"蓝道行答："留待皇帝自殛。"嘉靖帝已是心有所动。[1]

某天，御史邹应龙上朝后在内侍之家避雨，从内侍那里窥知这样的消息，就下决心抗疏极论严嵩父子不法之事。

邹应龙，字云卿，嘉靖三十五年中进士，后官至御史。他认为，严嵩擅政太久，一般人直接弹劾他是很困难的。但严嵩之子严世蕃更为贪纵，"可攻而去也"。他在上疏中历陈工部侍郎严世蕃凭借父权，贪污腐败，私擅爵赏，败坏选法。如刑部主事项治元，花了1.3万两白银贿赂严世蕃后就可以升至吏部为官，举人潘鸿业花了2200两就获得了知州的职位。最后邹应龙说："臣言不实，乞斩臣首以谢嵩、世蕃。"这意思，就是以死弹劾了。

表面上，嘉靖帝还对严嵩表示安慰。而严嵩太过溺爱严世蕃，仍然放任世蕃的不法行为。严世蕃其貌不扬，"短项肥体，眇一目"，完全是依赖其父的地位进入官场的。他贪污腐化，无所不为。据说，他在京城中造的宅第，横跨三四个大的居民区，十分豪气，而且还拦水为塘数十亩，放置了从各处搜罗来的珍禽奇树。严世蕃每天与宾客们纵乐，即使是朝廷高官或者是长辈，也一定要把酒言欢，不醉不归。因为严嵩与严世蕃都好尊彝、奇器、书画等物，所以那时的一些文武高官，如赵文华、鄢懋卿、胡宗宪等，都想方设法搜罗这些东西，送到严府。邹应龙等人的弹劾能够成功，也正是因为严世蕃过于狂妄放纵，让嘉靖帝不满。嘉靖帝将严世蕃捉拿问罪，对于严嵩，却只是免去了他的官职，同时还每年给米百石作为生活费。严嵩离京后，嘉靖帝很想念他的"玄功"，经常悒悒不乐。严嵩既老又病，最后"寄食墓舍以死"。[2]

---

[1] 《明史》卷三百七《佞幸传》。

[2] 《明史》卷三百八《严嵩传》。

严嵩被免官抄家后，有一份抄没严家在江西财产的清单流传于世。这份清单是巡按御史林润等人于嘉靖四十四年八月提供的，内容极细。单就金银来说，主要有：各类锭金、条金、饼金、叶金、沙金与碎金，共重13 171两6钱5分；各项纯金器皿共3185件，共重11 033两3钱1分；损坏各项杂色金器皿共253件，重403两9钱2分；金厢珠宝首饰等项共3938件，共重6558两2钱；净银2 013 478两9钱；银首饰器皿共计2277件，共重13 611两2钱。至于其他玉器、珠宝、书画文物、珍贵衣缎等项，更是难以估算。严家宅第房屋共达6704间，价值白银86 350两；田地、山塘约3万余亩，价值白银44 493两4钱6分2毫。另外，直隶巡按御史孙丕扬抄没了不少严嵩在北京的家产。民间传闻江西与北京两地所抄没的，还不及严嵩家产总量的十分之四五。[1]

值得一提的是，宋人张择端所绘的《清明上河图》真本，就是在严嵩、严世蕃父子手上。明代著名文学家、钱塘人田艺蘅的《留青日札》写道，《清明上河图》“乃苏州陆氏物”，严嵩父子“以千二百金购之，才得其赝本，卒破数十家”。[2]严嵩倒台后，该图被收入宫中，据说后来被太监冯保偷出，真本又不知去向。

当时的名士沈德符对此事有较为详细的记述。他说，严嵩权势高涨，搜罗珍宝已不能让其满足，于是他开始迷上了书画古董等雅事。当时，嘉靖二十年进士、江西人鄢懋卿正在江淮总鹾使任上，胡宗宪与赵文华正督兵江南。他们为讨严嵩喜欢，在地方上大肆搜取古玩，当中就有《清明上河图》。该图藏在故相王鏊（1450—1524年）家中。王鏊家豪富，自然难以用钱打动。于

---

[1] 《天水冰山录》，商务印书馆民国二十六年铅印雍正六年周石林整理本。

[2] 田艺蘅：《留青日札》卷三十五，明万历间刻本，上海古籍出版社1985年影印版，第1129页。

是，他们就托苏州人汤臣想办法前去谋求此画。汤臣在当时以善装潢而出名，他也出自严嵩门下。汤臣与太仓人王忬（1507—1560年）有交情，就劝王忬购买此画。王忬当时正镇守蓟门，在建议汤臣以高价求购不得后，只好委托另一位苏州人、画家黄彪临摹真本来应付。严嵩得到这个摹本后，不知就里，视为珍异宝物，还专门办了一个酒会，请一些达官贵人来共同欣赏。不料，当中有人识破此画为赝本，严世蕃大怒，对王忬顿起报复之意。王家因此遭祸。后来沈德符也说，《清明上河图》的临本太多，也不知道真迹最后落入谁人之手。[1]

这个因为《清明上河图》而家破人亡的故事，在晚明已经广为流传，之后又衍生出所谓孝子复仇的故事。这个孝子，正是王忬的儿子王世贞（1526—1590年，与张居正同为嘉靖二十六年进士）。他为报父仇，投仇人常州人、曾任兵部侍郎等职的唐顺之（1507—1560年）所好，编了一部《金瓶梅》，并在每页纸上黏上毒药，以“天下第一奇书”为名在街上叫卖。最终，唐顺之购得此书。唐顺之读书时，有用手指沾上唾沫翻动书页的习惯，后来因此毒发身亡。这个故事虽然未必可信，但带出了《清明上河图》与《金瓶梅》的联系。而《金瓶梅》成书的年代与反映的社会背景，正是万历中期。吴晗认为：“这样的一个时代，这样的一个社会，才会产生《金瓶梅》这样的一部作品。”[2]

嘉靖四十四年，内阁中元老袁炜致仕，严世蕃已经伏诛；东北战事开始不利；到四月份，吏部尚书严讷、礼部尚书李春芳并兼武英殿大学士，参预军国机务；北方的俺答汗率兵进犯肃州，总兵官刘承业负责防御，打退了他们的进攻。到冬天，严讷也致

[1] 沈德符：《万历野获编》补遗卷二，“伪画致祸”条，中华书局1997年版，第827页。

[2] 吴晗：《金瓶梅的著作时代及其社会背景》，收入氏著《读史劄记》，三联书店1956年版，第1—38页。

仕了。次年二月，时任户部主事的海瑞上疏，触犯了嘉靖帝，被抓入锦衣卫狱中。

海瑞是海南琼山人，曾担任过南平县学教谕，后来升至浙江淳安知县。此时，他已经45岁了。海瑞生活一向清贫，吃的菜都是家中老仆种的。总督胡宗宪曾跟人说："昨闻海令为母寿，市肉二斤矣。"胡宗宪故意这样说，大概是因为极端俭朴的海瑞家中，能够食用二斤肉，是一桩不合海瑞作风的大事，足令世人惊异。海瑞行事刚正不阿，不畏权贵。据说有一次，胡宗宪的公子行到淳安地界，招摇过市，跋扈嚣张，因对招待他的驿吏不满，就把驿吏吊起来，以示惩罚。海瑞派人把他抓了起来，说："曩胡公按部，令所过毋供张。今其行装盛，必非胡公子。"意思是这个胡公子是假冒的，胡宗宪绝不可能有这样行事张狂的公子。海瑞将搜检出的金银充公，并派人到杭州报告胡宗宪，说有人冒充胡公子在淳安胡作非为，已经受到处理。胡宗宪对此毫无办法。都御史鄢懋卿到淳安县视察的时候，海瑞提供的服务极其简单，并声称县小不足容车马。这当然令鄢懋卿十分不满，但他也不能拿海瑞怎么样。

后来海瑞到北京，升任户部云南清吏司主事。不久，他就向嘉靖帝上了那份有名的《治安疏》，即所谓的《直言天下第一事疏》。

海瑞在奏疏中一开篇就说："为直言天下第一事，以正君道、明臣职，求万世治安事。君者，天下臣民万物之主也"；"臣受国恩厚矣，请执有犯无隐之义。美曰美，不一毫虚美；过曰过，不一毫讳过。不为悦，不过计，披肝胆为陛下言之"。接着，他直斥嘉靖帝："陛下自视于汉文帝何如？……反刚明而错用之，谓遥兴可得而一意玄修。富有四海，不曰民之脂膏在是也，而侈兴土木。二十余年不视朝，纲纪弛矣。数行推广事例，名爵滥矣。……天下吏贪将弱，民不聊生，水旱靡时，盗贼滋炽……天

《吴郡名贤图传赞》中的海瑞像

下因即陛下改元之号，而臆之曰：‘嘉靖者，言家家皆净而无财用也。’”海瑞讲得再明白不过，即嘉靖帝远不及汉文帝，而且天下人早已知道嘉靖帝的为政之过错太多。

嘉靖帝看到这份奏疏，自然怒不可遏。他将奏疏掷于地上，跟左右说：“趣执之，无使得遁！”宦官黄锦在旁劝道：“此人素有痴名。闻其上疏时，自知触忤当死，市一棺，诀妻子，待罪于朝，僮仆亦奔散无留者，是不遁也。”对海瑞上疏的必死之心，嘉靖帝唯有默然。过了一会儿，他又捡起奏疏，读了又读，居然为之感动太息，留中数月。对于这样的犯颜直谏，他只是把海瑞关进监狱而已，并说：“此人可方比干，第朕非纣耳。”

海瑞没有子嗣，后于万历十五年逝世。佥都御史王用汲前去海瑞家中，看到的只是“葛帏敝籝”，境况还不如寒士之家，不觉泣下，凑了点钱将海瑞收殓了。据说他出殡的时候，小民罢市，丧船从江中走，白衣冠送者夹于两岸，哭声百里不绝。

四　张居正改革

众所周知，明初所定的鱼鳞册和黄册制度，在明朝中期以后逐渐崩坏。豪室官僚要加强对土地的占有或掠夺，地主富户要设法将本应自己承担的赋役推到别人身上，以及部分乡村基层胥吏要减轻或脱免赋役，往往都需从变更黄册或鱼鳞册的登载入手。当时的田赋之弊，以江南为甚。

对于这种现象，浙江仁和人张瀚（1510—1593年）这样描述道："里胥飞走，繁琐难革。其间有重租官田，或因前代旧额，或系国初籍没，小民肆力耕种，不足办粮。事穷势迫，多作民田出卖。遗粮在户，倍纳不敷，多致逃窜。摊税之苦，负累里甲。"[1]

嘉靖六年，嘉靖帝在一份诏书中明确指出了这一弊陋。他说，民间差徭的不均大多由"飞诡税粮"而起，奸豪、富民与大户本来有很多土地，但通过"贿嘱"官吏、里书，"虚捏名字、花分诡寄"，将一人之田分作数户，"规避"重差；又有将田地隐寄于"乡宦、势要之家"，假称典卖，虚立文券，多方作弊，使"小民"困苦不堪。[2]政府对于造册以及户科、户部的稽查，又往往视作"儿戏"。[3]

根据《后湖志》的记载，洪武二十四年黄册登载的全国土

[1] 张瀚：《松窗梦语》卷四《三农纪》，中华书局1985年版，第75页。

[2] 傅凤翔编纂：《皇明诏令》卷二十，嘉靖六年二月十三日"宽恤诏"，嘉靖二十七年补刻本。

[3] 王世贞：《弇山堂别集》卷十八，"户口登耗之异"条，中华书局1985年版，第327页。

田总额为8 804 623顷68亩，但弘治时已减至4 292 310顷75亩。[1]国家要求的征额数在增加，而实际可以负担田赋税粮的土地却在减少，这是一个较为尖锐的矛盾。从另一方面看，嘉靖、隆庆时期国家虚耗严重，“公私贮蓄，殊可寒心”。[2]田地的“投献”“诡寄”与税粮的“包揽”[3]，造成了国家税粮征收的最大阻碍。明人甚至认为投献田地人口是“今世最害人之事”。[4]

到万历年间，江南的苏、松、嘉、湖等地，往往存在“有力之家买田，不收其税粮”，而中下之户“投靠仕宦以规避”的情况。很多富户虽被迫充当粮长、解头，但由于上述种种社会弊端的存在，“即赔赎衰落矣”。[5]

嘉靖四十五年十二月，至情至性的嘉靖帝病重，从西苑回到乾清宫后去世，终年60岁。根据他的遗诏，裕王朱载垕继位，是为明穆宗，改翌年为隆庆元年。

隆庆帝在位期间，同样醉心于玩乐挥霍，使嘉靖朝以来的财政危机进一步恶化。实际上，隆庆帝在明朝历史上是一个平淡而庸碌的皇帝。他早已对国政失去了兴趣，早朝时如同木偶，常常让大学士代答其他官员的奏，甚至不说话。到后来，他索性将这如同具文的早朝活动也废弃了。

由于北部边患问题严重，不少朝臣要求练边兵，加强边疆防御工作。在张居正的建议下，隆庆帝重用谭纶、戚继光这两位抗倭名将，让他们负责守护保定、蓟州、昌平等国防前线。戚继光

---

[1] 韦庆远：《明代黄册制度》，中华书局1961年版，第185页。

[2] 李诩：《戒庵老人漫笔》卷七，“江陵论财赋揭帖”条，中华书局1982年版，第293—294页。

[3] 有关晚明社会诸如“加派”“优免”“包揽”“诡寄”“分洒”等方面弊病的诠解，可参李文治编：《晚明民变》，上海书店、中华书局1989年版，第6—7页。

[4] 陆师贽：《过庭随笔》卷二，传抄本。

[5] 叶权：《贤博编》，中华书局1987年版，第26页。

朱载垕像

注意到北方边兵只习马战，不擅长车战、步战，就调来浙兵三千作为骨干，进行训练。这样，步军与骑兵齐头并进，使“边备修饬，蓟门宴然”。[1]

隆庆朝的政事，仍然依赖内阁展开。当然，内阁中多有才之士，只不过他们“多挟意见，无和衷之美”。[2]朝廷政治中枢的斗争一直在持续，徐阶、高拱先后入阁为首辅。隆庆六年六月，张居正取代高拱，跃居首辅之位。

张居正（1525—1582年），字叔大，号太岳，湖广荆州府江陵县人。张居正自幼即颖敏绝伦，十五岁成为诸生，被巡抚顾璘赞为“国器”。张居正考中举人的时候，顾璘还解下自己的犀带，作为礼物送给他，说：“君异日当腰玉，犀不足溷子。”嘉靖二十六年，张居正中进士，此时的他“深沉机警，多智数”，也敢于担当，素以豪杰自许。在翰林院时，他能够潜心探讨“国家典故，以及时务之切要者，遇人多所咨询”。[3]《明史》中称他颀面秀目，须长至腹，风姿超拔。当时的一些重要人物，如严嵩、徐阶、高拱等人，与他的关系都很好。而且，在徐阶等人与权势熏天的严嵩开始保持距离的时候，张居正在当中还能游刃有余。更有意思的，在他担任裕王府讲读官的时候，王府中的太监与他关系也都比较友善。裕王是未来的帝君，这层关系为以后张居正的发展奠定了很好的基础。嘉靖三十八年五月，张居正升任吏部尚书，次年又从少傅晋为太子太师。

严嵩倒台后，担任首辅的徐阶对张居正十分欣赏，准备提拔他。嘉靖帝去世后，张居正得以顺利入阁，其中就有徐阶的赏拔之力。后来徐阶归养家乡松江，还要求在北京的三个儿子与张

---

[1]　李光璧：《明朝史略》，湖北人民出版社1957年版，第128—129页。

[2]　孟森：《明清史讲义》，第233页。

[3]　谷应泰：《明史纪事本末》卷六十一《江陵柄政》，第958—959页。

居正保持亲密关系，据说还送了3万两白银给张居正。也因为这样，张居正与很快复出的新首辅高拱发生了矛盾。

张居正曾向隆庆帝上奏《陈六事疏》，请求革新时政。隆庆帝在位时期较短，只有6年。他临死前下了两道遗诏。一道是给皇太子的："遗诏，与皇太子。朕不豫，皇帝你做，一应礼仪自有该部题请而行。你要依三辅臣，并司礼监辅导，进学修德，用贤使能，无事怠荒，保守帝业。"另一道是给顾命大臣的："朕嗣祖宗大统，今方六年。偶得此疾，遽不能起，有负先皇付托。东宫幼小，朕今付之卿等三臣，同司礼监协心辅佐，遵守祖制，保固皇图。卿等功在社稷，万世不泯。"顾命大臣是指张居正等人，司礼监即指冯保等人。

只有10岁的皇太子朱翊钧即位，是为明神宗，改元万历。作为皇帝的恩师，张居正顺利地成了内阁首辅。他一直受到万历帝非同一般的尊敬，且被委以一切重任。张居正也"慨然以天下为己任"，为政纲领以"尊主权、课吏职、信赏罚、一号令"这12字为主。[1]

朱东润认为，最能显露张居正个性的，是他写的《割股行》："割股割股，儿心何急！捐躯代亲尚可为，一寸之肤安足惜？肤裂尚可全，父命难再延，拔刀仰天肝胆碎，白日惨惨风悲酸。吁嗟残形，似非中道，苦心烈行亦足怜。我愿移此心，事君如事亲，临危忧困不爱死，忠孝万古多芳声。"[2]

张居正固然有才，但能够被委任主掌朝政大事，也有大太监冯保相辅左右的因素。在与首辅高拱交恶之际，冯保与张居正深相结纳，成为政治上的盟友。隆庆帝病重时，冯保秘密安排张居正起草遗诏。张居正起草时被高拱撞见，高拱当面予以斥责：

---

[1] 《明史》卷二百十三《张居正传》。

[2] 朱东润：《张居正大传》，东方出版中心1999年版，第72—73页。

张居正铜像

“我当国，奈何独与中人具遗诏。”这使张居正十分难堪。隆庆帝驾崩后，高拱在内阁中大哭道：“十岁太子，如何治天下。”冯保将他的话传给太后、太妃：“拱斥太子为十岁孩子，如何作人主。”这令太后、太妃大惊，万历帝也面色大变。不久，高拱即被要求“回籍闲住，不许停留”。

万历帝即位后，他的生母慈圣太后一直对他严格要求。冯保负责小皇帝的教育和日常起居，太后对他也十分信任。万历帝有时与小太监们玩闹时，看到冯保进来，就赶忙正襟危坐道：“大伴来矣。”只要万历帝不听话，冯保就直接向太后汇报，太后就会召见万历帝，令其长跪受教。[1]慈圣太后对张居正说：“我不能视皇帝朝夕，恐不若前者之向学、勤政，有累先帝付托。先生有师保之责，与诸臣异。其为我朝夕纳诲，以辅台德，用终先帝凭几之谊。”太后的这些要求，张居正确实是努力去完成了。冯保与张居正两人一内一外，配合十分默契。年幼的万历帝，就是在他们的看护和教育下长大的，对他们存在一定的惧怕心理。

据说在讲筵之时，万历帝读《论语》中“色勃如也”一句，将“勃”误读作“背”字。张居正忽然从旁厉声道：“当作‘勃’字。”万历帝悚然而惊，陪同小皇帝读书的人更是大惊失色。在张居正的安排下，万历帝对政务还比较勤谨。万历三年，只有13岁的小皇帝，认真写下了“谨天戒、任贤能、亲贤臣、远嬖佞、明赏罚、谨出入、慎起居、节饮食、收放心、存敬畏、纳忠言、节财用”十二事，以示自警。

为了照顾小皇帝，早朝的安排并不频繁。万历帝的主要工作还是学习，学习的主要课目是经书、历史与书法。例如万历元年三月，基本上没有几天上早朝。史籍中对此有详细的记录：

[1] 《明史》卷三百五《冯保传》。

二日，上御经筵。

四日，上御文华殿讲读。辅臣张居正进讲《帝鉴图说》汉文帝劳军细柳事既，反覆开说，因奏曰：古人说天下虽安，忘战必危。如今天下承平日久，武讲废弛，将官受制于文吏，不啻奴隶。夫平日既不能养其锋锐之气，临敌何以责其有折冲之勇，自今望后，皇上留意武备，将官忠勇可用者，须稍假权柄，使之得以展布，庶几临敌号令严整，士卒用命。今士大夫有识者，皆曰我祖宗用刀尖上挣来的天下，今日被笔尖儿上坏了，且文武并用，乃长久之术。俗语说“文官把笔安天下，武将提戈定太平”。

上曰：然。固嗟叹者久之。退谓左右曰：适张先生说“文官把笔安天下，武将提戈定太平”二句何意？左右不能对。

上曰：先生之意，盖谓为治当固用文也，也要用武。左右因颂上之圣明，且曰：张先生也，是文官，他却不护短，欲为朝廷保护武将，修整武备，真可谓公忠报国者矣。

上又叹赏者久之。

五日，上御文华殿讲读。

七日，上御文华殿讲读。

九日，上视朝。

十日，上御文华殿讲读。

十二日，上御经筵。

十六日，上视朝。

十七日，上御文华殿讲读。

十八日，上御文华殿讲读。

十九日，上视朝。

二十一日，上御文华殿讲读。

二十三日，衡王厚焰烁薨，辍朝三日。

二十四日，上御文华殿讲读。

二十五日，上御文华殿讲读。

二十六日，上御皇极殿，太常寺奏孟夏时享太庙。[1]

当时的一切军国大事，都由张居正主持。除了边防外，张居正针对国内情势，主要对吏治与财政两大方面进行整顿。

就吏治而言，张居正推进考成法，形成了一个比较健全的行政与公文运作系统，其中关键的是吏、户、礼、兵、刑、工六科给事中：以内阁稽查六科，六科稽查六部、都察院，六部、都察院稽查巡抚、巡按。六科给事中还要辅助皇帝处理章奏等事，具体工作则直接向内阁负责。这使整个官僚队伍感到惧怕，如果因考成不合格或者政治上出了问题，官员的仕途就会受到很大影响。

同时，为解决社会矛盾和国家财政困难，张居正展开了整顿赋役的工作，进行了多方面的改革。他指出“豪强兼并，赋役不均，花分诡寄，恃顽不纳田粮偏累小民”，所以必须进行清丈。[2]

万历六年，张居正主持了全国土地的重新丈量[3]；万历九年，他将以前海瑞等人曾在个别地区实行过的“一条鞭法”，通令全国推行，其目的是要恢复以各种形式逃避国家税课的失额，消弭田土原额与实在额之差，减化赋役征派形式，减少物资浪费，降低存储成本。在明朝历史上，万历清丈是继洪武清丈后第二次大规模的田亩统计运动，在此基础上国家重新编定了黄册和鱼鳞图

[1] 《万历起居注》，北京大学出版社1988年影印本，第59—64页。

[2] 张居正：《张太岳集》卷二十六《答应天巡抚宋阳山论均粮足民》、卷三十六《陈六事疏》，上海古籍出版社1986年版。

[3] 关于全国清丈的时间，诸书记载各异，有万历六年、万历七年、万历八年之说。若从福建试行清丈算起，当为万历六年，《明史·食货志》采用的正是此说。

册。显然，这是中国赋役史上的一个大变更。

《明史·食货志》对影响深远的“一条鞭法”作了专门解释：

一条鞭法者，总括一州县之赋役，量地计丁，丁粮毕输于官。一岁之役，官为佥募。力差，则计其工食之费，量为增减；银差，则计其交纳之费，加以增耗。凡额办、派办、京库岁需与存留、供亿诸费，以及土贡方物，悉并为一条，皆计亩征银，折办于官，故谓之一条鞭，立法颇为简便。嘉靖间，数行数止，至万历九年乃尽行之。

嘉靖年间，一条鞭法就在山东东阿、浙江淳安、江西、江南等地区实行过。张居正着力实行一条鞭法，确实简化了赋役征收的手续，改变了赋与役分开征收的办法，并且出现“摊丁入亩”的趋势。

万历八年十一月初十日，户部下令全国田亩通行丈量后，规定了八条丈量细则，并且特别限定丈量工作要在三年内完成：

一、明清丈之例：谓失额者丈，全者免；

二、议应委之官：以各右布政使总领之，分守兵备分领之，府州县官则专管本境；

三、复坐派之额：谓田有官、民、屯数等，粮有上、中、下数则，宜逐一查勘，使不得诡混；

四、复本征之粮：如民种屯地者即纳屯粮，军种民地者即纳民粮；

五、严欺隐之律：有自首历年诡占及开垦未报者免罪，自报不实者连坐，豪右隐占者发遣重处；

六、定清丈之期（通限三年丈量完毕）；

七、行丈量磨算之法，

八、处纸札供应之费。[1]

张居正执法十分严厉，凡事“令以大小缓急为限，误者抵罪”。因此各级官吏根本不敢怠慢，“虽万里外，朝下而夕奉行”，最终绝大部分省份在3年内按期完成清丈任务。[2]这次清丈的成绩是显著的，据说达到了“豪猾不得欺隐，里甲免赔累，而小民无虚粮”的境地，国家财政状况明显改善。

可是，由于张居正的改革太过急切，他又有点好大喜功，所以也产生了不少弊病。州县地方为了讨好他，就按监司的命令，使用缩弓丈量，使新丈的田亩数字高于原额，扩大了田亩统计数，因而就增加了地方社会的赋税负担，从而加剧了社会矛盾。[3]

明末清初史学家、浙江海宁人谈迁评论道：“江陵严细，时俱迎合，各省丈田，务加额为功。吾邑用弓缩原额六寸，至今仍之，想各省亦然。虽垦荒在内，而专于加额，未始无王成之伪也。”[4]谈迁举的海宁县的例子，就是以缩弓的方式来扩大田亩数字，而这样的弊病在全国各地普遍存在。

张居正主政只有10年，但“海内肃清”。他任用李成梁、戚继光巩固了边防，增加了国库收入，总体上是“成君德，抑近幸，严考成，核名实，清邮传，核地亩”，一时治绩炳然。然而张居正为人褊衷多忌，刚愎自用，基本是一人独揽朝政，威权震主。政坛上的阿谀奉承，他也恬然居之。他于万历十年六月病逝，没过多久就被剥夺了各种荣衔，子孙全部不保。

---

[1] 《明神宗实录》卷一百六，“万历八年十一月丙子”条。

[2] 《明史》卷二百十三《张居正传》。

[3] “万历二十六年嘉善告争田地、知府张似良不行查勘竟申本道转申两院批行本县知县郑振先申文”，崇祯《嘉兴县志》卷九《土田》，崇祯十年刻本。

[4] 谈迁：《国榷》卷七十一，“万历辛巳九年”，中华书局1958年版，第4399—4400页。

万历帝的上谕中这样判定张居正的罪过："张居正诬蔑亲藩，侵夺王坟府第，箝制言官，蔽塞朕聪，专权乱政，罔上负恩，谋国不忠，本当斫棺戮尸，念效劳有年，姑免尽法。伊属居易、嗣修、顺、书都永戍烟瘴。"[1]张居正的家属子孙张居易、张嗣修、张顺、张书就这样被永远发配烟瘴之地。张居正生前，万历帝曾这样许诺过："先生功大，朕无可为酬，只是看顾先生的子孙便了。"结果却是这样的看顾。[2]

在之前发生的辽王案查理过程中，辽王的遗妃王氏向朝廷的上疏中，除了为辽王申冤外，特别指出辽王的家财"金宝万计，悉入居正府"。这让贪财的万历帝找到了合适的借口，在抄没冯保财产后，最终决定对张府抄家。[3]

万历十二年四月，张府被抄家。八月，万历帝就向天下张榜公布张居正的罪行。张府被抄的财物主要如下：

金，二千四百二十六两。

银，十万七千七百九十两。

金器皿，六百十七件，重三千七百十一两。

金首饰，七百四十八件，重九百九十九两。

银器皿，九百八十六件，重五千二百四十两。

银首饰，三十一件，重一百十七两。

金累丝、厢嵌玉、犀角、玳瑁、玛瑙、水晶、象牙、琥珀、杯盘箸，一百八十三件。

双珠冠，二顶。

珠穿果盒，一副。

---

[1]《明神宗实录》卷一百五十二，"万历十二年八月乙卯"条。

[2] 朱东润：《张居正大传》，第419页。

[3] 樊树志：《万历传》，人民出版社1993年版，第195页。

珠穿鉴妆，一座。

珠箍，一条。

各色蟒衣纻丝纱罗绫布三千五百余匹，各色男女衣服五百余件，玉带十条。

副将张居正子张敬修等刑审，又招银五万余两。

太监冯保令徐爵索江陵名琴七张、夜明珠九颗、珍珠帘五副、金三万两、银十万两，其他珍玩尤多，俱江陵子简修亲送至保寓。

居正在京住房，值价一万零六百七十两。[1]

这个抄家的结果，远低于万历帝的预期，令他很不满意。这也说明张居正的贪财还是比较有限度的，远远不及刘瑾、严嵩等人。

张家被抄后，“终万历世，无敢白居正者”，直到崇祯三年（1630年），才有人为他诉冤，重新评价张居正的功业。朱东润说：“国家到了艰难的时候，才想起往日的功臣。复官复荫，一切都是激励当日的臣工，但是事情已经太迟了。”[2]

明朝的政治，从大明祖制奠立以来，久苦因循。张居正能推行严厉的政策，使万里之外无敢不奉行惟谨，所以吏治大有起色。可惜他当政只有10年，为期太短。后人在重修万历朝历史时，说张居正“以长驾远驭之才，当主少国疑之际，卒能不顾诽誉，独揽大权，综核吏治，厘剔奸弊，十年来民安其业，吏称其职”[3]，评价不可谓不高。

张居正改革后，明朝的政治、财政形势都有所好转。但是，

[1] 佚名：《天水冰山录》附录“籍没张居正数”，商务印书馆民国二十六年铅印雍正六年周石林整理本，第1页。

[2] 朱东润：《张居正大传》，第420页。

[3] 《明神宗实录》卷一百五十二，“万历十二年八月乙卯”条。

这场改革触动了大官僚、大地主的既得利益，遭到他们强烈的反对。张居正死后，改革措施渐遭废止。

万历四十八年，万历帝也走到了人生尽头，终年58岁。后人评价说：“神宗冲龄践阼，江陵秉政，综核名实，国势几于富强。继乃因循牵制，晏处深宫，纲纪废弛，君臣否隔。于是小人好权趋利者驰骛追逐，与名节之士为仇雠，门户纷然角立。”富强的国势已趋消退，朝廷纲纪日渐废弛，“小人”与君子们各立门派，党争不断。此后国事遂至不可为。所以有论者称：“明之亡，实亡于神宗”。[1]这些在清代钦定《明史》中的论说，几乎成了判定晚明特质的权威观点。

黄仁宇的《万历十五年》选择讲述的万历皇帝朱翊钧，大学士张居正、申时行，以及海瑞、戚继光、李贽，甚至冯保、高拱、郑贵妃、俞大猷、刘綎等人，都没有好结果，是“一个大失败的总记录”，充满悲观色彩，也非客观全面之论。[2]

史景迁则认为，万历二十八年（1600年）的明朝，仍是世界上所有统一国家中疆域最为广袤，统治经验最为丰富的国家，1.2亿人口远远超过所有欧洲国家人口的总和。当时世界上最好的大城市，如京都、布拉格、德里、巴黎等，都无法与北京媲美。中国庞大的官僚系统已臻于成熟，千年的传统使其能协调运行，丰富而稳定的律令体系将官僚系统紧密地结合在一起，也足以解决民众日常生活中可能出现的任何问题。《西游记》《金瓶梅》等小说与各种绘画、戏剧，以及宫廷生活的概貌与官僚机构的运作，无不显示出晚明王朝的辉煌和富庶。豪族大户拥有大量的土地，兴办义学，赈济同宗。它们经营的巨大而精巧的花园，不仅使人享受装饰的美感，供人休闲娱乐，而且为花园的主人及

[1] 《明史》卷二十一《神宗本纪二》。

[2] 黄仁宇：《万历十五年》，“自序”，第4页。

朱翊钧像

其家人出产水果、食物和鲜花。中国人生活中肃穆而美好的氛围，都尽现于文人们的笔下。[1]

当然，晚明政治上的昏乱确属事实，而生活上的繁庶也是事实，否则就不会有后人对于万历朝生活无比向往的记述。清初的小说中，就将万历时代描绘成一个极乐世界，足令后人感叹思慕：

> 且说明朝洪武皇帝定鼎南京，永乐皇帝迁都北京，四海宾服，五方熙皞，真个是极乐世界。说什么神农尧舜稷契皋夔，传至万历，不要说别的好处，只说柴米油盐鸡鹅鱼肉诸般食用之类，那一件不贱。假如数口之家，每日大鱼大肉，所费不过二三钱，这是极算丰富的了。还有那小户人家，肩挑步担的，每日赚得二三十文，就可过得一日了，到晚还要吃些酒，醉薰薰说笑话，唱吴歌，听说书，冬天烘火，夏天乘凉，百顽要要。那时节，大家小户好不快活，南北两京十三省皆然。皇帝不常常坐朝，大小官员都上本激聒也不震怒。人都说神宗皇帝真是个尧舜了。一时贤相如张居正，去位后有申时行、王锡爵一班儿，肯做事，又不生事，有权柄又不弄权柄的，坐镇太平。至今父老说到那时节，好不感叹思慕。[2]

明末清初著名诗人顾梦游（1599—1660年），生平任侠好义，喜欢结交四方名士贤豪。他在对南京冶游生活的描画中，对万历朝的太平盛世之景，同样怀恋不已。作为前朝遗民，他在古

---

[1] ［美］史景迁：《追寻现代中国：1600—1912年的中国历史》，李璧玉等译，上海远东出版社2005年版，第6—9页。

[2] 江左樵子：《樵史演义》卷一·第一回《幼君初政望太平、奸珰密谋通奉圣》，清初写刻本。

描绘明朝北京城繁盛景象的《皇都积胜图》（局部）

体诗《秦淮感旧》中这样写道："游子皆言风景殊，居人倍感河山异。余生曾作太平民，及见神宗全盛治。城内连云百万家，临流争儆笙歌次。一夜扁舟价十千，但恨招呼不能致。佳人向晚倾城来，只贵天然薄珠翠。不知芗泽自谁边，楼上舟中互流视。"[1]

与他同时代的文坛领袖吴伟业，也表达过类似的感受。吴伟业觉得万历朝的生活确实令人向往："余生也晚，犹及见神宗皇帝之世，江南士安俗阜，风习最为近古。士大夫入为卿相，出作方牧，其归而老于乡也。东阡西陌，杖履相存。巨人长德，沾被闾巷。"[2]清初被查禁的《明史钞略》中，也说"当万历朝，天下方全盛"，天下久安而常治，必须是财赡而兵强，而这样的前提就在于人主能够知人与善听。[3]不过，万历帝在知人善听这方面，在统治后期已大不如前了。各种政治变乱接踵而至。

---

[1] 顾梦游:《顾与治诗》卷二《七言古体·秦淮感旧》，清初书林毛恒所刻本。

[2] 吴伟业:《梅村家藏稿》卷三十七《文集十五·丁石莱七十序》，四部丛刊景清宣统武进董氏本。

[3] 庄廷鑨:《明史钞略》显皇帝纪四，四部丛刊三编景旧钞本。

五 明末变乱

实际上，早在成化、弘治时期，明代社会已经显露出向近代转型的征兆，社会生产快速发展，白银日趋货币化。农业生产中商业化态势加强，乡村农民大量流入城镇，从事收益较高的手工工业或其他服务业。大批工商业市镇崛起，海外贸易日渐兴盛，思想文化多元而繁盛。这些情况，也成了后来讨论“资本主义萌芽”问题的重要出发点。关于明史的叙述，如果只是停留于“税重民穷”这样的陈说，显然是不完全符合事实的。无论是否赞成晚明以来存在资本主义萌芽，学者们都不再认为其社会与经济是停滞的，而是承认明朝农业与手工业商品经济的发展，海外贸易兴盛，白银大量流入，租税朝着纳银化方向发展，社会空前繁荣，生活风气朝向僭奢变迁，社会流动加速加大。明朝是一个“多重性格”的时代，明朝社会是一个“多元结构”的社会。[1]然而不可否认的是，政治危机与社会问题仍时刻萦绕于明朝统治者的日常生活中。

万历年间，皇室的土地兼并尤其突出。两次赐田，藩王所占土地竟达6万顷之多。万历帝第三子朱常洵，在万历二十九年被封福王，万历四十一年就藩河南洛阳，获得万历帝赐予的4万顷庄田。其实在当时的洛阳周边，根本没有这么多良田。

万历帝本人十分喜好财货，派人到处搜括。万历二十六年，

---

[1] 徐泓：《明代在中国历史上的地位》，收入陈支平、万明主编：《明朝在中国史上的地位》，天津古籍出版社2011年版，第2、7页。

他向各通衢大邑派设税监。矿使、税监往往二位一体，主持开矿者，同时兼征税收。此外，有的太监专职征税，如梁永为陕西税监，马堂为天津税监（兼辖临清），杨荣为云南税监，高寀为福建税监。这些矿使、税监骄横跋扈，大肆敛财，在各地引发一系列民变，主要有针对陈奉的武昌民变、针对马堂的临清民变、针对杨荣并最终将他杀掉的云南民变、针对孙隆的苏州民变、针对高淮的辽东兵变等。

在宫廷内部，变乱也在加剧。储君被称作“国本”，立储是王朝生活中的头等大事。立储的原则一般是有嫡立嫡，无嫡立长。然而，万历帝朱翊钧的皇后王氏无子。万历十年，慈宁宫宫女王氏生下万历帝长子朱常洛。万历十四年，贵妃郑氏生下万历帝第三子朱常洵。万历帝和廷臣之间，围绕立长立幼的问题，展开了激烈的争论。

万历帝宠爱贵妃郑氏，欲废长立幼，又怕招致廷臣们的反对，所以迟迟不想立储。有意思的是，虽然文人士大夫因为郑贵妃的原因，多所指斥，但万历帝仍愿意诏求直言。嘉靖四十一年进士，曾任礼部尚书、吏部尚书等职的长洲县人申时行，就连请建储。万历十八年，在大臣们的强烈要求下，犹豫了很久的万历帝最后下诏表示：“朕不喜激聒。近诸臣章奏概留中，恶其离间朕父子。若明岁廷臣不复渎扰，当以后年册立，否则俟皇长子十五岁举行。”[1]

无论立长还是立幼，万历帝不想决断的借口，是所谓廷臣们在离间他们父子的感情，扰乱他的决定。他说如果明年廷臣们在这件事上不渎扰他，就在后年决定立储结果，否则就要等皇长子长到十五岁再说。事实上这仍是万历帝的搪塞之词，他的承诺并没有兑现。

---

[1] 《明史》卷二百一十八《申时行传》。

嘉靖四十一年进士、太仓人王锡爵于万历二十一年出任内阁首辅。当年十一月，他乘皇太后举办寿辰之机，力请早定“国本”。

万历帝说：“中宫有出，奈何？”

王锡爵接话道：“此说在十年前犹可，今元子已十三，尚何待？况自古至今，岂有子弟十三岁犹不读书者？”万历帝听了颇为感动。

后来，王锡爵再次上疏呈请道：“外廷以固宠阴谋归之皇贵妃，恐郑氏举族不得安。惟陛下深省。”

万历帝看了他的奏疏，颇有感触，并下了手诏给王锡爵：“卿每奏必及皇贵妃，何也？彼数劝朕，朕以祖训后妃不得与外事，安敢辄从。”

王锡爵又耐心地上疏劝道：“今与皇长子相形者，惟皇贵妃子，天下不疑皇贵妃而谁疑？皇贵妃不引为己责而谁责？祖训不与外事者，不与外廷用人行政之事也。若册立，乃陛下家事，而皇三子又皇贵妃亲子，陛下得不与皇贵妃谋乎？且皇贵妃久侍圣躬，至亲且贤，外廷纷纷，莫不归怨，臣所不忍闻。臣六十老人，力捍天下之口，归功皇贵妃，陛下尚以为疑。然则必如群少年盛气以攻皇贵妃，而陛下反快于心乎？”对于这份上疏，万历帝点头表示认同。[1]

最终，朱常洛在万历二十九年被册立为皇太子，时已20岁。同时，朱常洵封为福王，万历帝第五子朱常浩封为瑞王，第七子朱常瀛封为桂王。

册立了皇太子，“国本”算是争到了，但宫廷危机并没有过去。朱常洛即位前后发生的三个著名案件，反映了明朝统治阶级内部的激烈矛盾。

---

[1] 《明史》卷二百一十八《王锡爵传》。

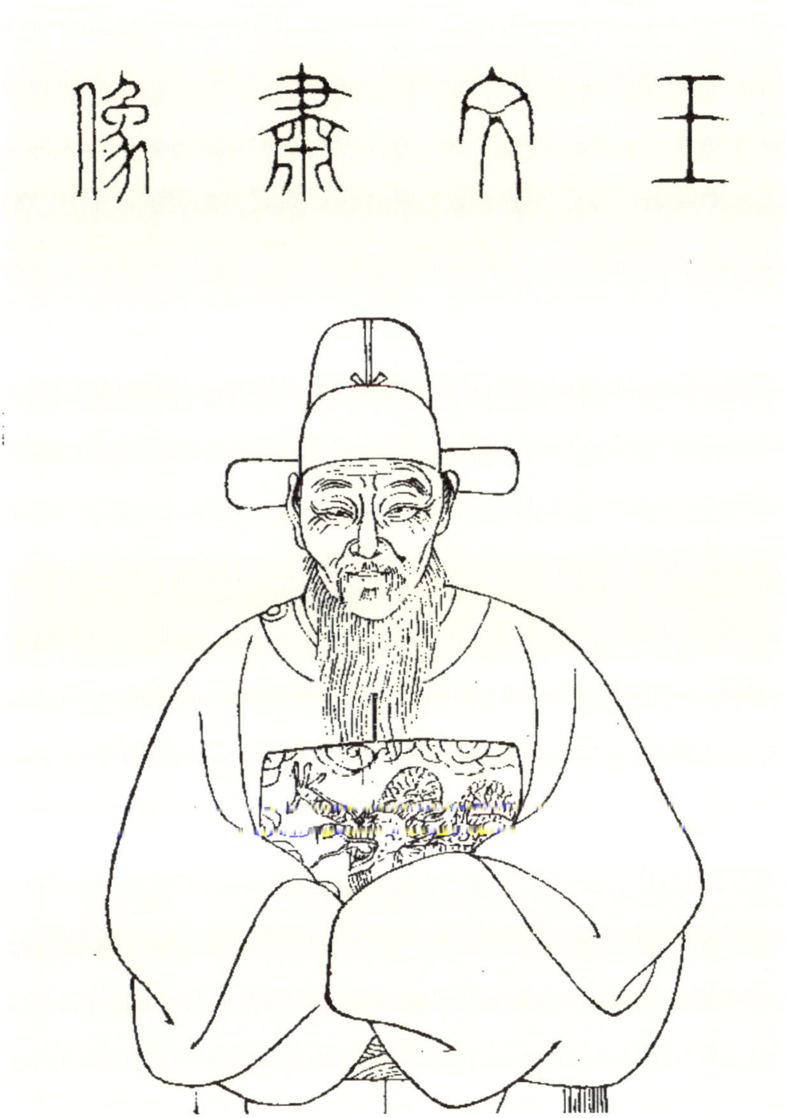

《吴郡名贤图传赞》中的王锡爵像

首先是梃击案。

万历四十三年五月，一名叫张差的男子手持枣木棍，直接闯入太子朱常洛所居的慈庆宫，还打伤守门侍卫，最后被抓。相当一部分廷臣认为，此案与郑贵妃的兄弟郑国泰有关。张差被审时，也供出是郑贵妃手下的太监庞保、刘成将他引进宫中的。对此，大学士吴道南问过曾任翰林院编修的孙承宗。孙答："事关东宫，不可不问；事连贵妃，不可深问。庞保、刘成而下，不可不问也；庞保、刘成而上，不可深问也。"吴道南按孙的意思，上疏提出这样的意见，梃击案因此平息下来。[1]最后根据朱常洛提出的原则定案：张差误入宫闱，打倒内侍，罪在不赦，即刻处决。

其次是红丸案。

万历四十八年八月，万历帝逝世。朱常洛即位，是为光宗，改元泰昌，之后大赦天下，蠲免租赋。朱常洛即位数天后，感觉身体不适。北京城里有人传言，是郑贵妃向朱常洛进献了8名美女，又让御医崔文升给朱常洛服用了泄药，新皇帝身体因而大坏。在感到自己的身体已经不行的时候，朱常洛在乾清宫召见了英国公张惟贤、大学士方从哲等13人，命他们为顾命大臣，还命皇长子朱由校出来与他们见面。[2]

崔文升为朱常洛所开的泄药，使朱常洛一昼夜狂泄三四十次。这时，鸿胪寺丞李可灼到内阁，称有仙药"红丸"可以医治。李可灼与中官熟识，请他们代向皇帝启奏。朱常洛觉得可以一试，初服之后，渐觉舒畅，连声称李可灼是忠臣。当天下午，李可灼又进一丸。这一丸药要了朱常洛的命，他当晚就死于乾清宫，终年39岁。

---

[1] 《明史》卷二百五十《孙承宗传》。

[2] 《明史》卷二十一《神宗本纪二》。

清代初期成书的小说《明珠缘》，生动地讲述了这一过程：

八月四日奉皇太子登极，发政施仁。……励精图治，万几无暇。凡内外一切表章，件件亲阅，犹恐下情难达。一月间施惠政四十余事。谁知天不憖遗，四海无福，圣躬过劳，致成脾泻不起。太医院用尽良方，不能痊可，下询草泽名医进方。有鸿胪寺寺丞李可灼，与专管药料的太监崔文升比邻交好。文升见自己终日用药无效，便去与李可灼计较。可灼入内，取红丸药六七颗与文升道："此丸乃异人传授神方，专治虚脱之症。虽至危殆，三服再无不愈的。此方以女子红铅为君，百发百中，管你见效。"文升拿了丸药，竟至宫中进御。皇上服下，觉稍稍精神清爽，口称忠臣者再，命赐可灼金帛。俟诸臣退后，可灼复进一丸，谁知不数个时辰，至次日遂大渐了。[1]

清初另外一本小说《樵史演义》，则从一般民众的角度，这样描述此事：

泰昌也是圣君，登基不久就宾天了。这就是劫数，将到国家的大不幸了，一时京师的人都说是郑贵妃希图把泰昌弄倒了，要他儿子福王嗣位，故此先进美色，弄出皇帝病来。又有奸医崔文升、李可灼，未必是郑贵妃买嘱他来，或是借此结纳福藩，希图荣贵，连投劫药，一旦薨逝。九月初六日，天启即皇帝位，时年十六岁。[2]

[1] 佚名：《明珠缘》，上海古籍出版社1996年版，第200页。

[2] 江左樵子：《樵史演义》卷一·第一回《幼君初政望太平，奸珰密谋通奉圣》，清初写刻本。

崔文升使用泄药，一般人都怀疑是由郑贵妃主使。给事中杨涟说：“贼臣崔文升不知医，不宜以宗社神人托重之身，妄为尝试……臣闻文升调护府第有年，不闻用药谬误；皇上一用文升，倒置若此，有心之误耶？无心之误耶？”[1]他认为崔文升是有心为之，背后是有人主使的。至于李可灼进献红丸，许多人则归罪于内阁大臣。

最后是移宫案。

朱常洛死后，皇长子朱由校即位，是为熹宗，年号天启。朱由校与弟弟朱由检原本由李选侍抚养，李曾被封为皇贵妃。朱常洛病重时，李氏要朱由校出面为她求取皇后的封号，但没有成功。朱常洛死后，李氏仍住在乾清宫内，年方16岁的朱由校对她也有依恋之情。

朱常洛刚死的时候，阁臣刘一燝等要见朱由校，诘问太监道：“皇长子当柩前即位，今不在，何也？”

东宫伴读王安上前说：“为李选侍匿耳。”

这让众大臣怀疑李选侍要垂帘听政。刘一燝大呼道：“谁敢匿新天子者？”他冲入李选侍住处，前呼万岁，捧住朱由校左手；同时，英国公张惟贤捧着朱由校右手。两人一起护持着朱由校前往文华殿接受群臣礼见。

此事之后，李选侍要求朱由校仍然与她一同在乾清宫居住。刘一燝对朱由校说：“乾清不可居，殿下宜暂居慈庆。”[2]杨涟则说：“天子宁可托妇人？且选侍昨于先帝召对群臣时，强上入，复推之出，是岂可托幼主者？请亟见储皇，即呼万岁，拥出乾清，暂居慈庆。”

话未说完，大学士方从哲、韩爌等人也到了。群臣一同来

[1] 谷应泰：《明史纪事本末》卷六十八《三案》，第1086页。

[2] 《明史》卷二百四十《刘一燝传》。

到乾清宫，守卫太监握持梃杖拦着，不让他们进去。杨涟大骂：“奴才！皇帝召我等。今已晏驾，若曹不听入，欲何为！”守卫太监只好退下。他们进殿后高呼万岁，请幼主于初六日登极。[1]于是，李选侍被迫放出朱由校，送他到慈庆宫暂时居住。

御史左光斗上言说：“内廷之有乾清宫，犹外廷之有皇极殿也。……今大行皇帝宾天，选侍既非嫡母，又非生母，俨然居正宫，而殿下乃居慈庆，不得守几筵，行大礼，名分倒置，臣窃惑之。”他对这位年仅16岁的幼主直言，李选侍是要“借抚养之名行专制之实，武后之祸将见于今”。[2]左光斗与刘一燝、周嘉谟、杨涟等人积极活动，最终迫使李选侍移居哕鸾宫。

在明末“三案构争，党祸益炽”的情境下，政局日形混乱。此后的天启朝，因为魏忠贤得宠专权，宦官之祸达到顶峰。

[1] 《明史》卷二百四十四《杨涟传》。

[2] 谷应泰：《明史纪事本末》卷六十八《三案》，第1097页。

六 魏珰之祸

早在梃击案后，原属太监冯保手下、曾任皇长子伴读的王安，开始得到宠信。光宗即位后，他被擢升为司礼监秉笔太监。光宗死后，李选侍与心腹太监李进忠（后改名魏忠贤）等谋挟皇长子朱由校自重，王安就向杨涟等人告发。移宫案后，他仍得天启帝的信任，天启帝对王安基本上是“言无不纳”。但王安为人刚直而疏，又多病，不能常见皇帝。这给魏忠贤的登台制造了契机。

魏忠贤是北直隶肃宁县的一名无赖，虽目不识丁，但颇有心计。少年时，他在赌场上不得意，家境日益贫困，于是一怒之下净身入宫，改姓名为李进忠。地位改变后，他才恢复魏姓，又得皇帝赐名忠贤。初入宫时，他管过甲字库，结识了太监魏朝，后来转而负责朱常洛的才人王氏的膳食。王才人是朱由校的生母。魏忠贤小心侍奉，并得到大太监的称赞。

按明朝习俗，宦官在宫中都有相好的女人，双方结为“对食”。魏朝与朱由校乳母客氏原有私情，“对食”宫中，但因闲暇不多，魏忠贤乘虚而入。客氏很快移爱于魏忠贤，两人感情日笃。

朱由校即位后，封客氏为“奉圣夫人”，给田20顷为护坟香火资。保持和客氏的关系，不但是感情的需要，而且是魏忠贤在皇帝面前邀宠的重要手段。魏忠贤假传圣旨，把魏朝发配到凤阳，并派人在途中将他杀死。接着，他又除掉了对手大太监王安。魏忠贤指使大臣弹劾王安，王安被发落到南海子充当净军。

魏忠贤又派亲信到该地，不让王安饮食。结果王安取篱落中的“芦菔”为食，坚持了3日还没死，最后被直接杀掉。王安死后，魏忠贤还诬称东林党诸人与王安私下交往，兴起大狱。

天启元年（1621年）冬天，魏忠贤升任司礼监秉笔太监。魏忠贤不识字，按照规矩不能入司礼监，但因客氏的缘故，他还是如愿以偿了。

天启帝大婚后，御史毕佐周、刘兰等人上疏，要求把客氏遣送出宫，大学士刘一燝也附议。但天启帝仍对客氏恋恋不舍，说：“皇后幼，赖媪保护，俟皇祖大葬议之。”结果事情就这样不了了之。

虽然客氏“淫而狠”，魏忠贤“不知书，颇强记，猜忍阴毒，好谀”，但天启帝一直信任这两个人，使两人的势力大张。御史周宗建、侍郎陈邦瞻、御史马鸣起、给事中侯震旸等人先后力诤，都遭到诘责。

天启帝非常厌恶朝政。他“性机巧，好亲斧锯髹漆之事”，十分钟爱木匠活，可谓积岁不倦。每当他在宫中引绳削墨做木工时，魏忠贤等人就前来奏事。他就很厌烦地说：“朕已悉矣，汝辈好为之。”军国大事就这样完全由魏忠贤等人操控了。魏忠贤所过之地，士大夫们都遮道拜伏，直呼“九千岁”。客氏则居于宫中，胁持皇后，残虐宫嫔。他们控制朝野时，真可谓“群凶煽虐”“毒痡海内”。[1]

魏忠贤的势力很大。在内廷，有王体乾、李朝钦、王朝辅、孙进、王国泰、梁栋等30余人为他效力；在外廷有文臣崔呈秀、田吉、吴淳夫、李夔龙、倪文焕为主帮他谋议，号称“五虎”；武臣中有田尔耕、许显纯、孙云鹤、杨寰、崔应元，号称“五彪”；另有吏部尚书周应秋、太仆少卿曹钦程等人，号称“十

[1]《明史》卷三百五《王安传》《魏忠贤传》。

朱由校像

狗”；还有党羽称“十孩儿”“四十孙”等。仅崔呈秀等人门下，又有走狗不可计数。从内阁、六部至全国总督、巡抚的官僚系统，遍布魏忠贤的死党。[1]

那些依附魏忠贤、趁势助虐的官僚们，以阉党魏广微为代表。他撰写了《缙绅便览》一书，把前阁臣叶向高、韩爌以下百余人列为奸党，而把阉党王永光、黄克缵等60多人列为正人。魏忠贤把这份名单当作用人的标准。左佥都御史王绍徽编纂《东林点将录》，仿照民间流传的水浒故事中“三十六天罡”和“七十二地煞”，列出东林党人名单。吏部尚书崔呈秀编《东林同志录》，按词林、部院、卿寺、台省、部属顺序，开列东林党人名单；又编《天鉴录》，开列不附东林党官员的名单。魏忠贤对东林党人的打击迫害持续了数年，直到他垮台才停止。魏忠贤擅权是明朝宦官专权的最高峰，集中体现了明朝后期的政治危机。

魏忠贤还试图建立一支私人武装。他杀了王安后，设“内标”万人，全副装备。这支队伍在宫禁之内经常操练，鼓声震天。有一次操练时试用枪铳，不慎炸开，几乎伤及前来观看的皇帝朱由校。御史刘之凤就提醒朱由校说：“虎符重兵，何可倒戈授巷伯之手。假令刘瑾拥甲士三千，能束手就擒乎？”[2]然而朱由校并没有对此采取什么措施。

天启四年六月，副都御史杨涟上疏，罗列魏忠贤的24大罪状，包括拟旨内批、玩弄机权、翦除异己、兴狱滥刑等，要求把魏忠贤交刑部严讯以正国法。杨涟的奏疏掀起了反对魏忠贤专权的高潮。一两个月内，弹劾章奏不下百余道。魏忠贤在惊恐之余，连忙采取应对措施：十月，将赵南星、高攀龙罢免；十一

[1] 《明史》卷三百五《魏忠贤传》。

[2] 谷应泰:《明史纪事本末》卷七十一《魏忠贤乱政》，第1136页。

月，将杨涟、左光斗等削籍；天启五年三月，又伪造罪名，将反对自己的杨涟、左光斗、魏大中等6人下狱，赵南星等15人削籍。杨涟最为魏忠贤所痛恨，他被施以各种酷刑，土囊压身，铁钉贯耳而死。左光斗、魏大中也被打得体无完肤，与杨涟同日而死。

杨涟、魏大中等人代表了当时对抗阉党最具气节的绅士。他们以赤诚之心报国，却遭莫须有之罪。在天启朝这样的政局中，魏忠贤一手遮蔽天下，频兴大狱，震慑天下士人，但仍有很多人敢于不顾个人安危与之对抗，虽然最后颇多绝望，但就像杨涟在狱中所说，"但愿二祖十宗实鉴此心，天下后世共见此心"，他们也就满足了！

天启七年八月，天启帝驾崩。他的异母兄弟、信王朱由检继位，改次年为崇祯元年。朱由检深知魏忠贤之恶，"深自儆备"。[1] 在新皇登极的形势下，不少人开始揭发魏忠贤等人的罪恶，朱由检仍隐忍不发。

当时有个嘉兴贡生钱嘉征，上疏详细罗列了魏忠贤十大罪，内容包括"一并帝，二蔑后，三弄兵，四无二祖列宗，五克削藩封，六无圣，七滥爵，八掩边功，九朘民，十通关节"。朱由检就叫来魏忠贤，命内侍读这份奏疏，使魏忠贤大为恐惧。十一月，崇祯帝开始查处阉党罪行，他先派人把魏忠贤安置到凤阳，不久又下令将魏忠贤逮捕并押回北京。当时魏忠贤刚到阜城，听闻这样的消息，就与李朝钦一起自缢而死。朱由检下诏磔尸，并将其枭首于河间地区，同时笞杀已发落到浣衣局的客氏。但在《明史》中，也有崇祯帝下令凌迟处死魏忠贤、客氏二人以及对崔呈秀、魏良卿、客氏之子侯国兴、太监李永贞、李朝钦、刘若

[1] 《明史》卷二十三《庄烈帝本纪一》。

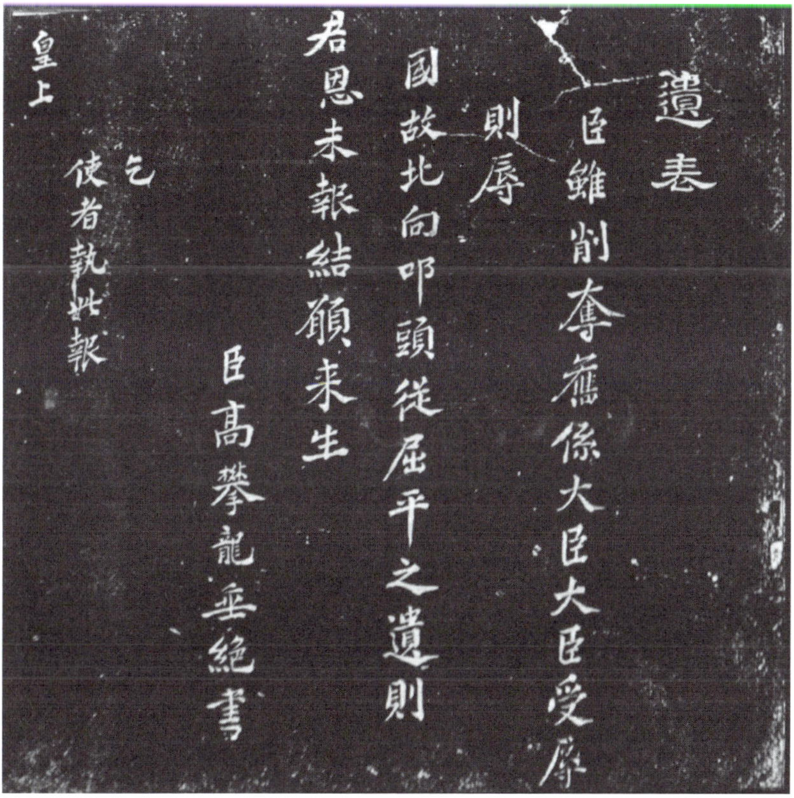
遺表

臣雖削奪舊係大臣大臣受辱則辱國故北向叩頭從屈平之遺則君恩未報結願來生

臣高攀龍垂絕書

乞使者執此報皇上

高攀龙绝笔石刻

天启六年，崔呈秀假造浙江税监李实奏本，诬告高攀龙等人贪污。二月，高攀龙不堪屈辱，投水自尽，时年64岁。

愚6人“决不待时”立即杀掉的记载。[1]

晚明的阉宦之祸，可谓酷烈之极，但如果不是有很多朝野文武士人附丽之、羽翼之，阉党势焰不可能那样高涨。实际上，在明朝中叶以前，士大夫比较重视名节，虽然也有王振、汪直之横，但势焰不盛。到刘瑾窃权后，以阁臣焦芳为首附翼之，于是朝廷列卿争先献媚。司礼监的权势，有居于内阁之上的态势。而万历末年以来，政争纷繁，党源林立，门户之见固结不可解，时势由此大坏。

[1] 《明史》卷三百五《崔呈秀传》。

第一章 顶级绅士的故事：青词宰相顾鼎臣的家庭生活

科举制度对于知识人的精英化培育，起到了极大作用，并使很多人能有机会进入主流的官绅队伍。明朝中期以后，参与王朝军国大事的最核心人物，基本集中于内阁。到北京去，进入翰林院，最终成为内阁大学士，是当时中国很多跻身科考之途的读书人的理想。《明史》中对这一群体，有大量的传记性描述。这些描述或褒或贬，呈现出各个时代关键人物的基本面貌。这一群体，特别是内阁首辅，对于王朝政治的走向和国家命运，常发挥重要乃至于决定性的影响。不过，他们的人生历程、个人生活以及家风等，在正史的撰述中多有偏倚，大多并不全面，或者根本是不清楚的，这也引发了人们更多的想象。

一 昆山顾鼎臣

钱穆指出："宋、明以下之社会，与隋、唐以前不同。世族门第消灭，社会间日趋于平等，而散漫无组织。社会一切公共事业，均须有主持领导之人。若读书人不管社会事，专务应科举、做官、谋身家富贵，则政治社会事业，势必日趋腐败。其所以犹能支撑造成小康之局者，正惟赖此辈讲学之人来做一个中坚。"[1]以知识人为核心建构的中坚力量，是维续一个王朝稳定和发展的基础。

成化十一年进士、由翰林院进身至内阁大学士的苏州人王鏊认为，社会越发展，官员队伍越显繁杂，在这样的趋势下，"政令纷然，守令欲举其职，难矣"，因而也很难产生古代的所谓"循吏"。[2]关于地方社会败坏的批评，涉及地方官员与居乡士大夫这两个关键性的群体。前者"食君之禄，居人之上"，本应该"顾念职守，承宣德意，为百姓分忧"，然而常有"日务送迎奔走，取办簿书，谀媚上官，以求荐举、图升迁"的情形，自然对于吏弊民隐"恬不经意"，对朝廷的政策与要求常有怠慢之举。而作为"乡邦之领袖"的后者，是属于"挂名仕籍"、受国家恩宠的一个群体，更宜表率齐民、奉公守法，却与那些贪图利禄的地方官员们一样，"瘠人肥己，效尤成风，坐享田租之利，而使无田小民代其包赔税粮"，倘遇官府清查，也敢妄行阻挠，任私

[1] 钱穆：《国史大纲》，商务印书馆1994年版，第812页。

[2] 王鏊：《震泽长语》卷上《官制》，嘉庆十三年张海鹏辑、借月山房汇钞丛书本。

情而昧大理。[1]

所以，如果地方绅士不持公论，对地方社会就会产生极其不良的影响。万历八年进士、吴县人伍袁萃就说："君子不持公论，将使小人持之乎？荐绅先生不持公论，将使市井细民持之乎？"[2]嘉定绅士侯峒曾以嘉定地方社会生活的经验，认为"为民请命"是那些"贤豪长者之业"，而"导扬圣明，宣悟闾里"则为"乡大夫之事"。[3]康熙初年仍然在世的吴江人陆文衡，是万历四十七年进士。他在对晚明地方公议的评述中，透露出对彼时地方绅士关心社会公益、评议行政利弊而又能被官府所敬重并产生积极影响的怀念。他说："往时缙绅有公会雅集，团坐一处，讲求时事得失、谘询地方利弊，凡衙门积蠹大恶，皆耳而目之，谒当事，侃侃指陈，或公函条议，当事虚心采纳，以故上下之情通而梓里蒙福，蠹恶亦有所畏惮而不敢逞。"[4]而明末浙江乌程县的生员，还有"动持吏短长者"而使地方官"凛凛忧炙手"的情形，[5]这在地方社会也很常见。

上述这些评说，当然并不能涵括所有地方官员与绅士的面貌，但地方官与乡居绅士们之间互相牵制的弹性关系，确实可以使地方社会趋向良性发展。

嘉靖前期，嘉靖帝非常信任的一位文官叫顾鼎臣（1473—1540年）。顾鼎臣从一名进士升任至文渊阁大学士等职，经历了比较漫长的官场生活。

---

[1] 顾鼎臣：《顾文康公文草》卷二《恳乞天恩饬典宪、拯民命以振举军国大计疏》，《四库全书存目丛书》集部第55册，第292—293页。

[2] 伍袁萃：《林居漫录》别集卷八，《续修四库全书》子部杂家类第1172册，第190页。

[3] 侯峒曾：《复折奏疏序》，收入汪永安原纂、侯承庆续纂、沈葵增补：《紫隄村志》卷一《田赋》，康熙五十七年修、咸丰六年增修，上海图书馆藏传抄本。

[4] 陆文衡：《啬庵随笔》卷四《风俗》。

[5] 崇祯《乌程县志》卷四《风俗》，崇祯十年刻本。

顾鼎臣，字九和，号未斋，苏州府昆山县人。顾家在昆山崛起后，是与戴、叶、王、李四姓并称的五大“巨族”之一。[1]顾家世居昆山的雍里村，“以力田、种德闻于时”。[2]到顾鼎臣生活的时代，顾家已寓居于昆山城内，主要有两处宅子，一在鳌峰桥西，一在城隍庙前，宅中有著名的“霖雨堂”。后来，顾鼎臣的曾孙顾咸和又在马鞍山东南修筑了武陵源别业。[3]

据统计，在1400—1750年，顾家一共产生了9个进士、9个举人和6个贡生。[4]其中最著名的就是顾鼎臣。

顾鼎臣的父亲顾恂，字维诚，号桂轩公。据说，他“生而秀整敦确，学举子业有成”，被当时礼部的吴主事所看重，招为女婿。不过，当时顾家家境可能并不富足，顾恂虽然极力营治家业，仍然“内无私蓄”[5]，这也说明顾恂为人比较敦厚，不存私心。还有人说，顾恂不过是一个鬻线（或称卖麻）的小商人。正妻吴氏出身较好，又是个妒妇，家里只有一名杨姓青衣婢女供驱使，但仍然防备严密。然而，在一个雷雨天，杨氏到店铺中给顾恂送食。在这一偶然机缘下，两人私通，后来生下了顾鼎臣，这就是所谓的“婢出孽子”。[6]当时是成化九年，顾恂已57岁，可谓晚年得子。顾鼎臣后来说，生母杨氏与父亲顾恂，只有这“一

[1] 王应奎：《柳南随笔》卷六，中华书局1983年版，第123页。

[2] 陆深：《俨山集》卷八十《光禄大夫、柱国、少保兼太子太傅、礼部尚书、武英殿大学士、赠太保、谥文康顾公行状》，清文渊阁四库全书补配文津阁四库全书本。

[3] 同治《苏州府志》卷四十七《第宅园林三·昆山县》，同治间修、光绪九年刊本。

[4] ［美］邓尔麟：《嘉定忠臣：十七世纪中国士大夫之统治与社会变迁》，宋华丽译，中央编译出版社2012年版，第104页。

[5] 李东阳：《怀麓堂集》卷八十七《文后稿二十七·明故赠文林郎翰林院修撰顾公墓志铭》，文渊阁四库全书本。

[6] 沈德符：《万历野获编》卷八《内阁》，“顾文康陆少白”条，中华书局1959年版，第225页。

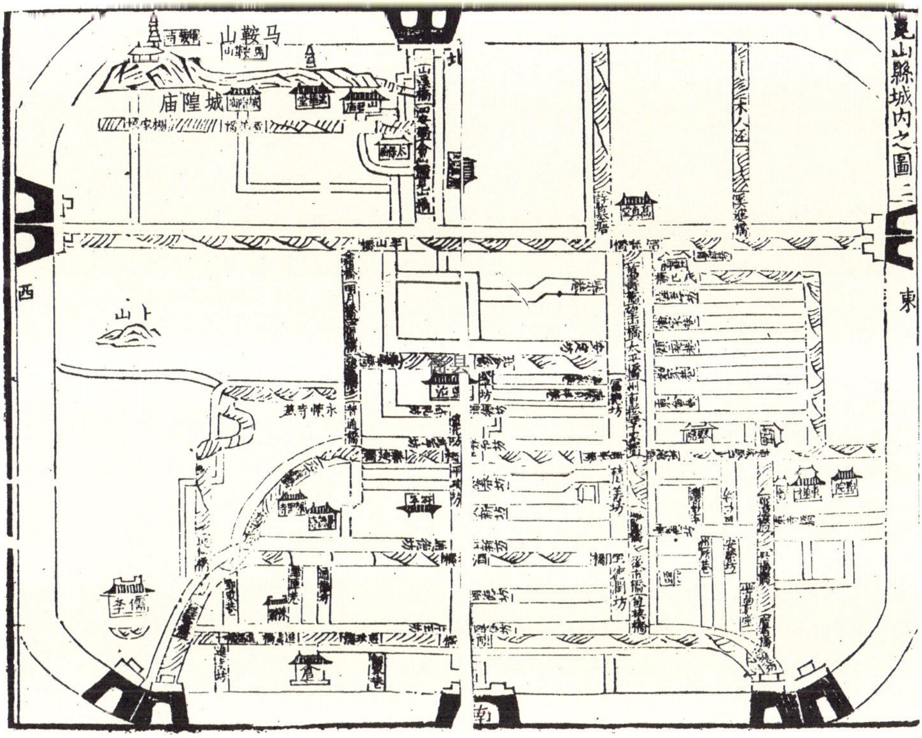

万历四年刊《昆山县志》所绘之昆山城图

宵之欢”。[1]

顾鼎臣幼时“颖敏”，“数岁能文章”。[2]可是，嫡母吴夫人对儿时的他十分苛虐，甚至将他放于磨坊，以便让驴马将其踏死。而且吴夫人始终奴役其生母杨氏，直至顾鼎臣进士及第，杨氏仍被迫“蓬跣执爨”，不能与儿子相见。顾鼎臣为诸生时，有时与乞丐一起聚于山寺中，甚至毁坏了两尊罗汉像，将其作为柴薪来煮狗肉吃，如此“贫而不羁”。[3]尽管顾鼎臣颖悟异常，但他的“不安分”常常招致吴夫人的痛惩。[4]

顾鼎臣与两位兄长子邦、石潜一起在县学学习。据说他们三人颇负盛名，时称“顾氏三凤”。顾鼎臣长大后，“身高七尺，虬髯虎视，吐音宏畅，应事而发，襟度豁如”。[5]他对老父亲常怀忠孝之念，每夜焚香上表，祈祷父亲长寿，愿意削减自己的寿数来益亲。据说，有一晚他梦见黄鹤飞来，“视之，即所焚表也”，后面有一个大的“院”字，并有朱批数行，末云“自此以后，闻田单火牛，通行无滞”。这在占梦的人看来，显然可以认定是顾鼎臣中式的吉兆。[6]

还有记载说，有一晚顾鼎臣梦见天门洞开，风露澄澈，自己身披八卦衣，伏七星剑，两个内侍卷玉册给他看。后来他主持国政，内监手持玉册的情形，一如梦中。而且顾鼎臣享年，也与卦数相合。有人说，这些事例，都是顾鼎臣“精诚格天”的

---

[1] 孔毓埏：《拾箨余闲》，国家图书馆藏康熙间稿本。

[2] 陆深：《俨山集》卷八十《光禄大夫、柱国、少保兼太子太傅、礼部尚书、武英殿大学士、赠太保、谥文康顾公行状》，文渊阁四库全书补配清文津阁四库全书本。

[3] 于慎行：《谷山笔麈》卷十五《杂闻》，中华书局1984年版，第172—173页。

[4] 周复俊：《泾林杂纪》续纪卷三，明刻本。

[5] 康熙《昆山县志》，“名贤”条，康熙间稿本。

[6] 顾鼎臣、顾祖训汇编：《明状元图考》卷二，“状元顾鼎臣”条，汉阳叶氏平安馆藏明万历三十七年刊本。

《明状元图考》中的顾鼎臣像

表现。[1]

弘治十八年，顾鼎臣进士及第，中了状元。但两个月后，他的父亲顾恂就过世了。

[1] 康熙《昆山县志》，“名贤”条，康熙间稿本。

二　嘉靖朝初期的宠臣

按《明史》所述，顾鼎臣在中枢机构时，长期担任经筵讲官之职，极受嘉靖帝的眷爱。他又能迎合嘉靖帝对道教神仙之术的喜好，上《步虚词》七章，获“优诏褒答”。从只有从六品的翰林院修撰开始，顾鼎臣历任礼部右侍郎、礼部尚书兼文渊阁大学士、太子太傅等职，殁于嘉靖十九年，享年68岁。[1]

建文时太常卿黄子澄的曾孙黄云，在昆山地方文坛有较高的声望。他对后辈极为严厉，如果有“冠履不率，或谈笑喧阗”，就瞪目叱视。他对顾鼎臣则十分看好，在顾鼎臣入京为官后，还写信予以勉励，嘱咐顾鼎臣要多忍耐历练，方能成大才。他说：“台阁储材必须饫经纶大略，于天下事乃克有济。世俗豪华易至消歇，必以正法眼看破。”他希望顾鼎臣能将他的话当作座右铭，时常自戒。[2]他的这一番教诲，应该是有效果的。

顾鼎臣中进士后，先被授官翰林院修撰，其间参与编修《孝宗实录》，后升任侍讲、谕德。正德十一年，他出任顺天乡试主考官。其间，他也一直充任经筵日讲官。嘉靖元年，他上疏要求回乡省祭。因为顾鼎臣是经筵讲官，身份荣耀，嘉靖帝特命他可以驰驿。

嘉靖六年，他被提升为翰林院掌印学士，仍充经筵日讲官，分番撰述诰敕，后来又进讲宋代大儒范浚的《心箴》。嘉靖帝很

[1]　有关顾鼎臣的宏观考察，可参廖峰：《嘉靖阁臣顾鼎臣研究》，巴蜀书社2012年版。

[2]　光绪《昆新两县续修合志》卷二十《人物·文苑》，光绪六年刊本。

高兴，下谕内阁说："朕……听讲官顾鼎臣解说《心箴》，连日思味其意，甚为正心之助，昨自写一篇，并假为注释。"之后他再次下谕："前日听讲《心箴》，深加爱尚。……待粗有领会之时，再注《视》《听》《言》《动》四箴。"不久，嘉靖帝又御制《敬一箴》，敕令翰林院、两京国子监建造敬一亭，将这五箴全部刻成碑，放在亭中，并通令全国学校也要这样做。嘉靖七年，嘉靖帝让顾鼎臣通篇进讲《洪范》，并且让他分段从容讲解，务尽所言。顾鼎臣还撰写了《中庸》首章讲义，上呈给嘉靖帝。他在文中极言人君致治，必须臻圣神功化之极，不可安于小康。顾鼎臣讲完《洪范》终篇后，嘉靖帝赐予手敕道："卿久居淹滞，劳苦可悯。"于是，顾鼎臣升任为詹事府詹事兼翰林院学士。

嘉靖十年，顾鼎臣升任礼部右侍郎兼翰林院学士，仍旧充任经筵日讲官。嘉靖十二年，嘉靖帝到太学巡视。顾鼎臣上言道："孔子之道，惟曾参独得其宗。观《大学》一书，纲领条目，昭然可见。乞访曾氏子孙与孔、颜、孟三氏一体用。"顾鼎臣的建议得到了嘉靖帝的许可。当时，山西大同军镇多次发生兵变，朝廷讨论后准备派大军镇压。顾鼎臣提出了不同意见，他认为叛乱的不过二三个头目，将他们杀掉就可以正国法了，不必大肆诛戮，伤及无辜。嘉靖帝赞同他的提议，大同军民因此得以保全。

嘉靖十四年，顾鼎臣升任礼部尚书，并负责教养庶吉士赵贞吉等30人。嘉靖十五年，礼部疏请制定各庙时享、太庙祫享、太享诸乐章，嘉靖帝特命由顾鼎臣编写。嘉靖十六年，顾鼎臣再次上疏，极言东南财赋重地，积弊太多，请求整顿。嘉靖十七年，他担任会试主考官，又被擢升为太子太保、礼部尚书兼文渊阁大学士，入内阁办事。[1]

不过，顾鼎臣被认为是明代阁臣"以青词结主知"之始者，

[1] 康熙《昆山县志》，"名贤"条，康熙间稿本。

所以又有“青词宰相”之谓。嘉靖十八年二月朔日皇太子册立后不久，嘉靖帝亲奉太后梓宫南行葬于显陵时，顾鼎臣负责在北京辅佐太子监国，地位极显隆崇。嘉靖帝给他圣谕一道、印章一颗（印文为“经纬首选”）、宫门锁匙一包。顾鼎臣激动地回复说：“臣何人，仰荷皇上宠眷，畀以重托如此！臣敢不夙夜匪懈与镦等协心尽诚，防守京国，保护太子，以期无负于圣心之倚注也！”[1]

此后凡向嘉靖帝上奏军国大事，顾鼎臣必用这颗“经纬首选”印章。他在留守北京时，整饬纲纪，惩治奸恶，使那些勋贵豪右都敛手以避。嘉靖十八年二月底，顾鼎臣决定每十日就写奏疏向在南方的嘉靖帝问安，并简单汇报京城的情况，随时准备接受嘉靖帝的敕旨。他在《问安疏》中祝愿嘉靖帝一切平安：“皇上巡幸南楚，每日车驾行止之地，三灵拥佑，百神护呵！”[2]他当时的身份是“同留守使、少保兼太子太傅、礼部尚书、武英殿大学士”，可惜第二年他就过世了，朝廷赐赠太保，谥文康。

顾鼎臣被后人所鄙薄的，是所谓在夏言为内阁首辅时，“素柔媚，不能有为，充位而已”。这一项道德上的污名，使后人对其评价甚低。但《明史》中又保留了顾鼎臣另一项值得称道的业绩，即早在倭乱于江南大爆发前，向地方官提出要在没有城墙的昆山县筑城。昆山成功筑城，有赖顾鼎臣的推动。后来倭乱大起，昆山城得以保全，又让世人对他多所感念。[3]

事实上，在明朝人对他的评述中，顾鼎臣不乏正面的形象。时人评论他长得“虬须虎颧，目炯炯射人，声吐如钟”[4]，而且

---

[1] 顾鼎臣：《顾文康公文草》卷二《钦奉圣谕以重留守疏》，《四库全书存目丛书》集部第55册，第297—298页。

[2] 顾鼎臣：《顾文康公文草》卷二《问安疏》，《四库全书存目丛书》集部第55册，第301页。

[3] 《明史》卷一百九十三《顾鼎臣传》。

[4] 焦竑：《玉堂丛语》卷八《容止》，中华书局1981年版，第223页。

“警悟流通，和平坦易，文学抵于深造，材艺不局偏长”[1]；在阴阳、医卜、音律等方面，都较精通，堪称“博学多能”；在为人处事方面，“笃于孝友，与人交，洞见肺腑，倜傥好施，奖引寒士，遇事敢言”[2]，能够“厌服众志，各适其所欲得”，表现出豁达的襟怀。[3]

在16世纪，明王朝的统治已颇形危难之态。弘治、正德以降，军事情势日益紧张，到嘉靖时期已有“南倭北虏”的威胁。除了北方的边患外，倭患纵横于东南沿海，且深入至最为富庶的江南地区，直接威胁乡里社会。其实，按顾鼎臣的说法，正德时期已然“纪纲渐隳，士风大坏”[4]。士风、民风与吏治的窳败，似已成风靡之态。像顾鼎臣这样对于秩序变动比较敏感的官绅，都清晰地感受到了维系社会的规范在崩解。顾鼎臣觉得，就是因为“天下太平日久，法网解弛”，才滋生出那么多政治与社会问题，因此需要许多具文武之才的官员，“知拊循之方，怀体国爱民之忠”，方能纾解王朝统治的危局。他在送别镇江知府的序中，以山东为主要事例，痛陈道：

> 楚、蜀、闽、广、江、浙之间，盗贼纵横，劳师费财，上廑主忧。山东密迩两畿，郡县昔困于潦，今疲于治河，颇生怨咨。兖之上下，枭贼成群，焚漕舟，执洪漕官，杀掠巨商，劫居人，污其子女，不可胜计。肆甚，莫敢谁何。是山

[1] 冯恩：《纠举近臣邪正得失以备黜陟以和百官以新政治以消灾变疏（嘉靖十一年）》，收入施沛：《南京都察院志》卷二十七《奏疏一》，天启刻本。

[2] 徐昌治：《昭代芳摹》卷二十六《世宗肃皇帝》，崇祯九年徐氏知问斋刻本。

[3] 张大复：《昆山人物传》卷六《皇明昆山人物传》，“顾鼎臣”条，明刻、清雍正二年重修本。

[4] 顾鼎臣：《顾文康公三集》卷二《序·赠确庵先生地官牛君道宗序》，中国科学院图书馆藏万历至顺治顾氏家刻本，收入《四库全书存目丛书》集部第55册，齐鲁书社1997年影印版，第605页。

东大可忧也。[1]

综观嘉靖朝的政治与社会总情势，主要表现为官场的政治斗争、社会的混乱局面与危机四伏的地方情势。在顾鼎臣的笔下，以上种种皆有明显的反映。他在一份奏疏中这样论道：

> 今祖宗之制大坏，公家之利寖微，秖以资逋逃之薮。凶顽之徒乘时射利，挠法干纪。今江洋、海洋、淮徐之间，千百成群，横行水陆，持利刃，挟弓弩，举放火铳，扰害地方，莫敢谁何。军卫有司巡捕人员，非惟不能禁遏，抑且纳贿交通，若非修复盐法，以清其源，申严厉禁，以塞其流，诚有滋蔓之祸，不可胜言者矣！[2]

“祖宗之制”大坏，已是常态。顾氏从江南北上，经由水陆驿程所见的地方，特别是离大明帝都甚近的河北地区，社会之混乱与民心的忧危，令人心惊。这些地方是京畿腹地所在，情形已然如此恶劣，其他地区的治安状况，当更令人担忧。顾鼎臣在给长子顾履方的家书中，将这种普通人都常能遭遇的危险境遇，详细表出：

> 父字与男履方收看：
>
> 我自在家起程，至十一月廿一日水路到东昌，遇郡守李同年，留住，雇车，直至廿八日，方就陆路。至十二月初八日，到京，一路人夫轿马，俱得如意。且幸遇天道晴和，不

[1] 顾鼎臣：《顾文康公三集》卷二《序·送大参丘先生之任山东序》，《四库全书存目丛书》集部第55册，第606页。

[2] 顾鼎臣：《顾文康公文草》卷二《处抚臣、振盐法、靖畿辅疏》，《四库全书存目丛书》集部第55册，第310页。

为辛苦。水路陈布政船为贼所挽，幸而敌退。陆路有王布政等车十余辆，在良乡下边旧店地方为贼所劫，杀典史一子，射伤五六人，劫去银六七两。我与王循伯亲家车辆只隔半日耳，可为寒心。赖天地祖宗荫佑，一路平安，虽家人大小，了无一事，可喜，可喜！[1]

对王朝统治产生极大威胁的“北虏”之患，一直未能消弭。顾鼎臣在家书中，也对此深怀忧虑。但他是从“国家大计”出发，表达出要与国家同休戚、共患难的为官从政的基本态度。他甚至说，要把顾履方的母亲送回昆山，使自己在北京为朝廷效忠时没有后顾之忧：

北虏初甚猖獗，幸赖庙社威灵，稍稍遁去。京城初亦戒严，我家亦积买煤米预备，后得无事。今又在山西地方抢掳，明年又未知如何也？大抵此事，乃国家大计，我辈义当同其休戚。……明年欲寻便送汝母回家，庶乎我身轻快，纵有忧患，亦易处耳。[2]

而此际顾鼎臣的家乡江南地区，与北方的境况也颇相似。气候变化和灾害频发，与地方社会危机交错在一起时，是这一时期值得关注的事情。就昆山县而言，天灾人祸时或不断。聊举地方志的记述，罗列如下：

正德四年七月大雨，高低田具成巨浸，小民流离死亡者

[1] 顾鼎臣：《顾文康公文草》卷十《书牍·家书》，《四库全书存目丛书》集部第55册，第450—451页。

[2] 顾鼎臣：《顾文康公文草》卷十《书牍·家书》，《四库全书存目丛书》集部第55册，第451页。

不可胜计。

正德十三年九月大雨，漂没田禾，小民没股割稻，甚艰于食。

嘉靖元年七月，飓风大作，民居破坏，舟行漂溺者无算。

嘉靖二年旱，米价腾踊，夏间米石价一两，小民枵腹者甚多。

嘉靖二十三年大旱，次年复旱，河渠皆裂，米价每石一两五钱，野多饿殍。

嘉靖三十一年，倭夷骚动。

嘉靖三十三年四月，倭寇入侵昆山，沿途焚劫。

嘉靖三十四年，兵戈之余，疾疫继作，民多死者。

嘉靖四十年四五月间爆发特大水灾，江湖横潦涨溢，民居皆在水中，昆山城门之外，一白际天，茫无畔岸，四郊无复人迹。[1]

顾鼎臣曾向嘉靖帝上疏说："天灾时变，虽邃古盛朝，亦或不免。……今岁（嘉靖十六年）夏秋多雨，至七月上旬日夜滂沱，……闻南北直隶、山东、河南、陕西等各省，俱有水灾，而湖广尤甚。"[2]在上述这样的危急态势下，地方士民确实能切近地感受到随时可能发生动乱的威胁。这种紧张感与现实感，使当时的士民百姓迫切地寻求因应之道。

倘以官宦们的家庭生活来说，他们与地方（州县官府）关系的平衡状态，自然表象各异。地方上的那些"大家巨室"，一直

[1] 万历《昆山县志》卷八《灾异》，万历四年刊本。

[2] 顾鼎臣：《顾文康公文草》卷一《奏疏·溥天恩恤灾变以固邦本疏》，《四库全书存目丛书》集部第55册，第289页。

被认为是“一方元气”，是“国运”的基础。[1]他们也是地方官员时刻注意的依赖对象，而且不能轻易得罪，正所谓“宁得罪于小民，无得罪于巨室”。[2]

这些巨宦之家，一般都比较注重家族子弟的教育问题。在他们的视野中，科举仍然是个人乃至家族在政治攀升方面最重要的途径。而强调个人修养，注意家庭生计的有序安排等，也是仕宦人家本来应有的家风与原则。这些方面的实态，在顾鼎臣的家书中，皆有展示。

根据顾氏后人的整理，在存世量并不巨大的顾鼎臣诗文集中，保留着不少奏疏，以及近二十通家书。这些家书带有比较强的私密性，基本是顾鼎臣从北京寄往家乡昆山的。这些家书中给长子履方的，共计十三通；另有四通给女婿归本，一通给侄儿孔安，一通给二兄。这些材料，正是了解明朝显宦家庭生活情况的珍贵史料。

[1] 丁元荐：《西山日记》卷下《日课》，康熙二十八年先醒斋刻本，收入《续修四库全书》子部杂家类第1172册，上海古籍出版社2002年影印版，第370—371页。

[2] 谢肇淛：《五杂俎》卷十三《事部一》，中华书局1959年版，第394页。

三 家庭生计的紧张

弘治十八年，顾鼎臣高中状元。然而不久之后，父亲顾恂去世，顾鼎臣十分难过，返乡丁忧，三年后回到北京，时为正德三年。很快他受命参与编修《孝宗实录》，次年升任翰林院侍讲。因生母杨氏过世，他再次回乡丁忧三年。正德十一年，他升任从五品的左春坊左谕德兼侍读。此时的顾鼎臣，已年近五十。从攻读举业至此，他耗费了大量的时间，却并无太多资产积累。作为京官，他生活得相当清苦。

从祖父顾良、父亲顾恂到顾鼎臣这一代，顾氏家族得到较大发展。弘治元年，十六岁的顾鼎臣获得朱瑄的青睐。朱瑄，名德敬，号敬斋，昆山县金家庄人，曾在成化年间获得贡生的功名。朱家被视为“昆山望族”。当年，比顾鼎臣大三岁的朱氏嫁到了顾家，对顾鼎臣一生的事业，帮助极大。

尊称朱氏为叔祖母的顾梦圭回忆说，朱氏“自幼沉静端庄，寡言笑，稍长，善女红，闻小学故事，能了了记忆”；朱瑄则与顾恂相友善，经常有所来往。据说朱瑄了解了顾鼎臣的言行后，预言他“异日必为国器”。就这样，朱氏来到了族属数十人的顾家。她谨守尊卑，与夫家上下相处和睦。顾鼎臣致力于读书进学，每至深夜，朱氏就纴缀以侍。顾家经济并不十分宽裕，顾鼎臣也不善于料理产业，朱氏勤俭持家，有时甚至卖掉簪珥首饰，以供生活开销，还不让顾鼎臣知晓。

顾恂去世时，朱氏居丧尽哀，时逢盛暑，也不去衰服。朱氏虽系出名门，但一直十分敬重出身寒微的顾鼎臣生母杨氏。顾鼎臣入职翰林院后，曾想接母亲杨氏到北京养老。朱氏说："姑老矣，吾任其养，岂宜远行。"于是朱氏就留在昆山，尽心服侍杨氏，唯恐让远在北京的丈夫担忧。杨氏病后，朱氏躬视汤药，还焚香礼忏，甚至愿以身代。杨氏死时，都是由朱氏一手料理后事，让丁忧回家的顾鼎臣无复遗憾。

嘉靖初期，顾鼎臣颇受恩宠，朱氏则夙夜警戒，希望他以诚意格君心。据说在嘉靖帝举行亲蚕礼时，朱氏在中宫陪侍，采桑西苑，朝谒两宫时容止凝重，获得诸多官宦命妇的敬重。嘉靖帝曾赠给顾鼎臣一部洪武时期颁定的《女诫》。他将其珍藏于府中，命子孙庄重诵读，强调"不可忘者勤俭，不可恃者富贵"。后来顾鼎臣在官场上一路攀升，日受嘉靖帝恩宠。中外称贺之际，朱氏却始终保持谨慎收敛之态。嘉靖十七年太庙册宝时，嘉靖帝令诸命妇随从中宫陪祀，朱氏也在其列，地位尊贵。次年，嘉靖帝南行，顾鼎臣承担了留守北京的重任，事务繁忙，忧形于色。朱氏说："公一身系国家重轻，尚宜调节，以副上委托。"

顾鼎臣所得的俸禄与赏赐，大多用于赒恤饥贫或者施药施槥，少有积蓄。朱氏对此并无怨念，但说："赒施所及有限，愿公恢弘相业，天下受福多矣。"朱氏的眼界气度，很令顾鼎臣钦佩。嘉靖十九年冬，顾鼎臣病重。此时的朱氏也已七十岁，仍然为顾鼎臣躬视汤药，尽心尽力。顾鼎臣死后，朱氏扶柩南还，屏除一切家政杂务，端坐一室，家人们都很少能见到她。嘉靖二十八年正月，长孙、尚宝司丞顾谦亨等人为她祝八十大寿。二月一日，朱氏急呼孙媳妇来见，说："吾疾殆不可起，念吾妇贤孝，无以报耳。"话说完她就过世了。[1]

依据顾履方请顾鼎臣的同科进士、松江人陆深（1477—1544年）所撰顾鼎臣行状，以及在顾履方死后，由顾鼎臣长孙

[1] 顾梦圭:《疣赘录》卷三《杂著·叔祖母朱夫人行状》，雍正七年顾怀劬刻本。

顾谦亨请顾鼎臣的另一位同科进士严嵩所撰的神道碑，可以了解顾鼎臣的子孙辈情况，主要如下：

与正妻朱氏育有履方（长子，娶梁氏，后为乡贡进士）及两个女儿；

与侧室薛氏育有履祥（次子，娶周氏），因履祥有疾，以荫入监；

其他还有二子，即履贞（三子，娶陈氏，为顺天府学增广生）与履吉（年幼），都是庶出；

孙儿四人，即谦亨（长孙，嘉靖九年以荫入监，后以恩荫授正六品的尚宝司丞，娶陆氏）、谦益（次孙，四夷馆译字生，娶周氏，续聘查氏），其他二孙年幼；

曾孙五人，即咸和、咸平、咸康，其他二曾孙年幼。[1]

明代人曾统计顾鼎臣以后诸孙的举业成就，约有20余人中举。[2]这显然不是一般家族所能达到的成绩。就常理而论，像顾鼎臣这样在仕途上的成功显贵，自然可以让妻子儿女分享其地位与财富，可是实际情况却出人意料。

在顾鼎臣走上仕途的大部分时间里，顾家在经济上颇为紧张。特别是昆山老家的生活，曾依赖多方借贷才得以维持。顾鼎臣曾在家书中向长子履方交代家庭的生计安排与银两用度，反映了当时顾鼎臣一家的窘境：

钱廷铺家每年还本银三十两起，四年为止，与顾奎说，

---

[1] 陆深：《俨山集》卷八十《光禄大夫、柱国、少保兼太子太傅、礼部尚书、武英殿大学士、赠太保、谥文康顾公行状》，文渊阁四库全书补配清文津阁四库全书本；严嵩：《钤山堂集》卷三十四《神道碑·光禄大夫柱国少保兼太子太傅礼部尚书武英殿大学士赠太保谥文康顾公神道碑》，嘉靖二十四年刻增修本，收入《续修四库全书》集部第1336册，上海古籍出版社2002年影印版，第291页。

[2] 周复俊：《泾林杂纪》续纪卷三，明刻本。

写在账上了。各家银还过，讨他收票，写账明白。施先生银一百两，宋二官人家六十两，你收了，还各家银，省了米打白，明年粜得些银子，还得朱尚书家些本钱，甚好，甚好！有一小簿，是严埙收进，还各家银钱账，在上京高纸者，寻出寄来，原欠宋二官人店银，净欠四十七两九钱六分，先将顾赞钱十两还他，其余就在六十两内除还，清楚写来回我。[1]

后来他又讲：

官粮私债，作急清还。讨得银来，先了朱尚书，方来天成。若有余，送还扬州高大先生家本银一百两，或五十两亦可，再寄百两来我用。姜处李仁山云，尚欠他十两，作急还他。宋良器家米与银，今年了得完否？米该今年足。[2]

可以说，顾鼎臣的家庭经济状况与其官位权势并不相称。顾鼎臣多次在书信中向其子交代还债以及谨慎安排家计的问题，并向履方讲到他在北京生活的拮据之状：

此月十八日，蒙内阁推题经筵讲官，得穿大红服色。奈此间罗段等件皆贵，甚无银可买。今且借穿，可着人送书与贺仲芳，□他织来，省你费心。[3]

[1] 顾鼎臣：《顾文康公文草》卷十《书牍·家书》，《四库全书存目丛书》集部第55册，第449—450页。

[2] 顾鼎臣：《顾文康公文草》卷十《书牍·家书》，《四库全书存目丛书》集部第55册，第451—452页。

[3] 顾鼎臣：《顾文康公文草》卷十《书牍·家书》，《四库全书存目丛书》集部第55册，第453页。

顾鼎臣虽是中枢机构的重要官员，但收入并不高，连晋升“经筵讲官”后需要穿着的“大红服色”，也因服料较贵，而难以购置，需要临时借穿。他认为，可以安排家人自己纺织，以解决这一难题。京官的生活耗费，总让顾鼎臣感到难以为继，这也与当时朝廷户、兵两部库银缺乏而不能及时发放百官薪俸有关：

> 日来无事，虽京城时疫大行，死者甚众，我家长幼男妇俱安。只是人多米少，三四月来，已粜数担，月初又粜数担矣。……户、兵二部银缺乏，百官春季俸并柴薪尚未关。若只如此，士夫如何过遣？[1]

顾鼎臣夫妇在京的日常生活大致是平淡无奇的。顾鼎臣好酒，而金华酒价格较贵，使他颇为苦闷。以下信中所述，可见其尴尬之态，颇为有趣：

> 此中无事，我二人俱安好。新生男出痘，初似不好，过八朝方回，今已复旧。向来怀抱不佳，全仗酒醴陶写，寄来者已饮尽，要做又无糯米，要买金华，甚贵，且无余赀。日来正闷，适常熟王循甫寄一大坛来，得朝夕供数酌，终岁当尽矣。奈何，奈何！[2]

在给侄儿顾孔安（即顾邦石，正德八年顺天府乡贡，曾任南昌府通判）的信中，顾鼎臣这样讲道：“我不能与时浮沉，株守此官，已将七载，人皆为之不平，而我处之泰然，略不以为意。”

[1] 顾鼎臣：《顾文康公文草》卷十《书牍·家书》，《四库全书存目丛书》集部第55册，第454页。

[2] 顾鼎臣：《顾文康公文草》卷十《书牍·家书》，《四库全书存目丛书》集部第55册，第454—455页。

顾鼎臣五世孙顾晋璠整理了这封信后，写下按语，称顾鼎臣虽然获得嘉靖帝的称赏，得以“进勋级”，拿到三品官俸，但生活并不优裕，官场也非腾达。顾鼎臣自谓的“株守此官、处之泰然”，与其不肯“随时俯仰”的秉性有关：

> 府君自嘉靖七年十一月以进讲《洪范》称旨，超拜詹事府詹事，迁礼部右侍郎，改吏部左侍郎，至十三年冬，历三品俸，凡再满考，仅得进勋级，故曰株守此官、处之泰然。然盖府君自以讲筵叨圣眷，终不肯随时俯仰，□□议□，故时宰得而尼之。弇州先生叙像赞甚悉，此可见府君谔谔风裁，屹然中流一柱，非徒恬守止足已也。仰诵遗训，敬识于此。[1]

正如顾晋璠引述“弇州先生”王世贞所言，顾鼎臣之“谔谔风裁”，并非一般的“恬守止足”的官员所能做到。

[1] 顾鼎臣：《顾文康公文草》卷十《书牍·寄孔安侄》，《四库全书存目丛书》集部第55册，第456页。

四 家族控制与收敛之态

顾鼎臣在游宦北京的很长一段时间内，可以说都是“朝端无事，优游馆阁”[1]。他先任翰林院修撰，后因完成《孝宗实录》的撰修工作而升任侍读，再转任左春坊谕德，历10余年。此后明世宗嘉靖帝即位，他“首被知遇”，担任经筵日讲官，又升任詹事府詹事。嘉靖帝上谕称顾鼎臣入仕有年，特进三品，以示与其他讲官不同。[2]嘉靖帝举行亲耕籍田礼时，特命顾鼎臣参加九推礼。这种对儒臣的宠异使廷臣们惊叹不已。[3]

嘉靖十四年，顾鼎臣升任礼部尚书，为正二品，兼翰林院学士，仍掌詹事府事。任命的圣旨于该年四月发出，让顾鼎臣感动万分。他上疏说：“臣本草茅贱士，章句迂儒，仰荷陛下曲成，眷遇之恩真同天地，官联穹邃，阶历清华，自考功能诚逾涯分矣。”但对新职的任命，他还是作了番谦虚推脱，并说在上年秋冬时节积勚冒寒，身体一直不佳，几于委顿，至今精神不振，很难承担这么多重要的职任。嘉靖帝当然不会允准他的推辞，但对他的身体状况十分关心。顾鼎臣十分感激，七月间又上《谢恩疏》，疏中讲到服药疗养之事：

[1] 顾鼎臣：《顾文康公续稿》，附《文康公续集跋》，崇祯十六年刻本，收入《四库禁毁书丛刊》集部第59册，北京出版社1997年影印版，第82页。

[2] 陈继儒：《见闻录》卷二，宝颜堂秘籍本。

[3] 严嵩：《钤山堂集》卷三十四《神道碑·光禄大夫柱国少保兼太子太傅礼部尚书武英殿大学士赠太保谥文康顾公神道碑》，嘉靖二十四年刻增修本，收入《续修四库全书》集部第1336册，上海古籍出版社2002年影印版，第290—291页。

> 七月二十三日，伏蒙皇上念臣有疾，钦遣司礼监文书官岳钦齎降圣谕一道，特赐下问。至二十六日，又蒙遣文书官张奉齎捧圣谕一道，亲制煎药一剂，共一封，赐臣。钦遵用水二钟、姜一片，煎成，直待夜半热退之后。臣谨伏枕叩首者三，然后敢服。但觉其气芳香，其味甘苦，已非尘世间所有之物矣。服之移时，腑脏宣畅，精神顿回。臣之残喘，于是可保。[1]

据疏中所讲，顾鼎臣的病症主要在于受了风寒，对症的药剂比较简单。但他绝不会将皇帝的恩赏视为简单的赐药治疗，自然要称颂赠药有超凡之功效。

嘉靖帝还曾下谕，赐他大小香薷团十五颗。顾鼎臣感动莫名，上疏谢恩：

> 臣谨稽首，顿首再拜受讫，庄诵圣谕数四，仰见皇上圣虑，谓明晨小暑，念臣衰孱微躯，特赐良药，俾服消暑气。是即古先圣王对时育物，推己及人之道也。[2]

上述的恩遇与荣升，自非一般人臣所能轻易获致。但对顾鼎臣一生仕途而言，这些荣宠可能来得晚了些。顾鼎臣在给履方的信中这样感叹道："我赖天地鬼神庇祐，今岁九月蒙朝廷厚恩，官升一品，至十一月又荷诏恩，得关领一品诰命，得赠封四代。此皆祖宗余庆，非偶然也。"他将其仕途的成功，归功于祖宗的荫庇。当然，他也一直没有忘记照顾和帮扶家乡的族亲：

---

[1] 顾鼎臣：《顾文康公文草》卷一《辞免新职重任疏》《谢恩疏》，《四库全书存目丛书》集部第55册，第285—287页。

[2] 顾鼎臣：《顾文康公文草》卷二《谢恩疏》，《四库全书存目丛书》集部第55册，第294页。

> □念族子孙贫难者多，理宜周给。此帖□□□修贤侄、有原贤婿，可令人到乡间报。各人来，照后开数关与，仍将关过数造花名细数回报，勿误，勿误！次要要考长幼名口的确，勿容人通同我家狗奴虚捏冒领，至嘱，至嘱！（先期密使的当人，查各家男妇口数）
>
> 一、家族人凡年老、年大者，并妇人、残疾、孤苦者，俱给与糙米一石，其他妇人八斗、男子年十六岁以上者□□、男子年十五岁以下者并妇子不论大小□与四斗。
>
> 二、顾锦弟兄三分，虽曰得过，也要与他。镛、鑑二分，各与糙米石，承禄与白米二石（助其进学）。以上须孔修、有原查访的确，眼同给散，不可容家人辈作弊，将低米混与，亦不可升合亏折，有名无实，至嘱，至嘱！
>
> 三、要置赡族义田，待我回来时，斟酌处置。[1]

顾鼎臣对待宗党族亲，有恩有义；与人交往，则以诚相待。他这种对于族亲的眷顾行为，很有其父顾恂的影子。因为顾恂看到族党有贫者，就不断接济粟帛；看到地方上有后进之士，必勉励为善，使其多有成就。

顾鼎臣强调的内容，自然可以归入家族内部的控制问题。他安排得如此之细，表现出他对家族发展的关心以及对宗族建设的努力。后人评说时，就指出顾鼎臣对顾氏家族“皆有恩义”[2]，对近百名贫困族人予以特别照顾，并按人头配发粮食来赡养他们。

在另外一封信中，顾鼎臣向履方等人询及许多问题，关乎昆山顾家的日常状况，族人的生活，履方等人的举业，顾家的山

---

[1] 顾鼎臣：《顾文康公文草》卷十《书牍·家书》，《四库全书存目丛书》集部第55册，第455—456页。

[2] 万历《昆山县志》卷八《人物二》，万历四年刊本。

地、坟产、树木等资源利用，以及家奴的处置等：

> 父母安，信与男履方等收看：
>
> 四月初，张舍人来，因汝往太仓，止得顾辀写来数字，家中知皆平安，但不知二伯父向来前病已去根否？精神筋力如旧否？各房俱安否？汝二人科举之信尚未得，旅怀于此，皆未免悬悬。顾辀未到，顾禄官布船如何了？所要花树曾寄与带来否？坟头及上山前家中松树、牡丹、木犀、梅树之类，今年比旧盛些否？有便写来。闻知顾辅、进福二人，专偷卖山地与人做坟，将大松树都倒了，可恼之甚。汝可拿二人着实痛治，逐一追问，要招出卖与何人，坟几个？得银多少？偷出松树几课，何人动手？招出山精名字，都写记明白，具状告本县。就将二狗奴送入监追，痛惩改正。向山地苦为石工搜剥，[斩]断山脉，我自弘治十八年起，逐段逐分用重价契买，归记完粮，不知费几许心思、几许价银，方得山灵安固，无非要拱护一邑秀气，令人杰地灵，绵绵永久。又知精盗掘巧石，有二分家人吴昌、葛奎，专为谋主，图觅重利。顾辅、进福二狗奴，全不炤管，汝速查访真确，禀知二伯父，一并痛治。我前日已写与尹中尊了，近日再有书达他。此事用意处过回报，毋得视为泛泛。[1]

信中所言的尹中尊，即涿州人、正德十二年进士、昆山知县尹嗣忠。据说，他莅任伊始即惩办了当地“巨恶”一二人，“号令风行，四境大治”[2]，行政能力颇强。特别值得注意的是，顾鼎

[1] 顾鼎臣：《顾文康公三集》卷三《杂著·家书二首》，《四库全书存目丛书》集部第55册，第627—628页。

[2] 光绪《昆新两县续修合志》卷二十一《名宦》，光绪六年刊本。

臣自言，从弘治十八年起，他陆续用重价买了一些山地，与立契约，并上税完粮，“不知费几许心思、几许价银”。他这样做，并非只是蓄积顾家的资产，而是“要拱护一邑秀气，令人杰地灵，绵绵永久”。但此时出现了家人偷卖山地与人做坟园之事，顾鼎臣既感震惊，又很着急，要求履方从速查实，并由其二兄负责惩处。他同时告知履方，自己已写信给昆山知县尹嗣忠，并作了必要的沟通。

对于家人的生活，顾鼎臣一向是尽心呵护关照。但他对可能出现的不安分举动，无论是在族内，还是在族外，都要求予以痛惩。他告诫履方：“各家人房内多留亲戚潜住，着进喜、进安不时搜看，但容留人在房内，就拿来痛打二十。此最紧要！”他还补充说：“早晚分付家人，在外不可生事害人，如有此等，痛治，痛治！”在写述这些“紧要”之事的同时，他对顾氏族内的琐细问题，一并作了交代：

> 治家严内外之防，谨上下之分，此第一义也。……家中饭米，另贮一仓，或就贮廪内，务要支数目明白……祠堂完了，择日奉安神主设祭。西山并东园桔树，须分付用稻柴包好根头，浇过猪泥粪，却以稻稳或砻糠护煖方可，不然冻死可惜。盆内虎刺，将二缸合定，或稻柴厚包，亦要糠稳护根。……笔不尽所言，推类行之。[1]

在嘉靖五年冬去北京后，顾鼎臣十分挂念家中的情况，专门给履方去了长信。他先言及自己从昆山启程，十一月去北京，“途中长梦见汝祖并祖母，此书到日，可做羹饭，告知于某日到

---

[1] 顾鼎臣：《顾文康公文草》卷十《书牍·家书》，《四库全书存目丛书》集部第55册，第449—450页。

京，一路平安”；又追问“祠堂曾完否？曾漆油否？神主曾请入否？”他还特别强调：“县中作待，学中拜见，只凭二伯父、三哥张主，汝只可因人成事，今后不要承揽事来家中干。虽尊长有命，汝只以家中无人照料，善言和色，缓缓辞之。”

他告诫履方，千万不要承揽衙门公事，以免引起不必要的麻烦。这些要求，完全符合那时所谓地方绅士们的自觉意识。就像明末清初松江人董含认为的“士大夫居乡，贵乎自重”，除了地方上的真正利弊大事不妨直陈官府外，非公事者，“概行谢绝”。[1]

顾鼎臣还向履方交代：“地面并后小屋，想已完，今后不可留匠人杂做，大率以省事节用为治家之要。”至于顾家的山地与家人管束问题，他指出：

> 山头去人，若是二伯父并滑七伯、张尚质已主张发遣顾辅一房，去了也罢。须再三叮咛，分付改过图新，不时教人访察他行动如何，得他果然学好，留他在彼，若有些须无礼，便著落的当人去拿回，依旧放他山后去。此书到日，便叫顾寿回来，分付凡在山头人，不拘大小，俱要时时关防钤束，互相劝戒，学做好人，他日好生看待。他若一个在彼无礼生事，或欺凌小民，或奸人妇女，或吃酒撒泼，与人斗殴，或养放六畜，损坏树木，或被人偷盗芦头、茶叶、果木等件，或自己侵欺家主财物，或容留闲人亲戚搬运偷盗，凡有过恶，决然连坐不恕。[2]

[1] 董含：《三冈识略》卷十，“官绅接见有禁”条，第216页。

[2] 顾鼎臣：《顾文康公文草》卷十《书牍·家书》，《四库全书存目丛书》集部第55册，第450—451页。

另外一信，则表明顾鼎臣夫妇对昆山家中情况十分关切："前月廿六日收初三日所寄书，知汝夫妇、孙男俱平安，此后家中凡百事，皆不知如何，但有便，频频寄书来，莫误，莫误！"他还慎重指出昆山顾家依仗自己的声威存在的作威作福之态，必须予以禁绝：

府尊、县主虽加相厚，切不可凭人哄以事嘱他县中，等闲不可进去相见，分付家人倍加小心谨慎，毋得恃熟不尊、欺凌它人、惹气惹祸。闻昨者在家讨债之人，甚是在乡作威怙势，汝知之乎？但有此等，痛责不可轻恕。采芝性气顽劣，可重言分付，它若无礼，痛治，不要容它。可将我书念与他听。

言及朝廷提拔自己之事，顾鼎臣难掩激动心情，并让履方转告顾家老小，择日去祠堂等地敬告祖宗、神灵：

幸叨天地祖宗荫佑，朝廷厚恩，三年考满才过，就得升五品京堂官，扪心自愧，无以仰报。此书到日，可禀伯父择日告祠堂，并告谢家堂、城隍、山神各处，坟上再作计较也。余伺后再报。[1]

顾鼎臣亦曾给女婿归本去信，说"家人与外人相争，只打家人为是"[2]；假如家人之间有矛盾或相打相骂，一定要分辨是非

[1] 顾鼎臣：《顾文康公文草》卷十《书牍·家书》，《四库全书存目丛书》集部第55册，第453—454页。

[2] 顾鼎臣与夫人朱氏，育有二女，长女适国子生归本，次女适国子生朱端禧。参见陆深：《俨山集》卷八十《光禄大夫、柱国、少保兼太子太傅、礼部尚书、武英殿大学士、赠太保、谥文康顾公行状》，文渊阁四库全书补配清文津阁四库全书本。

曲直，方可服人。他着重说道："今后来告诉的，须要虚心断处，处治不可偏听。"[1]

顾鼎臣在进入王朝权力中心之际如履薄冰的心境，多能从其要求家人谨言慎行、重视名节等方面清晰地呈现出来。像顾家这样的绅士家庭，在地方上相当显眼，家人的行径当然会引起更多的注意。顾鼎臣在给履方等人的信中，多次强调要整饬家族中出现的各种不良现象，尽力维护顾家声誉。

一方面，顾鼎臣注意安抚族中的贫难人户，要求履方等人注意积米，尽力做到"每年一百担施人"。他还要履方汇报积米救济的结果，"陆续将施过事绩数目写来"，"不拘何人，但的系贫难的，方可与他"。他在信中用了八个字："至嘱，至嘱！莫误，莫误！"另一方面，那些由顾家遣派"出去讨账之人"，要"逐一重言分付，令其将就了事，银子不多，但要从容宛转取完，不在于狐假虎威、做声做势，欺凌小民也"。

显然，顾鼎臣对昆山顾家的日常动态了如指掌。他知道履方放弃了"猪行"的经营；顾钰"不学好，不修福，忘恩背义，奢侈浪费"，受到了惩戒；一些租用顾家房产的人"连年旧欠租债"，如果确实贫苦，只要打听仔细，"便慨然饶他"；顾家派出的一应讨租债之人，要重言戒谕，不要像顾胜、张文、金果、朱敏、孙贵等人，"俱胆大无知"，"欺凌乡民、在外生事"。他更知道，"顾辅专一兜揽乡民粮，上仓代纳"，都是假托顾家名头，"亏官损民，坏我家风"，于是要求履方"务要访察仔细，捉拿痛加惩治"。他还知道，顾福、进福两人的月米还没有及时派拨；其他田地租米之类，"用心与他查算取计，官粮大家替它每年还，每年替它还十四五担罢"；租债有盈余的，他要求以六成

[1] 顾鼎臣：《顾文康公文草》卷十《书牍·寄孔安侄》，《四库全书存目丛书》集部第55册，第458页。

分与顾蕙，四分寄给採丰夫妇；而进庆妻须要分付给曹安、金果寻找会织绵布、纺花的，进行习学，此处他又用了八字："至嘱，至嘱！莫误，莫误！"他最后说道："闻曾讨一当会织布的，如何不见送来？如讨得纺花妇女来，纺车、定子什物等类，须多买些来。"[1]

至于救济布施，顾鼎臣有进一步的说明与安排：

> 自今年已后，再另收租米五十担，连前一百五十担，作济人施物之资。只除水旱内荒之年，家中阙食不施，但饭米有余，便须捐施。次序先宗族，次邻里，次坟邻，次不拘远近亲疏，但遇十分困苦的，便要随宜赒济，不可有分毫吝惜之意。藉此少积阴德，为二孙男福禄之基，岂不可乎？只如前几年，要还宋良器米一百五十也，只得无奈，今为此善事，有何不可？况陆续与人，有余只管积下，每年挪出此数，可以多少随时伸缩由我，但不可听僧道、尼姑、道婆、卖婆、童子哄骗，为无益之事耳。天真度牒如何了？其每年之米就在此米内与他，若清真观徐道士或城隍、山神二祠，有修理创建之事，布置施者亦在此内支用。此帖收好，子孙永远遵守，毋忽！[2]

顾鼎臣在信中说明了施济的基本次序，是"先宗族，次邻里，次坟邻，次不拘远近亲疏"。他告诫履方，不可轻听僧道、尼姑、道婆、卖婆、童子等人之哄骗，做一些"无益之事"，但清真观或城隍庙、山神祠可以不拘此限。最后他说，这封信可以

[1] 顾鼎臣:《顾文康公文草》卷十《书牍·家书》,《四库全书存目丛书》集部第55册，第451—452页。

[2] 顾鼎臣:《顾文康公文草》卷十《书牍·家书》,《四库全书存目丛书》集部第55册，第452—453页。

作为将来子孙“永远遵守”这些规矩的依据，要认真收好。

有一封信是顾履方托蒋监生带到北京的，信中言及江南地方官府要整理“寄田”。官府的目的，是要将各家“寄田”陆续造册登记，都推还给各民户。顾鼎臣在回信中表示这是“朝廷英断，新政必然更张”，“我等宦家，尤宜预先改正，切不可如前苟徇人情，□犯不韪。亲友见怪，以我书与看”。顾家是官宦人家，应该在朝廷要求的改正工作中成为表率。顾鼎臣的最后这句“亲友见怪，以我书与看”，显示了他的决心。

顾家在昆山已属巨族，家族中人的骄纵、违法或侵害小民等行径，当然难以杜绝。顾鼎臣知晓家人的恶行后，非常愤怒和失望。他在信中提到了对不法家人的处理意见：

> 顾升狗奴，如此害人，如何纵容他，也不写来我知！毛升狗奴，恶已贯盈。李槐虽出，亦是旧奴，彼如何只管拿他锁禁、踢伤致死？杀人者死，法不宜贷。三兄亦不宜庇护它。死者之冤，结而不散，必有受其殃者矣。任李槐之子自为之，汝断不可主张分付一言也。顾升之事，其理亦如此矣。省之，省之！[1]

他反复告诫履方要安分守法，尤其不能干预地方有司：

> 汝于府县事不许分毫干预。尚质、奎并汝三人，尤宜在家守分，不可放肆。《大明律》上不许为者，切不可为，犯了法度，便难解手。近日许伯基、王惠叔子并四举人，可为

[1] 顾鼎臣：《顾文康公文草》卷十《书牍·家书》，《四库全书存目丛书》集部第55册，第454页。

鉴矣。[1]

他在另一通信中说：

当今之世，只是闭门吃薄粥、读书谨行以图出身，此为上策。一应闲事，不须多管，亏人利己之事，切不可为。日夕分付家人，不要生事虐害小民，至嘱，至嘱！“宰相不过千人口”，言犯众怒者，必有祸也，已有明验矣。宰相尚然，况常人乎？[2]

顾鼎臣认为，像他这样的宰相之家，尤其不能出现生事害民的行为，所谓“言犯众怒者”必然招祸。根据后来地方士人的回忆，顾鼎臣对履方的教育，应该是有效果的。下面一则故事，大概可以为证：

顾文康长子履方，尝盛服拜客。有乡民担粪断绠，污其衣，家人怒詈之。履方曰：“彼无心耳，然已惊矣，可更惊乎？”因婉言慰谕之而去。[3]

看来，顾履方处事的态度又远较家奴为好。他像父亲一样，生活俭约，“被服如寒素”，但依然尽力赒亲族、赡孤寡，并且不愿自名其德，说自己的所作所为都是出自父亲鼎臣之意。昆山

[1] 顾鼎臣：《顾文康公文草》卷十《书牍·家书》，《四库全书存目丛书》集部第55册，第454页。

[2] 顾鼎臣：《顾文康公文草》卷十《书牍·家书》，《四库全书存目丛书》集部第55册，第454—455页。

[3] 同治《苏州府志》卷一百四十六《杂记三》，同治间修，光绪九年刊本。

人交口称赞他“贤”。[1]昆山人张大复（约1554—1630年）就称其“有长者之风”，是“静慎持重”之人。嘉靖七年，他以太学生的身份在顺天府被举为乡荐，“俯首趋过里，诫家人藏匆御”。在处理顾家与地方官府的关系方面，他注意“简饬童仆”，在亲族兄弟外“未尝轻交一人”。可惜的是，他56岁就去世了。[2]

目前所见的顾鼎臣家书中，只有一通是寄给侄儿孔安的。顾鼎臣在信中强调了家族血脉的延续，还十分关心所谓“山精”损害山中甚至家族“灵气”的大问题：

> 自孔昭、孔仁没后，神志荒落，衰病日甚，虽勉强支持应酬，然公私职业俱□□□，以积劳后感寒，一病二月余，几至狼□□所从来，盖以骨肉凋谢，中情受伤，非一朝一夕之故也。乡人来，辄闻贤侄身子渐强，手足亦渐复旧，昨得家信，见是手笔，尤不胜欣慰。……新春正月、二月连得两曾孙，此祖宗余庆，非我薄德所能致也！知之、文征兄弟，诸孙皆知之。吾昆进士未曾如此少，一者学中风水为杨华所坏，二者山上近为山精侵损之故。昨杨中堂乃云：山精往往假托盛族名目，故难禁耳。果然，可查出处治，或送县中治之。大抵此山虽小，为一邑之镇，关系非轻，而为士夫者，禀受灵气，尤所当□□，岂可容小人射利，以损害大计乎？贞□祖宗坟墓在上，尤当用心管理，相见一道之。[3]

[1] 康熙《昆山县志》，“名贤”条，康熙间稿本。

[2] 张大复：《昆山人物传》卷七《皇明昆山人物传》，“顾履方、子谦亨、曾孙天宿”条，明刻、清雍正二年重修本。

[3] 顾鼎臣：《顾文康公文草》卷十《书牍·寄孔安侄》，《四库全书存目丛书》集部第55册，第456页。

从上述家书反映的各种内容来看，已属仕宦阶层上流的顾鼎臣，十分重视对家庭生活的细致安排与维持家族的秩序规范。

五 读书与养生

顾鼎臣的父亲顾恂培育子孙的基本理念，是以读书仕进为宗旨。李东阳（1447—1516年）这样评述顾恂："教子孙，必以诗书礼义，仕者为忠，居者为孝，亲贤远奸，敬老慈幼，言亹亹不厌。"他认为顾鼎臣"器识材局"的养成，都是由顾恂的教育而来。[1]

顾鼎臣于弘治十七年八月参加南京乡试。他在礼部门外的旧画贩售摊上，看到一幅龙头画，觉得神奇，即"以青钱百二十购得之"。他认为这是一个吉祥之兆，于是在画作上题诗道："明良风云，神奇斯画。大溥霖雨，以泽天下。"结果他果真中举，并于次年进京会试，考中状元。在顾鼎臣看来，这都是"天数前定如此，非人力也"。[2]

当时，顾鼎臣刚刚三十出头。然而，他后来的仕途攀升较为缓慢，直到嘉靖年间才得到超擢的机会。嘉靖十七年，顾鼎臣与当年同科以进士及第的同僚[3]，同时主持了全国的会试。此时距弘治十八年，已历三十三载。顾鼎臣十分高兴，觉得与进士同年

[1] 李东阳：《怀麓堂集》卷八十七《文后稿二十七·明故赠文林郎翰林院修撰顾公墓志铭》，文渊阁四库全书本。

[2] 顾鼎臣：《顾文康公续稿》卷五《记·霖雨堂记》，《四库禁毁书丛刊》集部第59册，第57页。

[3] 与顾鼎臣一同以第一甲进士及第的还有榜眼董玘（会稽人）、探花谢丕（余姚人）。参张朝瑞：《皇明贡举考》卷六《十三藩乡试》，万历刻本；张弘道：《明三元考》卷八，明刻本。

“同事场屋，可谓一时盛际”。[1] 这些，都可视为他人生中的得意之事。

可以说，在顾鼎臣的思想意识中，读书进学乃是人生头等大事。他早年在北京官场奋斗时，颇以家族事务与生计为虑，一直十分注意尊崇儒家道德秩序。在所谓“北虏”对北方造成严重威胁的情势下，顾鼎臣曾有儒生报国、死生许国之意愿，折射出他长期在儒学熏陶下的内在本质。在给履方等人的信中，他说：

> 北虏初甚猖獗，幸赖庙社威灵，稍稍遁去。……我心只望汝读书修行，成身成名，光显祖宗，撑立门户，垂裕子孙。我虽以死殉国，亦无遗憾。勉之，勉之！[2]

后来，顾鼎臣决定将妻子朱氏从昆山接往北京。对于让这位颇有“贤行”的夫人离开昆山老家，他是有顾虑的。他十分担心履方等人在家无人管束，于是告诫他们万事要小心谨慎，务以“修身进学”为重：

> 汝母不知几时起身？家中凡百事如何？有便勤勤写书来我知。此后又不比你母亲在家，万万小心谨慎重，修身进学，做好，求进步，惟日不足。不可仍前懈惰，以取羞辱。[3]

---

[1] 顾鼎臣：《顾文康公诗草》卷五《七言律诗·戊戌试士有感 并序》，中国科学院图书馆藏万历至顺治顾氏家刻本，收入《四库全书存目丛书》集部第55册，齐鲁书社1997年影印版，第491页。

[2] 顾鼎臣：《顾文康公文草》卷十《书牍·家书》，《四库全书存目丛书》集部第55册，第451页。

[3] 顾鼎臣：《顾文康公文草》卷十《书牍·家书》，《四库全书存目丛书》集部第55册，第453页。

这样的告诫乃至带有警告性的语句，在顾鼎臣的家书中，时或可见。嘉靖五年冬天，顾鼎臣离开昆山后，“家中凡百草草，十分放心不下”，于是又写信给履方：

> 汝可奋然励志，以读书修行为首务，以治家防患为要机。我虽曾谆谆戒谕，恐汝志气懒散，未知缓急利害，视我言为迂远，日常只悠悠过去。故又琐琐作书，汝可藏诸箧中，或揭诸坐隅，朝夕省览。读书以体认道理、变化气质为本，日用间遂能随事用得。……若只以此为谋利、窃名誉之资，便非好人。[1]

他的这句以读书“为谋利、窃名誉之资，便非好人”的教诲，很能体现其追崇“体认道理、变化气质”的读书宗旨。

顾鼎臣关心履方等人的举业，要求他们在科考攀升的过程中，必须特别注意顾家的声誉，以免引起新任巡按御史的不满：

> 闻提学往徽、池矣，昆山不知何时考过？汝与归本皆可愁，一考过，便寻便寄书来，至嘱！新巡按甚厉害，平生不通丝毫人情，比之提学尤甚，可重言分付大小并各庄家人，小心，小心！不要惹事，不要惹事！至嘱！二伯父并诸兄、梁、归、朱、滑各至亲家，也要与说知。[2]

在现存所见顾鼎臣单独给女婿归本的四通信件中，有一半都涉及科考举业问题。据书信内容可知，这位被称作本斋的女婿，

---

[1] 顾鼎臣：《顾文康公文草》卷十《书牍·家书》，《四库全书存目丛书》集部第55册，第449—450页。

[2] 顾鼎臣：《顾文康公文草》卷十《书牍·家书》，《四库全书存目丛书》集部第55册，第454页。

也是顾鼎臣看重的在举业上颇有希望的人：

> 平安书与本斋贤婿收看：
>
> 新年又增一岁，知青春亦不为小矣。嘉靖元年应天乡试闱，所谓龙飞第一科，得厕名乡书，尤为荣幸，贤婿亦有意乎？如果无此意，则任自求□□，□□管闲事，万一有意于科目之事，望拨□作文，读书作论表，与履方立定书程，日夕发愤用工，以图必中。愚老夫妇不胜幸甚！闻提学颇严切，风闻行事，汝与履方不独要百倍用工，以伺其考较，背书，看课，又须简身修行，守其教条，上策，上策！不然，升沉荣辱所系，不可不谨也。兹以进福回，灯下草草新书寄回，不得多想，收矣。[1]

值得一提的是，归有光的从祖母就是顾鼎臣的女儿。她曾经随母居于北京，“亲见夫朝两宫，佐皇后亲蚕，宴锡繁�，备极荣宠”。[2]其夫归本就是归有光的从祖父。

在归有光看来，归家与顾家是“世通姻好”；顾鼎臣在短暂的家居昆山期间，曾经“率乡人子弟释菜于学宫”，而归有光亦与其间。嘉靖十五年顾鼎臣以大宗伯领太子詹事时，归有光“拜公于第”，一起饮宴，问乡里故旧，言谈甚欢。归有光在举业上不够成功，会试八次皆落第，最高的功名只是举人。直至嘉靖四十四年，年已六十的他才考中进士，被授职长兴知县。隆庆四年，大学士高拱、赵贞吉推荐他到南京任太仆寺丞（正六品），并且参与编撰《世宗实录》。

---

[1] 顾鼎臣：《顾文康公文草》卷十《书牍・寄孔安侄》，《四库全书存目丛书》集部第55册，第457页。

[2] 归有光：《震川先生集》卷十二《顾孺人六十寿序》，周本淳校点，上海古籍出版社1981年版，第295—296页。

《吴郡名贤图传赞》中的归有光像

至于归本，顾鼎臣希望他与履方百倍用功，在科考上“以图必中”。这是关系顾家升沉荣辱的头等大事。而据另一通信所述，可以知晓这位女婿是善于营生的。他可能比较多地参与昆山顾家生计，并可能经常与地方官府、市民百姓打交道，当然也难免涉及许多争名夺利的事情。顾鼎臣一方面要求他不得“干预官府钱粮”，“以苟得分毫之利，不顾滔天之害，则亡身丧家之事，非士君子所为”；另一方面，仍然是在关心他与履方的科考前程：

> 知贤婿善于生计，不肯□□，此□家之善道，非保家之远谋也。若欲保家，须是读书，以图科第行义，以永福泽。外此，非所知也。至若干预官府钱粮，与市井小民交关，区区宦情素薄，今又为言路浮议不情，进取之心益消沮无几矣，所望子婿联翩而起，以继书香，吾即当奉身而退，以乐余年耳。科场之事，近在数月，贤婿与履方近来作么功课？见同侪如王同祖辈高飞远去，亦□□□□而愿学之乎？此真吾所深愿，而未敢□者。惟俟天命之何如耳！[1]

顾鼎臣指出，“清心寡欲、读书修行”是立身益寿之本，要履方与长婿归本、次婿朱端禧[2]二人，各抄写一份，贴在住房内，“朝夕省察，殊为有益”。顾鼎臣提醒履方特别注意科考方面的应对：“提学若二三月间出巡岁考，汝考过方告随任读书。若打听不来，使人到南京。告了朝觐后，提学必升矣。毋悮，毋

[1] 顾鼎臣：《顾文康公文草》卷十《书牍·寄孔安侄》，《四库全书存目丛书》集部第55册，第457页。

[2] 朱端禧是昆山乡宦朱隆禧的同母兄长，朱家与顾家也是“世为婚姻”。朱端禧与归本是连襟，与归家也有姻亲关系。这样，顾、归、朱三家就形成了比较有力的社会关系网络。参归有光：《震川先生集》卷十四《朱君顾孺人寿序》，第361—362页。

悞！”他让履方对指导自己读书的梁叔公，多尽礼仪。为此，顾鼎臣专门问道：“曾备何酒礼送过去？如何书不及？”[1]

值得庆幸的是，被后来地方官褒扬为“德性谦厚，度量汪洋”而使人“不知有相府”[2]的顾履方，在嘉靖七年参加顺天府乡试，获得了举人功名。而在此前，据地方志编撰者的说法，因为顾鼎臣位高权重，顾履方的行为表现就更显低调，是所谓“谦抑如寒士”，他死后获赠尚宝司丞。顾履方之子顾谦亨，以恩荫获官尚宝卿，也是“简约有守，无忝清门世德”。[3]女婿归本，后来曾任绍兴府经历。[4]另外，顾鼎臣的玄孙顾震宇为万历乙酉举人、顾天宠为丙午举人；侄儿顾潜是弘治丙辰进士，其子顾梦圭是嘉靖癸未进士；五世族孙顾锡畴是万历己未进士；等等。[5]顾氏家族的科举之盛可见一斑。

顾鼎臣认为，除了读书修行，清心寡欲实在很重要。为了宣讲“康济之方、宣节之要”，他自撰了《多少箴》，既作为个人“上承宗祧，下启胤祚”的有益借鉴，更要求子孙辈写贴于坐隅，朝夕省览，人生日用“永为守训”：

少饮酒，伤生乱性。多食粥，养胃滋阴。
多茹菜，蔬善疏导。少食肉，厚味生毒。
少开口，驷不及舌。多闭目，谷以养神。
多梳头，栉发去发。少洗浴，频浴伤气。
少群居，招衅致尤。多独宿，节色遣疾。

---

［1］ 顾鼎臣：《顾文康公文草》卷十《书牍·家书》，《四库全书存目丛书》集部第55册，第450—451页。

［2］ 万历《昆山县志》卷六《人物二》，万历四年刊本。

［3］ 同治《苏州府志》卷九十二《人物十九·昆山县》，同治间修、光绪九年刊本。

［4］ 万历《昆山县志》卷四《例贡》，万历四年刊本。

［5］ 张弘道：《明三元考》卷八，明刻本。

多收书，明理致用。少积谷，赒乏备荒。
少取名，好名损名。多忍辱，忍辱不辱。
多行善，积有余庆。少干禄，留遗后人。[1]

在顾鼎臣看来，“寡欲节饮食”是“保性命、绵宗祀之基本”。履方在这方面可能有失体统，所以他在信中劝道：“纵于色欲，荒于酒食，往往夭折，汝其猛省，猛省！”他还强调：

读书自今日始，务须勇猛精进，思惟此身已入学矣，便有荣辱二途，甚可畏也。来春岁考，便有赏罚。若他人受赏，我独受罚，有何面目见奴仆、妻子哉？猛省，猛省！[2]

根据其他家书中前后内容的陈述，可以获知顾履方夫妇一开始并无子嗣之喜。顾鼎臣一家可能都为此颇费思量，乃至请医调治。在顾鼎臣留下的一首诗中，反映了这些内容：

嗣续须教天主张，数经调药总荒唐。若能节欲行阴德，便是千金种子方。[3]

后来顾履方夫妇产育一子，聪慧可爱。到北京后，顾鼎臣多次收到其兄弟（履方的“二伯父”“滑七伯”）的书信，了解到孙儿岐嶷胜常儿，“且好养”，于是十分欣喜，认为这也是“天

[1] 顾鼎臣：《顾文康公文草》卷九《杂著·多少箴》，《四库全书存目丛书》集部第55册，第439页。

[2] 顾鼎臣：《顾文康公文草》卷十《书牍·家书》，《四库全书存目丛书》集部第55册，第449—450页。

[3] 顾鼎臣：《顾文康公诗草》卷三《七言绝句·示子孙二首》，《四库全书存目丛书》集部第55册，第482页。

地祖宗荫庇所致”，因此更要求履方夫妇“朝夕立心，积善以迓福庆”。[1]

顾鼎臣的父亲顾恂曾是昆山士大夫组织的“斯文会”、诸耆宿所结成的“延龄会”的领袖。县官举行乡饮酒礼时，顾恂也是重要的参与者，后来被赐与“高年冠服”，寿龄88岁。按昆山地方风俗，“五十而称寿”，此后每加10岁就要“称寿”。[2]顾恂可算是实实在在的高寿了。

顾鼎臣本人其实也向往高寿，很注意养生，但他好酒，常常以酒遣怀。他的舅舅遯庵先生、二兄自如先生等这些“昆山之缙绅”，年纪都在70岁以上，曾结为“十老会”，堪称当地胜事。然而没过几年，十老大半沦逝，只剩下遯庵公、王真愚、高归田、周秋灯四老。顾鼎臣发现他们长寿的原因，在于“平生少饮”，因而“不惟寿考，而且康强”。他分明意识到，酒能致疾促龄，是摄生者们所当摒却的。至于他有没有真地做到却酒，已无从得其详了。

嘉靖十八年，年已70的昆山人方矫亭，在当地堪称“寿星”。他请顾鼎臣作了一篇寿序。顾鼎臣在序中这样写道：“吾昆有山在城中，当县治之乾方，堪舆家谓之寿星，士民视他处为朴，不希荣进、事纷华，当而弗力，尼而知却，且所享有节，不甚纵侈，以故人多老寿。”[3]他仍然强调，人生要“所享有节，不甚纵侈”，方能高寿。

女婿归本在昆山老家很能为顾鼎臣分忧，应该是顾家日常事务经营工作中相当得力的人物。顾鼎臣在写给他的信中，先说

[1] 顾鼎臣：《顾文康公文草》卷十《书牍·家书》，《四库全书存目丛书》集部第55册，第451页。

[2] 归有光：《震川先生集》卷十四《朱君顾孺人寿序》，第361页。

[3] 顾鼎臣：《顾文康公三集》卷二《序·寿矫亭方公七十序》，《四库全书存目丛书》集部第55册，第608页。

"累接手书，知凡百之事，皆为我用心处分，深荷，深荷"，又说居于北京的顾家人等，"长幼俱平安，二曾孙俱颇长养"，再言及嘉靖十四年新出生的第四子履吉，"禀气甚壮，亦已满月"。顾鼎臣晚年得子，在信中发出了"老年生子，殊无紧要，纵得成立，亦不及见"的感叹，颇有悲凉之味。最后，他吩咐归本家中的祖宗祭祀及一应家中大小事务，并让归本转告履方，"勿与人流连杯酒，不顾正事"。[1]另一通给归本的信，内容则主要是报安。他说："第四子并二曾孙俱长养，渐能行矣。"晚至崇祯十一年，顾鼎臣曾孙顾咸建对此信有一按语，言及鼎臣四子履吉年幼，至鼎臣去世，不过6岁。顾咸建说，由于有了整理编辑鼎臣遗文的机缘，才有幸获读鼎臣之"读书立身诸训"，颇受勉励。

[1] 顾鼎臣：《顾文康公文草》卷十《书牍·寄孔安侄》，《四库全书存目丛书》集部第55册，第457页。

六 地方事务与公益活动

在16世纪初期明朝民生困顿、社会混乱的境况下，顾鼎臣于辞世前三年，即嘉靖十六年，有远见地建议并推动修筑昆山县城，并且有效地解决了筑城经费的大问题。除了拿出银两作为表率之外，他还建议在昆山县丁田内查数均派银两，倘若再不足，就由苏州府陆续筹办。他的建议获得了工部的支持和嘉靖帝的首肯。

顾鼎臣亲自为工部代拟了《筑造城垣保安地方疏》，疏文略长：

> 巡抚应天等府地方、都察院右副都御史欧阳铎题云云等因，奉圣旨“该部知道，钦此”，续该巡按直隶监察御史陈蕙题前因，通抄送司，案呈到部，臣等看得直隶苏州府所属一州七县，实东南财赋渊薮，每岁供亿，糙白粮米、金花银、绢布及课办料解等项，通计三百八十余万，府州县仓库收贮、转输钱粮，动以百十万计，但地方东临大海，西滨震泽，北并大江，南通湖泖，盐徒、海盗时常窃发，势甚猖獗，不无觊觎窥伺。而昆山一县，尤为屏蔽要地。旧有城垣，颓废已久。近年以来，节被盐盗烧劫，居民惊惧，虽经节议修筑，切缘前此官司任事不力，以致因循岁月，迄无成功。今该抚按官勘估议处，思欲保障地方，以为公私经久之计。会题前来，又称人民乐于听从趋事，相应依拟，合候命下。本部移咨巡抚、右副都御史欧阳铎，及咨都察院，转行

巡按监察御史陈蕙，各照原议事理，将该用银两于该县丁田内查数均派，倘再不敷，仍行该府陆续处给，买办物料，雇集丁夫，选委贤能官员，专一管理，务使费少功多，一劳永逸，勿得迁延靡费，贻累地方，责有所归。中间未尽事宜，仍听抚按官临时计处，工完之日，各令造册，奏缴青册送部。查考其他州县城垣，相应修筑，亦听议拟，斟酌缓急，次第举行。缘系筑造城垣，保安地方，及圣旨该部知道，事理未敢擅便，谨题旨。[1]

这一动议难免缠结桑梓之情，但确实达到了巩固地方防卫的客观效果。这也是像顾鼎臣这样的官员“出为朝廷，入为草莽”的“分内事”。[2]

实际上，在顾鼎臣请筑昆山城时，地方士民“咸以为劳扰”[3]，不太情愿筑城。然而后来在倭乱大爆发时，昆山城及其居民得以较多地保全。《明史》中就有这样的言说：“昆山无城，言于当事为筑城。后倭乱起，昆山获全，乡人立祠祀焉。”[4]这个祠一直保留至今，名为崇功祠。

当时的建祠之议，不仅出于顾鼎臣推动筑城让乡人在倭寇入侵时获得保全，而且关乎顾鼎臣在北京中枢机构为官的各种贡献以及他为东南地区百姓减轻赋役负担、整顿地方弊政所作的努力。后人对昆山地方士民为顾鼎臣建祠的理由作了详细的陈述：

某等查得先朝名臣杨文贞公等，其原籍地方，皆曾奏请

[1] 顾鼎臣：《顾文康公文草》卷二《筑造城垣保安地方疏（代工部题覆）》，《四库全书存目丛书》集部第55册，第318—319页。

[2] 陈继儒：《陈眉公集》卷十一《题词跋疏·跋义田记》，万历四十三年刻本。

[3] 张凤翼：《谭辂》卷下，万历间刻本。

[4] 《明史》卷一百九十三《顾鼎臣传》。

万历四年刊《昆山县志》所绘的马鞍山与崇功祠的位置

设立专祠，朝廷轸念旧劳，特赐祠额。如顾公者，抡魁宰辅，兼名位之隆，受知圣明，极遭际之盛，经帏启沃，褒嘉屡降乎，纶音秘殿，谋猷生灵，黙受其福泽，迨夫銮舆巡幸之日，尤有奠安辇毂之功，稽诸祭法以死勤事，则祀之公，虽疾革犹惓惓于天下大计，非以死勤事者乎？又曰：能御大灾则祀之，能捍大患则祀之。公尝抗疏以免大同之屠戮，筑城以防倭寇之祸变，非能御灾捍患者乎？未设专祠，诚为缺典。如蒙当道查照旧例，奏请特赐祠额，行令本县岁时祭祀，庶几少慰群情，允合祭法，某等不胜愿望！[1]

对昆山人而言，最感念的还是顾鼎臣推动修筑昆山县城。昆山地方志中对此有较多评述：

顾文康公鼎臣轸念昆山滨海，土城日就倾圮，脱有惊变，无城可守，乃言于抚按宪臣，疏请沿海诸县无城者，次第举事。惟昆山最为要害，首议兴筑修葺，旧基甃以砖石。经始于嘉靖十八年二月，工完于嘉靖十九年五月……比之邻邑诸城特为坚固……城成后十有三年，倭夷奄至，城内居民及乡民迁入者并免屠戮之惨。……合县士民追念顾文康公先见预防之功，奏立“崇功祠”，春秋祭之。[2]

这方面，从其五世族孙顾锡畴为顾鼎臣文集所撰的跋文中，可窥大概：

公当世庙日，海内乂安，朝端无事，优游馆阁，得以文

[1] 顾梦圭：《疣赘录》续录卷上《叔祖文康公建祠议》，雍正七年顾怀勉刻本。

[2] 万历《昆山县志》卷一《城池》，万历四年刊本。

> 章扬扢休明，然进则有居守之功，退则有营城之效，城成不踰岁，而岛寇之发，昆民大庇，至今席之，以是知公之经纬，不言道存。时即未大施设，而偶见一斑，则朝乡赖之，是故士大夫未有不功朝与乡，而能一日居乎其位者。今天下多故，清兵深入，南北阻绝，流氛日殷，天堑失险，后生小子苟怀忠孝，必将明志以养气，养气以练材，练材以匡时，庶于公之德功可冀百一，而高文典册亦于是具举矣。[1]

顾锡畴所处的时代，已是明王朝飘摇之际，情势危急，所谓“天下多故，清兵深入，南北阻绝，流氛日殷，天堑失险”。72岁的顾晋璠亲眼看到清兵下江南时，“兵燹所及，草木成焦，城破遭屠，几无噍类”的惨象。[2]在这样的危难情势下，顾鼎臣的后代们，更要明志、养气、练材、匡时，并从顾鼎臣的遗文中获得更多的道德感召力量。

除了筑城这样的重大地方公益事业，顾鼎臣关心的，还有前文述及的江南吏治整顿、赋税征收与民生救护等问题。他“每以东南财赋重地积蠹甚多，究极利弊，条陈四事，三举奏焉”，内容包括牵耗、丁田、筑城等事。[3]早在嘉靖三年，顾鼎臣就曾撰有一篇“兴修东南水利”的碑记，申说了江南水利的重要性以及他对治水的看法。100多年后，也就是1645年的冬天，偶然乘船经过吴江的苏州府庠生吴焕如，在河中发现此碑，并将拓文交给其友人，即顾鼎臣五世孙顾晋璠，从而使此碑文得以重现。

嘉靖四年，顾鼎臣高度赞扬昆山知县王朝用，称其“岂弟

[1] 顾鼎臣：《顾文康公续稿》，附《文康公续集跋》，《四库禁毁书丛刊》集部第59册，第82页。

[2] 顾鼎臣：《顾文康公三集》，顾晋璠“跋”（顺治二年），《四库全书存目丛书》集部第55册，第647页。

[3] 万历《昆山县志》卷六《人物二》，万历四年刊本。

忠信，赋政不挪，士民安之”。[1]他十分重视朱元璋关于社会教化的遗训：“惟我皇祖有训，才数语耳，明白浅近，若无深奥卓越，而导民成俗、治国平天下之道，不外乎此。……臣某童稚时，每日五更，闻持铎老人抗声诵此数误，辄愓然自警。”[2]他也颇为注意官宦子弟的教育与管束，并在不同场合表达了如下的观点或意见：

> 人之贤不肖，系于教而亦有不然者。达官之子，满盈骄惰，气体之所居，耳目口腹之所养，既足蛊其心志。而为之父者，晨而出，暮而入，官书政理，穷年矻矻，虽欲闲而教之奚暇？故非卓然知所取舍，克自树立，鲜不败焉。[3]

[1] 顾鼎臣：《顾文康公三集》卷二《序·赠梦樵朱隐君礼燕卷序》，《四库全书存目丛书》集部第55册，第611页。

[2] 顾鼎臣：《顾文康公三集》卷三《杂著·祖训六言书后》，《四库全书存目丛书》集部第55册，第626页。

[3] 顾鼎臣：《顾文康公三集》卷三《杂著·许子同朝字世忠说》，《四库全书存目丛书》集部第55册，第626页。

七 家国情怀

顾家在昆山发展为世家巨族，与顾家子孙的努力仕途、注意经营有必然关系。顾家子孙后来也说："吾顾氏，自汉晋以来，代有闻人。入国朝百八十余年，衣冠阀阅，日益昌炽。"这种长期繁盛的状态，是将仁厚节俭作为持身保家之本才得以维持的。[1]

当然，家族文化的兴盛也与地方人文培育有相当的联系。晚明地方官府就曾有昆山"风土清嘉""民以务孝养、勤本业为事""好学而知礼，尚孝而先信""仕者重名俭、薄荣利"以及"家知读书、人知尚礼"等这类正面的表述。[2]顾鼎臣在他早期的生命历程中，切近地感受到昆山地方人文传统，正所谓"吾昆士风，素号近厚。前辈作之，后贤翼而传之，有相好，无相害"。[3]他少年时即负才名、性情俊爽，成为内阁重臣后，更加在意顾家在昆山的声誉，竭力维持顾家与地方社会、官府的良好关系，注意平衡家族内的利益分配，特别注重对子孙辈的道德教化。

顾鼎臣进入翰林院后，一路攀升至内阁领袖，最后卒于任上。在这30余年里，他留下了很多关乎上述内容的文字，这也是他个人生命经历的重要组成部分。这些文字呈现出传统儒学礼

[1] 顾梦圭：《疣赘录》卷三《杂著·字二子说》，雍正七年顾怀劬刻本。

[2] 万历《昆山县志》卷一《风俗》，万历四年刊本。

[3] 顾鼎臣：《顾文康公三集》卷二《序·送王先生序》，《四库全书存目丛书》集部第55册，第607页。

教中的忠孝仁义观念对顾家日常生活、家庭生计与社会关系维持的内在深远影响。通过对顾鼎臣个人的家书、奏疏等文本书写的解读，我们确实可以更加鲜明地感受到晚明政治史上一位重要人物的具体思想与活动，以及他所关心的家庭生活、社会公益与国家政治，并可以比较多地窥探其真实心态与家国情怀。

仅就地方社会而言，顾鼎臣的家乡昆山等地，承担着明王朝最为沉重的赋税负担。而地方社会的窳败所在多有，州县官府的总胥颇多奸弊，使民生日困。顾鼎臣为此三次上奏朝廷，要求切实整顿，力求实效。在巡抚欧阳铎推行均粮法时，他写信表示："公行法，而我家增赋数十石，然为百贫家减十五矣。"能够牺牲个人及家庭的利益，为改革畅行提供方便，这种"克己为民"之行，在当时的官场上也属少见。

明朝人对顾鼎臣的功业，有这样概述性的评价：

> 鼎臣杰特有大志，留心经世，随事献纳，多见采用。……大同军变，请诛止渠魁以安人心。四方郡县多奏水灾，疏陈生民困穷之状，请遣使赈恤。而生长东南，见财赋日蠹，民力日屈，则三举奏焉。晚岁履政府，将大有为，然仅二载，卒于位，时论惜之。[1]

这种可惜之论，表达了对顾鼎臣68岁辞世的惋惜之情。而在家书中时或可见顾鼎臣对于性命修养的重视，其寿享远不及乃父顾恂的实际，也让人颇为感慨。顾鼎臣有酒色之好。好酒之态，已显见于他在家书中的表达；然好色之谓，史料中极少显现。焦竑（1540—1620年）对此曾有含蓄的记录，言其"性

[1]　过庭训：《本朝分省人物考》卷二十一《南直隶苏州府四》，"顾鼎臣"条，天启刻本。

跅弛，好声酒及内，或以风之意，殊勿屑也”。[1]雷礼（1505—1581年）编的《国朝列卿纪》则有更直接的揭示，在称颂顾鼎臣功业之后，话锋忽然一转，说他“素行不检……奢淫纵乐，以终其身”。[2]

当然，明人认为可惜的主要原因，从政治大局着眼，仍在于顾鼎臣的“生平伟志”因寿数所限不能得以施展。[3]顾鼎臣一生行迹，一如顾咸建所云：“本乎忠孝，泽乎仁义。”[4]那种对顾鼎臣只是“以献媚得宠”“事业毫无闻焉”而“流秽史册”[5]的评价，甚至认为其“行检卑污”，要与董瑞、陈雍、周金、汪峰、杨一清等人“速宜出削”[6]，都是既不公允更不符合事实之论。

顾鼎臣的仕宦生涯漫长。然而，堪称大族巨室的顾家，于权力、财富、地位这些层面所能获致的资源，与顾鼎臣的官位攀升的联系，从一开始就不是正相关的。顾家人主要生活在昆山，拥有较高的政治、文化与社会地位，顾鼎臣这一支更成为昆山顾氏家族的核心，在地方上堪称首屈一指，拥有绝大的影响力。就像明朝人讲的：“君子不持公论，将使小人持之乎？荐绅先生不持公论，将使市井细民持之乎？”[7]但在顾鼎臣的文字中，找不到那种明显的家族扩张感。顾家作为十分耀眼的绅士家庭，反而更多地呈现出一种收敛之态。张大复就说，顾氏子孙“世有

---

[1] 焦竑：《玉堂丛语》卷六《容止》，第225页。

[2] 雷礼：《国朝列卿纪》卷十三《殿阁大学士行实》，万历徐鉴刻本。

[3] 张大复：《昆山人物传》卷六《皇明昆山人物传》，“顾鼎臣”条，明刻、清雍正二年重修本。

[4] 顾鼎臣：《顾文康公续稿》，附顾咸建：《文康府君续稿跋》（崇祯十六年），《四库禁毁书丛刊》集部第59册，第83页。

[5] 沈德符：《万历野获编》卷二十九《禨祥》，“甘露瑞雪”条，中华书局1959年版，第732页。

[6] 邓元锡：《皇明书》卷十《世宗肃皇帝帝纪》，万历刻本。

[7] 伍袁萃：《林居漫录》别集卷八，《续修四库全书》子部杂家类第1172册，第190页。

令德”，与其家庭之劝诲是分不开的。[1]这与顾鼎臣本人的气质、秉性与处事准则等，也有着密不可分的联系。

顾氏家族的生活、子弟教育、生计安排，基本上局限于昆山一隅，但都与王朝统治和江南地方民生的变化，有着明显的关联。当顾鼎臣位至内阁领袖时，仍时刻对家风、名节保持着必要的谨慎之心，而此时距其辞世，只有两三年时间了。在顾鼎臣之后直到明朝结束，顾家再也没有出现像他这样身份特别显贵的人物，更多的是忠孝节烈方面的杰出代表。[2]而他们仍然能给顾家带来整体的荣誉。

[1] 张大复：《昆山人物传》卷七《皇明昆山人物传》，“顾履方、子谦亨、曾孙天宿”条，明刻、清雍正二年重修本。

[2] 如顾鼎臣曾孙顾咸正、顾咸建以及玄孙顾天逵等人，就是江南地区抗清殉节的名士。

第四章

从华北到小江南：袁黄的宦途与乡居

嘉靖朝以后，中国社会发生了诸多变化。像民变与社会心态、社会重建与乡绅角色、绅士与地方社会、地方利益诉求与冲突、文人结社与思想变化、城市生活与地方认同等问题，从多个方面呈现王朝统治与地方社会控制的复杂性。特别是新的文化与思潮不断出现，新的生活方式逐渐形成，在精英阶层与普罗大众中产生了深远影响。以平定宁王朱宸濠叛乱出名的王守仁，在乡间着力推进自洪武朝以来的乡约法，与在山西担任巡抚并且也在推进乡约教化工作的吕坤，南北呼应。而由王守仁倡导的心学，开始在士人生活圈中产生多方面的影响，对理学正统形成挑战。这时，整个明王朝的边疆危机主要来自南倭北虏。在消弭这些危机的过程中，涌现出了戚继光、俞大猷、李成梁、王锡爵、袁黄等著名的文臣武将。此时“祖宗之法”已然大坏，很多绅士在讨论因应之法。特别是在地方社会生活中，很多切实的方案在推进实行。

一 袁黄的家世

在万历朝前期，出现了一位中国社会文化史上的著名人物，他在地方行政与国家军事工作中都曾有卓越的表现。他在辞官归里后，优游于嘉善与吴江地方社会，并以其比较广泛的社会影响力，依靠地方权势网络，在社会生活中发挥着重要作用。此人名叫袁黄（1533—1606年）。

袁黄，初名表，字坤仪，初号学海，后改了凡，浙江嘉善人，晚年隐居于吴江县芦墟镇附近的赵田村，死后归葬嘉善县的胥五区。

袁黄的门生杨士范曾说："了凡先生幼习禅观，已得定慧通明之学，欲弃人间事，从游方外。"这是袁黄早期的生活表现。但他后来体悟到"一切世法，皆与宝理不相违背"，颇有顿悟之意，从而归乡应举，影响力颇大，据说四方从游者甚众。[1]纵观袁黄的所言所行，可见其在出世与入世之间游刃有余。

袁黄并非出身于显赫之家，更非官二代。关于其家世，在历史文献中有比较清楚的记述。

早在元末，祖居于嘉善县陶庄镇的袁家，资产颇饶，生活堪称优裕。袁黄之父袁仁明确说："余家世居陶庄之净池。"袁黄高祖袁顺因家难避居芦墟后，袁黄曾祖袁颢即入赘芦墟徐孟彰家。到祖父袁祥入赘嘉善殳家后，袁家家境稍有起色。殳家的医学水

[1] 杨士范：《刻了凡杂著序》，收入袁黄：《了凡杂著》，万历三十三年建阳余氏刻本，收入《北京图书馆古籍珍本丛刊》第80册，书目文献出版社1988年影印版，第513页。

半在当时十分出名，这对袁家早期的发展颇有助益。袁家中间虽然经历了吴江地方的生活，但总体上长期属于嘉善籍。

宣德年间，新设的嘉善县要确认治所。“博学善谈”的袁顺，被地方父老举荐给大理寺卿胡概，受命观察县境形势。袁顺因病而委托其子袁颢负责此事。袁颢当时年方弱冠，他在乡间乘船考察地利，发现县城候选地西塘镇水势倾斜，也不是一个险要之地。而魏塘镇则不同，东通海上，是整个嘉兴府东境的一个藩屏之地，军事上可以有所倚重，而且商旅往来辐辏，较易形成一个中心点。他认为应以地势“平正”的魏塘镇作为县城所在，改变了胡概本来欲建城于西塘镇的初衷。[1]

因为祖上曾有吴江芦墟的生活史，所以已经城居于嘉善县城所在魏塘镇的袁仁，在情感上仍认同芦墟“是吾家”。[2]不过，后人对袁家历史的相关研究中，分歧颇多，焦点仍在袁黄的籍贯属吴江还是嘉善这一问题。[3]

袁家的先祖从河南陈州迁居江南，散居于吴越之地。八代祖富一公由“语儿溪”[4]徙居后来属于嘉善县西北境的陶庄镇，历300余年。

袁黄高祖杞山公袁顺，在明初时就居于陶庄。他为人豪侠好义，博通经史诸学。据说靖难之役时，黄子澄曾微服至苏州，在知府姚善处密议匡复，倡议勤王。姚善与袁顺是密友，故此常往来袁家。袁家后来因此获罪，被迫迁居至附近的吴江县。袁顺曾逃至吴江县城北门地方，留下绝命词后，投河自尽，幸亏有当地

[1] 袁仁：《参坡公袁先生一螺集》之《记先祖菊泉遗事》，收入袁黄编：《袁氏丛书》卷十，台北“国家图书馆”藏万历间嘉兴袁氏刊本。

[2] 袁仁：《参坡公袁先生一螺集》之七言绝句《芦墟夜泊》，收入袁黄编：《袁氏丛书》卷九。

[3] 章宏伟：《有关袁了凡生平的几个问题》，《明清论丛》第七辑，紫禁城出版社2006年版，第154页。

[4] “语儿溪”即传说中的吴、越分界处，在今浙江桐乡崇福地方。

居民吴贵三援手相救，破家相容，才保全了袁顺的性命。[1]再后来，袁顺就以作童子师为生了。

袁家在陶庄的祖房大多被拆毁，仅剩下在镇上的一些房子。危机过后，官府退还了不少地产，袁顺即回归故乡陶庄，敦请当地的一些头面人物参加会议，让那些占据袁家地产的人退还家业。袁家提出，那些富而有力者要归还所占袁家产业的一半，另一半就算偿还佃费；而有想拖着不还的，仅要求收回十分之二三；至于已经完全依赖所占袁家田产为生计的，就不要求退还。这样一来，袁家本来的四十余顷田产，实际上只收回了十分之一。袁顺临终时，将田产都分散给了族亲中的贫弱之家。袁颢曾入赘于芦墟的徐孟彰，故有入籍吴江之事，并冒姓徐，在吴江曾充任“二十九都二副扇一册里长”[2],成了基层社会的领袖。袁颢谨遵父戒，放弃举业，种药自给。后人所谓的袁家世以医显之说即从此来。

从袁颢开始，袁家一直“不干禄仕”，都是以医为业。袁黄解释说这是“有所托而逃也”，但并非真的“有所愤而逃”。袁颢对于乃父袁顺的教诲之理解，是彼时“杀运未除，所当苟全性命四五世之后，时移刑省，亦可出而应世”。[3]

实际上，受“杀运”影响较大的，除了苏州知府姚善一家外，就是黄子澄家了。黄子澄带着妻儿到苏州后，姚善编制黄册，让黄子澄的儿子入籍昆山。黄子澄殉节后，他的小儿子黄泽入赘昆山张家。到了黄泽的孙子黄云时，黄家仍然贫困。黄云虽然好学，但都得到藏书丰富的人家去借阅抄录。凡刑名、钱谷、水利、算数、军旅、仪制等，他无不究心。弘治年间，他以贡生

---

[1] 参朱鹤龄:《愚庵小集》卷十四《杂著二·书袁杞山事》，上海古籍出版社1979年影印版，第687—688页；嘉庆《嘉善县志》卷二十《杂志·外纪》，嘉庆五年刻本。

[2] 袁颢:《袁氏家训》“家难篇”“民职篇”，收入袁黄编:《袁氏丛书》卷一。

[3] 袁颢:《袁氏家训》“民职篇”，收入袁黄编:《袁氏丛书》卷一。

的资格出仕瑞州府学训导，后来因丁艰回家守丧，从此绝意仕进。[1]

按照袁黄的说法，在嘉善县，曾有70余家因“黄子澄之变”而遭祸。这些都是“不惮殒身灭族以殉忠义”之家，而袁家只是其中之一。[2]袁黄之父袁仁，仍然放弃举业，托迹于岐黄之术。

袁家极为重视医道。袁颢曾说，医生虽是贱业，但可以藏身、晦名、济人、养亲。[3]袁黄童年丧父，母亲命其弃举业学医，也教育他医道“可以养人，可以济人”，这自是其父袁仁生前对他习一艺以成名的夙心。[4]据秀水名士冯梦祯所论，袁黄于九流诸家无所不窥，对医尤为精通。[5]

袁黄的才艺与学术成就是多方面的。他补入嘉善县诸生后，“名籍籍起”。在一次严重自然灾害后，嘉善知县曾问策于他。袁黄引《洪范》中的“五行”理论以及三国管辂、北宋邵雍之相关思想以应，令知县大服。嘉靖三十三年，嘉兴府通判邓迁受命兴筑嘉善县城时，邀请袁黄一起坐船巡察，以确认县城城址。嘉靖四十四年，嘉善知县许镃开辟书院，请袁黄至书院讲学，以促进地方举业。

除了早期在北方从政、晚年短暂隐居吴江赵田村外，袁黄一直生活于嘉善。袁黄讲自己“产武塘而遁迹姑苏”[6]，只是简单表明个人的人生历程而已。像吴江名士潘柽章所谓袁黄是吴江赵

[1] 光绪《昆新两县续修合志》卷三十《人物十一·文苑一》，光绪六年刊本。

[2] 袁黄：《梓袁氏家训跋》，收入氏编《袁氏丛书》卷一《袁氏家训》。

[3] 袁仁：《参坡公袁先生一螺集》之《记先祖菊泉遗事》，收入袁黄编：《袁氏丛书》卷十。

[4] 袁黄：《袁了凡先生四训》“立命之学”篇，收入《袁了凡文集》，线装书局2006年影印本，第876页。

[5] 冯梦祯：《快雪堂集》卷六《寿了凡先生七十序》，万历四十四年序刻本。

[6] 万历《嘉善县志》，袁黄“序”，万历二十四年刻本。

田人，因为居处“与嘉善接，因入籍嘉善”[1]，以及袁黄养子、吴江人叶绍袁（1589—1648年）所述“司马袁公了凡先生，讳黄，祖籍芦墟人，后由嘉善迁分湖，复迁赵田”[2]，都是不确切的。在吴江诸生柳树芳看来，袁黄在吴江的生活，不过是“流寓”罢了。[3]袁黄在官场失意后，确实常常自称“赵田逸农”[4]，以示其与政治的隔绝关系，但他实际活动的主要空间，都在嘉善。

袁黄的思想、知识，大体都承接家庭传统而来。他的父亲袁仁就是一个精通天文、地理、历律、书数、兵法、水利与医学等多领域知识的全才型学者。再往上追溯，袁黄的祖父袁祥、曾祖袁颢除上述知识外，还都颇通经济之学。

袁家与昆山人、官至国子监祭酒的魏校（1483—1543年）的相识与交好，就缘于袁仁不凡的医道。袁仁虽然不属于地方绅士，但他对民生的关切时或呈现于诗文之中。他的五言古诗《伤农家》这样写道：“茅茨有田妇，抚机日云暮。杼柚未停梭，先催完国赋。忍视儿女寒，难禁胥吏怒。儿啼泪暗流，吏怒情莫诉。谁知织布人，身上无完裤。”[5]由此可见，他对江南农家生活的艰辛与应付官府赋役的困苦，都有着很深的体认。这些在乡村日常生活中俯拾可见的情境，与袁仁抱持的经世济民之情怀，对于袁黄后来在官在野的活动都有所影响。

总之，袁家这样的祖荫和社会处境，对袁黄的生活影响深远。袁黄之子袁俨曾说，袁黄“学不名一家，业不擅不方”，

[1] 潘柽章：《松陵文献》卷六《人物志六·袁黄》，康熙三十二年潘耒刻本，收入《续修四库全书》史部第541册，上海古籍出版社2002年影印版，第442页。

[2] 叶绍袁：《湖隐外史》，“名哲”条，收入叶绍袁原编、冀勤辑校：《午梦堂集》，中华书局1998年版，第1043页。

[3] 柳树芳纂：《分湖小识》卷三《人物中·流寓》，道光二十七年胜溪草堂柳氏刻本。

[4] 袁黄：《刻袁氏丛书引》，收入氏编《袁氏丛书》。

[5] 袁仁：《参坡公袁先生一螺集》之五言古诗《伤农家》，收入袁黄编：《袁氏丛书》卷九。

"综贯百氏"，儒、子、史、禅、玄等样样精通，且都由家传而来。[1]正如叶绍袁所称颂的，袁黄实为"一代之宗工，百家之汇海"。[2]

[1] 袁黄:《两行斋集》，"凡例"，线装书局2006年影印本，第916页。

[2] 叶绍袁:《湖隐外史》，"名哲"条，第1044页。

二　短暂的宦途

在袁黄留下的著作和后人的记述中，他的人生轨迹主要表现在社会攀升、地方行政及社会参与等方面，有一种思想实践的意味。

大概在万历五年之前，袁黄有可能在北京张居正府上作幕客。当时张居正在思考正乐的问题，袁黄提出了许多改进意见。后来袁黄主张修改历法，与张居正意见不和，“遂谢去”。[1]

万历十四年，袁黄考中进士。不久，他因“善谈时务”，奉都察院之命，返回江南协助清查苏、松地区的钱粮工作。他写了一篇《苏州府赋役议》呈给上司，主旨是：“今民贫极矣，逋负日繁，逃亡转众，野无上户之农，市无中人之产，何以应上之求哉？于上下两难之中，求权宜救恤之策。”他所条陈的主要内容包括：“一曰分赋役以免混派，二曰清加派以绝影射，三曰修实政以省兵饷，四曰查派剩以杜加赋，五曰免协济以恤穷民。”另外还有“减额外加征米银”十余条呈请。可惜当时各种积弊太深，特别是一些官吏或者所谓的“豪猾”眩惑当事者，终使其条议“沮格不行”，令人慨叹。[2]

隆庆五年进士、曾因弹劾张居正而被削籍的常熟人赵用贤（1535—1596年），对江南的赋役之困弊也很清楚。他任翰林院

[1] 潘柽章：《松陵文献》卷六《人物志六・袁黄》，第442—444页。

[2] 袁黄：《两行斋集》卷七《议・苏州府赋役议》，第1168—1202页；乾隆《吴江县志》卷二十八《人物五・名臣》、卷四十四《经略四・均田荡赋役》。

检讨时，正逢张居正父丧夺情，没有回湖北江陵守制。赵用贤表示不满，上疏说："臣窃怪居正能以君臣之义效忠于数年，不能以父子之情少尽于一日。臣又窃怪居正之勋望积以数年，而陛下忽败之一旦。莫若如先朝杨溥、李贤故事，听其暂还守制，刻期赴阙，庶父子音容乖暌阻绝于十有九年者，得区区稍伸其痛于临穴凭棺之一恸也。国家设台谏以司法纪、任纠绳，乃今哓哓为辅臣请留，背公议而徇私情，蔑至性而创异论。臣愚窃惧士气之日靡，国是之日淆也。"此疏触怒万历帝，他被施以杖刑，罢去官职。赵用贤体形很胖，受了杖刑，身上掉下来的肉都有手掌那么大，他的妻子就把这些肉腊而藏之。张居正死后，赵用贤官复原职，后来升任经筵讲官、右庶子、南京国子监祭酒、南京礼部右侍郎等职。赵用贤擅长议论时事，有经济大略。他对于"财赋敌天下半，民生坐困"的苏州、松江、嘉兴、湖州等府之积弊，曾考虑过解决的方案。他任右庶子的时候，曾与袁黄讨论过数十昼夜。[1]

显然，赵用贤对袁黄颇多好感，与袁黄切切实实地就赋役工作"考核逾月"，向朝廷条陈之事就有14条，"自田赋之轻重、征敛之缓急，以至蠲减、存积、兵饷、杂徭备著所由"。赵用贤原本认为，"用其言，可以不损县官之供而不重困"，结果户部讨论的时候，居然出现了"颇不谓然，然不敢难"的难局。赵用贤与内阁领袖申时行、王锡爵关系不良。这两人说"南人不当言南事"，于是赵用贤与袁黄的努力就白费了。[2]

经历了一段见习期后，袁黄于万历十六年被派任宝坻知县。在知县任上，袁黄十分重视农业生产，强调民生纾困。在《劝农

[1] 《明史》卷二百二十九《赵用贤传》。

[2] 冯复京：《明常熟先贤事略》卷九，"赵用贤"条，收入《明代传记丛刊》综录类第52册，台湾明文书局1991年影印版，第96页

书》中，他写道：“今天下租税，皆出于田，故惟农受累最深。”他要求将各类农事问题编成一册，派发至乡村基层，农民只要遵行就可免去杂差。[1]

袁黄对江南水利，有全面的理解和独到的分析，提出要顺自然之势，不必强力干扰河湖环境，“傍有所约而下有所趋”，避免出现水流横溢、“旱潦无备”的灾患。[2]他指出要重视江南地区的生产经验，并将其迁移至宝坻：“今江南围田，水旱有赖，北方宜效法也。”[3]

所以，在袁黄的县政工作中，存在着明显的传播江南社会生活经验的意味。他注意到潮白河下游地域的水旱问题，即“今北方之地坦平无岸，潦则不能御水，旱则不能蓄水”，于是指出：“江以南地卑多水，民间之田皆筑土为岸，环而不断，随地形势，四面各筑大岸以障水，中间又多为小岸；或外水高而内水不得出，则车而出之，以是常稔而不荒。”[4]在农田灌溉方面，袁黄认为：“江南之田，全资灌溉；苏、松、嘉、湖，纯用水车。旱则车水而入，潦则车水出。镇江、常州有转水于数十丈之上者，其为力甚劳，而非大水大旱，人力皆可支持。”[5]既然如此，那么水车灌溉当然也完全可以移用至宝坻。后来，他在给友人的信中说：“敝邑水田开之已有成效，葫芦窝四十三顷，系马房地，已申请巡青衙门每亩一分起科矣……近城洼地为民所弃者，皆开为水田，收谷甚佳。”[6]在袁黄看来，改变当地人的旧有观念，因地制宜，开展水田经营，不仅可以调整民众的生活方式，而且能增

[1] 袁黄：《劝农书》，收入氏著《了凡杂著》，第585页。

[2] 袁黄：《两行斋集》卷二《考·三吴水利考下》，第1008—1012页。

[3] 袁黄：《劝农书》田制第三，收入氏著《了凡杂著》，第589页。

[4] 袁黄：《劝农书》田制第三，收入氏著《了凡杂著》，第592页。

[5] 袁黄：《劝农书》灌溉第六，收入氏著《了凡杂著》，第596页。

[6] 袁黄：《两行斋集》卷九《尺牍·答张杨村书》，第1326页。

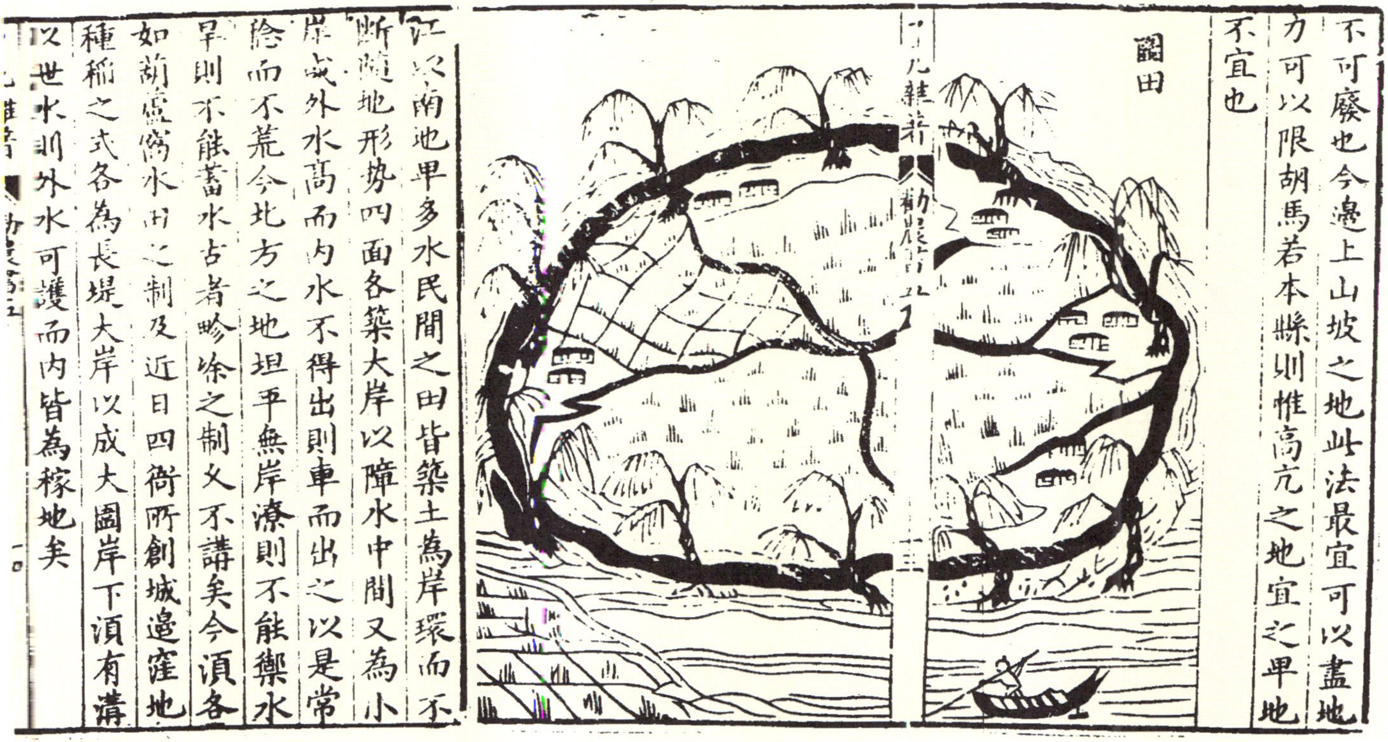

不可廢也今邊上山坡之地此法最宜可以盡地力可以限胡馬若本縣則惟高亢之地宜之卑地不宜也

江以南地卑多水民間之田皆築土為岸環而不斷隨地形勢四面各築大岸以障水中間又為小岸或外水高而內水不得出則車而出之以是常除而不荒今北方之地坦平無岸潦則不能禦水旱則不能蓄水古者畛涂之制久不講矣今須各如蘇處圍水田之制及近日四衛所創城邊窪地種稲之式各為長堤大岸以成大圍岸下須有溝以泄水則外水可護而內皆為稼地矣

袁黄在《劝农书》中提倡借鉴江南农田经营经验

加政府税收。

宝坻县境内有部分区域与江南水乡情况类似，在水域中育有不少银鱼。这些银鱼还是政府指定的进贡鱼鲜。就北方地区而言，这显然是比较独特的。袁黄指出："宝坻县旧设银鱼厂，常年差内官二员，采打银鱼、螃蟹等，车辆往回一十六次，劳赀巨万。"[1]对于当地民众而言,这无疑是一项巨大的负担。袁黄也因此向上司申请减免当地的银鱼赋税。

对于为官之道，袁黄是这样看的："官之受贿，犹女之失节也。失节之女，人尽鄙之；官受贿而不耻者，良心尽丧也。我辈既号同心，各当砥砺名节，以清廉自誓。"[2]就这个问题，他提出了著名的"当官功过格"理论。

以"功格"为例，免大辟一人当百功，免永戍一人当五十功、免满杖一人当三功，责人须明并使之改过而且惩罚时使人心悦诚服的算十功，催征有法而不需用刑的算百功，葬埋死人及枯骨算三功，收养孤老一人算十功，能够禁缉豪强而不使其为恶的算十功，听讼时能伸冤理枉一件算一功，赈济得实一人算一功，能躬行节俭并使风俗归于淳朴的算千功，等等。至于"过格"，怒中责人算二过，无罪误责人算十过，凡问罪成招而不给开一线之生机只求上司不驳的算三过，与人交往有轻慢之心算一过，毁人扬己算百过，虚文塞责算十过，待人不诚算一过，自占便宜而损人利己的算十过，等等。所有的功过，达到一定程度后，自然有其报应。[3]他的这些说法，应该是受到了《太上感应篇》中因果报应思想的影响。

任职四年后，袁黄在离开宝坻前往北京兵部任职之际，写了

[1] 袁黄:《宝坻政书》卷十四《申免银鱼公移》，收入氏著《了凡杂著》，第778页。

[2] 袁黄:《宝坻政书》卷十四《睦僚书》，收入氏著《了凡杂著》，第761页。

[3] 袁黄:《宝坻政书》卷十七《当官功过格》，收入氏著《了凡杂著》，第884—886页。

一封信给当地的绅士精英，感谢他们的厚爱：

> 鄙人初至，欲守硁硁之节，矢严于一介。第以诸公明德，贶殷殷恳恳，意弗获却，而他项交际，又难尽绝，因是勉领其一二节，年来不糜官帑，不烦铺家，凡上司取用、师友问遗，皆需于此。今频行，复蒙饯渥，愧弗克当。顾视笥中前赐，尚有余者，自忖一肩行李，尚觉劳人，若携此长物，则亦何为？谨一一璧上，惟检入是荷。[1]

宝坻地方对于袁黄的行政工作，评价颇高："了凡袁公之令吾邑也，以清俭律身，以慈仁抚众，以恭逊事上，以正大睦僚，以礼法训士，以严明驭胥，以至诚格鬼神。"他被认为是宝坻两百年来所未有之"良牧"，是最好的地方官。[2]袁黄的门生还为他撰写了《感应篇》，高度颂扬了这位性甚朴、心甚真的宝坻知县。其中有一条，谈到袁黄"在任时，民间皆私绘公像，饮食必祭，家家尸祝，虽禁不能止也"。[3]后来，当地绅士百姓自愿捐资刊印了袁黄的《宝坻政书》。其中以生员阶层的人数最多，达54人，以"乡民"身份出资的还有25人。袁黄去北京任职后，宝坻地方为他建了生祠，以示感念。一个来自江南的普通官员，居然在风土截然不同的北方受到如此尊崇，可见其为官为人的独到之处。

然而，除了在宝坻知县任上的工作尚属顺利外，袁黄在官场上的好运并不久长。

万历二十年五月，日本入侵朝鲜。朝鲜军队怯不谙战，望风

[1] 袁黄：《宝坻政书》卷十七《临行送乡士夫书》，收入氏著《了凡杂著》，第891页。

[2] 邵赞：《刻宝坻政书序》，收入袁黄：《了凡杂著》，第753页。

[3] 袁黄：《宝坻政书》卷十七《感应篇》，收入氏著《了凡杂著》，第891、898页。

而溃。日军占领王京，渡过大同江。朝鲜向明王朝请求援助的使节，络绎于路。明朝决定出兵援助这个“属国”。七月，由游击史儒等带领的军队进抵平壤。但他们不谙地理，又恰逢大雨，结果被日军打败，史儒也战死了。副总兵祖承训统兵三千，渡过鸭绿江救援，也吃了败仗。明廷十分震动，于是重新布置援朝工作，以宋应昌为经略，兵部员外郎刘黄裳、兵部主事袁黄参谋军事，再次入朝。十二月，明廷又命李如松为东征提督，因为天气大寒，还特别拨出十万两白银作为犒劳，且重悬赏格。

李如松是长期镇守辽东的名将李成梁的长子，以父荫授都指挥同知，充宁远伯勋卫。他骁勇敢战，并从父亲那里学习了很多兵法知识。万历二十年宁夏反叛时，他曾被任命为讨逆军务总兵官。此时朝鲜倭患严重，他又受命提督蓟、辽、保定、山东诸军，入朝抗倭。李如松因为刚刚在宁夏平叛中建立新功，心高气傲，不太愿意屈居经略宋应昌之下。

此时，申时行、许国、王家屏等内阁大学士已相继去位，因争“国本”事件而失势并还乡休养的王锡爵于万历二十一年回到北京，主持军国大事。他多次要求宋应昌、李如松等将领抓住时机，歼灭倭寇，不可轻敌，不可欺侮朝鲜人，不可滥杀倭寇俘虏。

万历二十一年正月，明军取得了所谓的平壤大捷，战事稍有起色。但战局并非想象的那般顺利，远征朝鲜的军队也需要休整，此后双方时战时停。兵部尚书石星主张对日本封贡，建议撤兵，独留刘綎带兵据守。自平壤大捷后，李如松的弟弟李如柏进军开城，但因轻敌而功亏一篑。战事迁延八年之久，明朝损失十余万军兵，靡金数千镒，却无善后之策。万历二十六年，商丘人、万历八年进士杨镐苟且冒功，罔上行私，损威失重。参与抗倭的不少高官都有欺君行为，归国后居然还可以封爵。而万历帝早已厌倦战争，根本不想究明真伪。万历二十七年四月，抗倭援朝终于结束。李如松归国后，加授太子太保，增岁禄百石。有人骂他和亲辱国，不断对他进行攻击，但万历帝根本不管。

袁黄在朝鲜的具体作为，在正史中基本不被提及，也可以说没有进入主流视野。但他在这段时期中的故事，在江南地方流传颇多。

潘柽章曾有这样的记载：袁黄于万历五年参加会试，本拟取第一名，但因在对策中得罪了当权者而落榜。直至万历十四年，袁黄才中了进士。万历二十年，他访求奇士，山阴人冯仲缨、苏州人金相因此被罗致于幕下。这时，日军已渡过大同江，绕出平壤西界。朝廷派出的辩士沈惟敬，三入倭营，商议封贡罢兵。小西行长表示同意，派小西飞等人前来，要与大将军李如松相约次年正月到平壤受册退师。

袁黄问冯仲缨："倭请封信乎？"

冯答："信。"

再问："东事可竣乎？"

冯答："未也。"

袁黄问："何谓也？"

冯答："平秀吉初立，国内未附。行长，关白之嬖人，欲假宠于我以自固，故曰信也。如松恃宠桀骜，新有宁夏功，加提督，为总兵官，本朝未有也。彼肯令一游士掉三寸舌，成东封之绩，而束甲以还乎？彼必诈唯敬，借封期以袭平壤，袭而不克则败军，袭而克则败封。故曰东事未可竣也。"

金相说："袭平壤必克，克而骄，必大败，败封与败军两有之。"

袁黄说："善。"

正月，李如松果然入袭平壤，所部辽兵多行不法之事。袁黄当面批评李如松有袭封杀降之罪，李如松大恨。很快，李如松率军进取王京，但遇到伏击，在碧蹄馆大败，被迫退保开城。小西行长据龙山，加藤清正从咸镜趋截鸭绿江。驻扎在定州的经略宋应昌前后受阻，日军暂时也无计可施。冯仲缨就和袁黄说："师老矣，退又不可，清正狡而悍，藐行长而贰于关白。愿与金相偕使，可撼而间也。”袁黄向宋应昌报告后，派冯仲缨前往日军军营。加藤清正的军队盛容迎接，冯仲缨却骑在马上放言道：“诸酋恃强，不知天朝法度，汝故主源道义，受天朝封二百余年，汝辈世世陪臣也。汝敢慢天朝，忍遂忘故主乎？”加藤清正是萨摩君的弟弟，冯仲缨以故主动之，清正只是啮指曰“唯唯”。冯仲缨还说：“汝巨州名将，故主之介弟。今破王京者行长也，议封典者行长也。彼以一弄臣，俨然主封贡，挟天朝以为重。而汝雄踞海滨，自甘牛后，心窃耻之，且持此安归乎？今与我定约，急还王子陪臣，退兵决封贡，勿令册封盛典出自弄臣，此亦千古之一时也。”加藤清正于是解下所穿的团花战袍给冯仲缨，与他歃血约盟，订期归国，即日从王京解兵而东。对于冯仲缨这次出使，金相揣度刘黄裳等人一定很嫉妒，而且一定会给冯仲缨扣上“通倭”之罪。于是他率精锐2000人，分伏南山观音洞，伏杀倭寇90余人，生擒将领叶实。等冯仲缨归来，刘黄裳果然要以通倭为借口治罪，冯仲缨就取金相所斩倭寇首级出示，事情才得以平息。但李如松仍然提出袁黄有十罪，袁黄遂“中察典”而被削职，冯仲缨与金相也连带被废黜。[1]

万历二十一年，袁黄退出官场，成了一介平民。他对此很是无奈。在给丁衡岳的信中，他这样感叹道：

> 仆昔从征海外，未谙时态，动辄忤人，实欲委身报国，而当事者习成欺套，仆不忍见，亦不敢从，竟致苍蝇肆点、黄金遘烁，默默南归。抵家之日，妻孥泣迎，友朋交慰，从死中得生，惟觉其乐，不觉其苦也。[2]

---

[1] 潘柽章：《松陵文献》卷六《人物志六·袁黄》，第442—444页。

[2] 袁黄：《两行斋集》卷十《尺牍·与丁衡岳书》，第1368页。

三　乡绅的立场与表达

袁黄的归乡之乐，似乎尽现于他给友人吴海舟的信中：

> 五月十八日抵家，稚子懽迎，室人交慰，宾朋故旧络绎垂顾。采蔬烹鱼，斗酒相劳。虽当大暑，而散发裸体，无所拘束。薰风徐来，洒然自适。窃谓轩冕之耀，不若丘壑为安也。[1]

在袁黄眼中，官场虚荣似乎不重要了。在给另一位好友袁峻阳的信中，也有类似的情感表达：

> 弟赋性迂踈，不能谐俗，通藉最迟，而归田最早。如山鸡野鹿，去城市而适山林，固饫然适也。结庐水乡，蒹葭在目，闭门习静，尽足自娱，而问字之朋，不远千里，文家之役冗于公移，遂使老年短景，与日俱驰，深可痛恨。今拟谢绝交游，屏除笔砚，专意修摄，以完元神，未知竟何如也。[2]

他归乡选择的居处，正是远离嘉善县城的吴江乡下的赵田村。居于此地，既适合他被削职为民的身份，也能够避免与官场中的人物产生太多接触。

[1]　袁黄：《两行斋集》卷九《尺牍·与吴海舟侍御书》，第1320页。

[2]　袁黄：《两行斋集》卷十《尺牍·与彭峻阳书》，第1352—1353页。

对袁黄而言，赵田村这个新居，是一个生活空间的新寄托。这里既有可能给予他某种慰藉，也有可能孕育新的希望。他为这个新居写了八首诗，其中字句颇堪寻味。第一首这样写道："茅斋欣寂寞，独坐兴偏长。竹露滴清响，松风晚生凉。种桃披宿雾，待月倚新篁。意气老犹壮，高歌对夕阳。"第二首中有："雨霁钟声近，庭空槐影疏。著书忘岁月，多病罢樵渔。"第三首中有："趺坐容我老，焚香日影斜。如何忘旧影，落尽故园花。"第四首中有："双鬓愁千结，平生只寸心。"第五首中有："吾家松浦上，风景自相宜。……生意谁寥落，高飞亦有期。"第六首中有："世乱居难定，秋深雨不开。鼓鼙思往事，樽酒对荒台。"第七首中有："百年今过半，七尺竟何凭。……莫言红日尽，处处是寒冰。"第八首中有："壮图随落叶，生世托浮萍。……闭门终日坐，湖水自泠泠。"[1]诗句中的茅斋、竹露、松风、夕阳、荒台、寒冰、浮萍等词，以及明显反映其心境的寂寞、多病、寥落、泠泠等语，都是袁黄对其所谓寂寞清冷生活的描摹与陈述，映射出他愁思百结、难以释怀的内心感受。

然而实际上，作为乡绅的袁黄，与嘉善地方官场的关系一直较为紧密。他甫从京师解职还乡，正逢当时县丞黄应钟离任。据说他很称赏这位县丞在当地的德政，还与友人一起为黄应钟编刊了一部记录其政绩的《实政录》。[2]

就在嘉善知县章士雅等人决定编刊《嘉善县志》时，袁黄已

[1] 袁黄：《两行斋集》卷八《诗·赵田新居》，第1252—1253页。

[2] 袁黄：《两行斋集》卷十二《记·邻初黄侯生祠碑记》，第1419页。据袁黄所撰碑记之表述，以及其退官还乡的时间，可以确认这个所谓的"黄侯"应该就是江西高安人黄应钟。此人曾于万历二十一年至二十二年间任嘉善县丞，后升任王府长史。参万历《嘉善县志》卷七《官师志·职官表》、光绪《重修嘉善县志》卷十四《官师志·职官》。

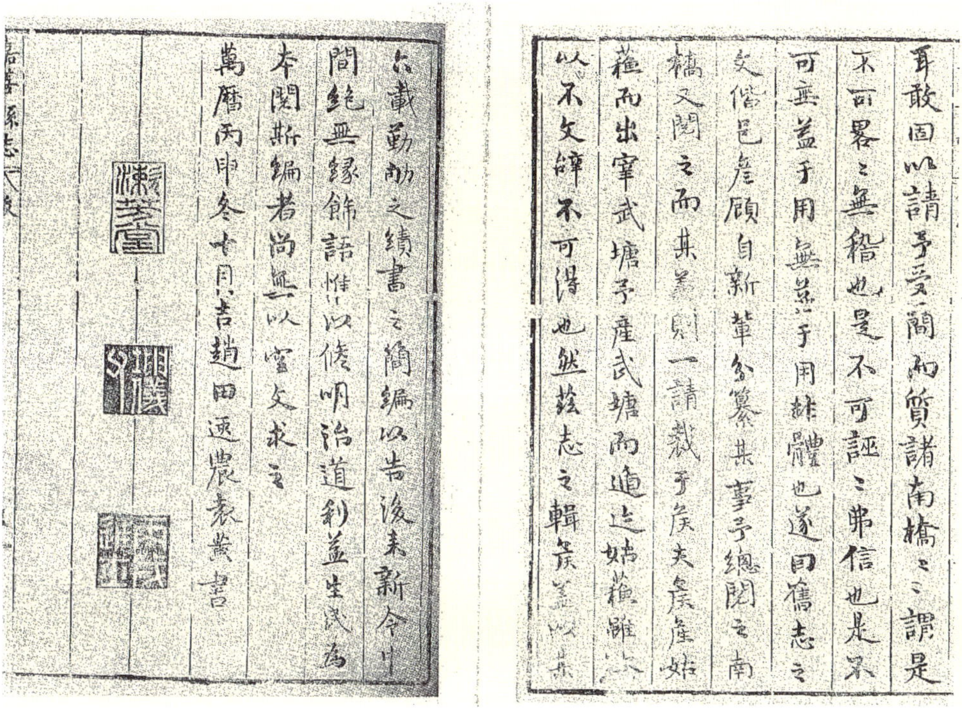
耳敢固以請予受簡而質諸南橋々々謂是
不可略々無稽也是不可誣々弗信也是眾
可無益于用無益于用非體也遂因舊志之
文稽邑乘顧自新華分纂其事予總閱之南
橋文閱之而其叅訂一請裁予侯夫侯產姑
蘇而出宰武塘予產武塘而追逐姑蘇雖以
以不文辭不可得也然茲志之輯侯蓋以其
六載勤劬之績書之簡編以告後來新令尹
問絕無緣飾語惟以俟明治道裨益生民為
本閱斯編者尚無以當文求之
萬曆丙申冬十月吉趙田逸農袁黃書

万历二十四年刻《嘉善县志》中袁黄的序

经选定赵田村，约于万历二十三年迁居了。[1]不过，袁黄恐怕很早就看中了这个风水适宜之地。他在《奉政大夫贵州按察司提学佥事振斋叶公墓志铭》中，曾这样讲道："余庚辰年得陆龟蒙址于分湖之滨，卜筑居之，则叶氏世居此久矣，伟人代出，为吴中著姓。"[2]庚辰年即万历八年。如此看来，他退官返乡后，选择退隐于赵田，是很自然的事。

袁黄在给友人高青崖的信中讲道："弟偃卧林皋，霜露无恙，虽萧然环堵，居无长物，而著书满架，有子可教，有孙可娱，似于此生未为不遇也。"接下来他却写了一句"时事多变，眼前无一片清闲田地"，暴露出他的心境并不是真正的恬淡。[3]当然，这其中也蕴含着他所谓的"得罪南还，日惟杜门槁坐"之痛苦心态。[4]

万历二十四年，袁黄与同县名士盛唐等人完成了县志的编写，他还附上了跋文。袁黄等人在编修过程中，将原来杂见于公署、古迹之内的"恤政"，以新的形式，分列出"兵防""水利""救荒"各专门，强调其对于王朝统治的重要意义。[5]

此时，知县章士雅已任满六载。从政期间，他与地方百姓、绅士的关系应该比较和谐。袁黄对章士雅的评价很高，认为他不畏艰难，重视民生，在天灾时行之际，积极"请蠲请赈"，不忘百姓之病，是一位值得歌颂的良牧。[6]

万历年间，因疆界错壤及相关利益分配不均，在嘉兴府引发

[1] 袁营等修：《赵田袁氏家谱》，袁嵩龄"续刻序"（咸丰八年二月），咸丰八年纂修、民国间增修，民国九年钞本。

[2] 叶德辉、叶庆元等纂修：《吴中叶氏族谱》卷六十七《碑志》，宣统二年刻、1911年增修本。

[3] 袁黄：《两行斋集》卷十《尺牍·再与高青崖书》，第1359—1360页。

[4] 袁黄：《两行斋集》卷九《尺牍·与张同知书》，第1312页。

[5] 万历《嘉善县志》，"凡例"。

[6] 袁黄：《两行斋集》卷十二《记·阳东章侯生祠碑记》，第1417—1418页。

了多次争田大冲突。而袁黄关于此事的立场与表达，颇堪玩味。

嘉善本是一个蕞尔之邑，历史也不长，但县政的烦难并不轻减。宣德五年，嘉善县与秀水县同时从地域广大的嘉兴县析出。此后直到万历朝初期，县域社会尚属稳定。但在张居正主政的最后时期，嘉善与邻近的秀水、嘉兴两县间爆发了剧烈的争田冲突。

据嘉善方面的说法，万历九年奉文清丈时，税粮安排在嘉善而田产在嘉、秀的，都有避重就轻、匿而不报的问题存在；税粮安排在嘉、秀，而田产在嘉善的则分毫必报，以致嘉善方面产生赋税亏额。[1]嘉善县里老吴旂、殷仕等人也指出万历九年“奉例丈量”所遗存的社会问题，令民生烦难。确实，三县田地嵌错，粮额各有轻重，避重就轻的情况容或有之。在时人看来，按方志中的记载，既以粮为证，是粮随田定，所以就须按粮以索田亩之数或按田以稽区圩之坐落。凡是田在嘉善而粮在嘉、秀的关推嘉、秀，田在嘉、秀而粮在嘉善的则关推嘉善，从而使数目相当且分毫无错。[2]然而这一问题远非当时官绅们讨论得那样简单，也令后世难辨其详。

万历二十四年，有感于疆界混乱导致的县政不清、民生困扰，嘉善知县章士雅在他主持修竣的《嘉善县志》中，专门将他亲自撰写的《正疆界议》收入其中。他说，“凡宇内之设为州县者，鲜不画疆分界而治矣”，但只有嘉善与其他地方不同。从嘉兴析出置县时，嘉善地处华亭、吴江之间，田额较各县“独重”，全浙之税莫重于嘉兴府，而嘉兴府之税莫重于嘉善。无论

[1] “万历二十六年嘉善告争田地、知府张似良不行查勘竟申本道转申两院批行本县知县郑振先申文”，崇祯《嘉兴县志》卷九《食货志·土田》，崇祯十年刻本。

[2] 详参“万历二十六年嘉善告争田地、知府张似良不行查勘竟申本道转申两院批行本县知县郑振先申文”，崇祯《嘉兴县志》卷九《食货志·土田》，崇祯十年刻本；另参王儒：《嘉、秀、善三县关会田粮七辩》，康熙《秀水县志》卷三《田赋》，康熙二十四年刻本。

田地高下，每亩赋额均以三斗三升三合起科，而徭平为五升，比嘉兴县多出九升八合三勺，比秀水多出三升三合八勺，与崇德、桐乡相比又多出近一半。他感叹道，嘉善县本来地势卑下，东接三泖，西通太湖，一遇水灾，几乎半为汪洋，且积逋数多于他县几倍。从嘉靖、隆庆以来，当地的"奸民"常常将田"诡收"嘉兴、秀水，"以就轻粮"。这些人开始只声称到那里兑换，结果兑者复去、去者不返，以致流弊日深。万历九年丈量时，这种现象表现得最为显著。嘉善官府始终未能很好地解决这些问题，因此奸计益多，良民益病。章士雅在向上级官府的申诉中，既痛陈了上述诸问题，也代表嘉善地方士民百姓，期望在新的田地丈量与清理工作中，"按疆而索图，画界而定壤"，"有嘉、秀界中者归嘉、秀，在本县界中者归本县"，使"百年之蠹政可清而一方之民害幸除"。[1]

疆界错壤及其引起的争田纠纷，牵涉面甚广。从乡村基层民众、绅士到地方行政官员等各个阶层，都涉及这一地方社会之间以及地方与国家之间复杂的利益分配问题。就整个万历时期而言，各级官府曾经联合针对疆界田粮问题展开了四次大的会勘工作，分别在万历十三年、万历二十七年、万历三十一年和万历四十四年。

争田问题及其引发的民间冲突，最后导致冲击公堂、鼓噪割册及捣毁乡绅家园等大事件，对嘉兴府地方官场震动极大。新任嘉兴知府庄祖诲、钦差分巡嘉湖道佥事王钟岱都被迫向朝廷提出"休致"，嘉兴知县刘余祐也向浙江巡抚刘一焜提出"休致"。秀水知县林闻诏任职还不到十天，就被罢职。[2]

袁黄于万历三十四年故去，他只经历了前三次会勘。作为在

[1] 章士雅：《正疆界议》，收入万历《嘉善县志》卷四《食货志·土田》。

[2] 崇祯《嘉兴县志》卷九《食货志·土田》。

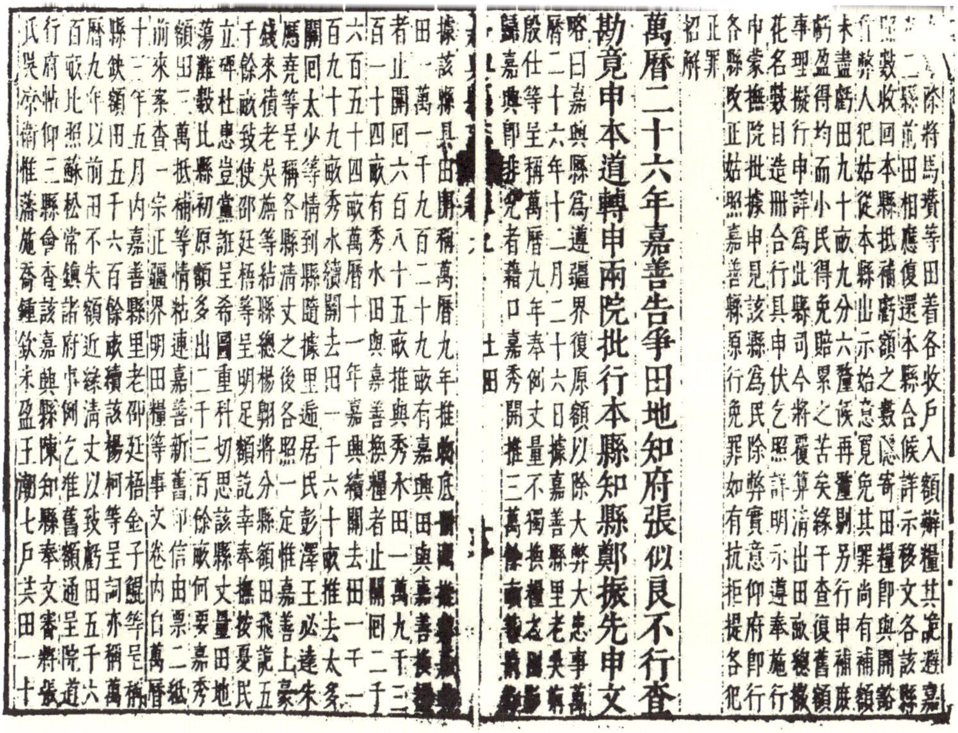
除將馬贊等田着各收戶入額辦糧其逃遁嘉
二縣前田相應復還本縣合候詳示移文各該縣
照數收回本縣抵補虧額之數隱寄田糧即與開豁
有弊人犯姑從本縣出示姑意寬免其罪尚有補額
未盡虧田九十畝九分六釐候再釐剔另行申補庶
虧盈得均而小民得免賠累之苦矣緣干查覆舊額
事理擬行申詳爲此縣司今將覆算清出田畝總撒
花名數目造冊合行具申伏乞照詳明示遵奉施行
申蒙撫院批據申見該縣爲民除弊實意仰府即行
各縣改正姑照嘉善縣原行免罪如有抗拒提各犯
正罪
招解
萬曆二十六年嘉善告爭田地知府張似良不行查
勘竟申本道轉申兩院批行本縣知縣鄭振先申文
略曰嘉興縣爲遵疆界復原額以除大弊大患事萬
曆二十六年十二月二十六日據嘉善縣里老吳[illegible]
殷仕等呈稱萬曆九年奉例丈量不獨換糧[illegible]
歸嘉興即[illegible]兇者[illegible]口嘉秀開推三萬[illegible]
土田
據該縣具由[illegible]稱萬曆九年推[illegible]底[illegible]
田一萬一千九百二十九畝有嘉興田與嘉善[illegible]
者止開回六百八十五畝推與秀水田一萬九千三
百一十四畝有秀水田與嘉善換糧者止開回二千
六百五十四畝萬曆十一年嘉興續開去田一千一
百九十九畝秀水續開去田一千六十畝推去太多
關回太少等情到縣隨據里遞居民彭澤王必達朱
馮堯等呈稱各縣清丈之後各照一定惟嘉善上豪
錢來積老吳蔫等結縣總楊翱將分縣額田飛詭五
千餘畝致使邵廷梧等呈明足額詭幸奉撫按憂民
立碑杜患豈黨誑呈希圖重科切思該縣丈量田地
蕩灘數比縣初原額多出二千三百餘畝何要嘉秀
額出三萬抵補等情粘連嘉善新舊印信由票二紙
前來案查一宗正疆界明田糧等事文卷內自萬曆
十二年五月內嘉善縣里老御廷梧金子鯤等呈稱
縣缺額田五千六百餘畝積該楊柯等呈詞亦稱萬
曆九年以前田不失額近緣清丈以致虧田五千六
百畝比照蘇松常鎮諸府事例乞准舊額通呈院道
行府帖仰三縣會查該嘉興縣陳知縣奉文審將張
氏吳宗衛惟蕃施裔鍾欽來盈王瀾七戶共田一千

崇祯十年刻《嘉兴县志》中对于争田事件的部分记录

当地很有影响力的乡绅，他在争田活动中的表现和作用，在他自撰的文字中，没有清楚的记录。但在潘柽章笔下，却有简短记述。他写道，万历十四年进士、历任宝坻知县、兵部职方司郎中、死后获封从五品尚宝司少卿的袁黄，原本是吴江赵田地方人，由于其田地与嘉善接壤，就入籍嘉善县。[1]袁黄免官归里后，从游者甚众。万历年间爆发的江南争田事件中，袁黄发挥了相当大的影响力。至于袁黄有何具体的行动，就没有相应记录了。

而有意思的是，崇祯年间刻印的《嘉兴县志》中，有知县罗炌的长段评述，语涉袁黄，可以略窥彼时实态一二：

> 盖宣德四年事也，彼时原以户籍分田地，故嘉、秀田地有坐落嘉善界内，即嘉善县田地，亦有坐落嘉、秀界内者。又如海盐分出平湖，崇德分出桐乡，各有错壤，二百年来非一日矣。至万历九年丈量，攒造实征黄册，各以八年之原额为旧管，以九年丈量之归户为新收，此户开除，必查彼户新收，甲合里，里合都，都合县，查算磨对，各县照田办粮，毫无缺额，士民各守分义，毫无异言。至十三年，嘉善乡绅袁黄等，折田自肥，甚有三亩折一亩者，遂以私情鼓煽愚民，然不根之议，垂今四十六年，公勘结局者屡矣：一结于万历十三年，而巡抚温纯之允详可据。再结于万历二十七年，而巡抚刘元霖、巡按李楠、巡盐叶永盛之勒碑可据。三结于万历三十一年，而巡按吴崇礼之注销可据。四结于万历四十四年，而巡抚刘一焜之吊册会勘、兵备王钟岱、知府庄祖诲之执法去官、同知刘可训之审案申详、奸民俞汝猷等之割册鼓噪遣戍可据。总之，三县自争其田粮之重轻，而于公

[1] 潘柽章：《松陵文献》卷六《人物志六·袁黄》，第442—444页。

家一定之赋额原无增减。[1]

罗炌从嘉兴县的立场出发，概括了争田的原因以及四次大会勘的情况。在其他县域的官民眼中，“乡绅袁黄”等人，真的可能存在罗炌所称的“折田自肥”的行径，有“以私情鼓煽愚民”的嫌疑。当然也有可能是袁黄等人维护嘉善地方的利益，引起其他县域士民的不满。民间对于乡绅巨室本来就存在的敌意，在此际被有力地激发出来。袁黄被冠以上述批判之词似也无可厚非。由于没有更多的资料可据，其真实情境，已很难廓清。不过，袁黄在大多数时候，表现出了比较默然的态度，他应该并没有过多热衷于地方利益的争夺。倘从一个有“公心”的“公正绅士”的自觉意识着眼，联系袁家祖上依赖地方基层绅士领袖才有机会讨回在陶庄的部分田产祖业的故事，或许可以理解为什么在各类关于争田事件中的文献中极少看到袁黄的身影。

[1] 崇祯《嘉兴县志》卷九《食货志·土田》。

四 社会交往及影响

在嘉善县这样辐射范围有限的地方社会中，在袁黄生活的时代及之后短暂的一段时期内，袁氏家族有着顶级的社会关系网络。在“国家与社会分离”的格局下，袁家这样的绅士阶层自然成了基层社会的领导者，承担了安靖地方、赈济救灾、教化风俗等地方事务，弥补了政府统治的不足，充当了国家与社会之间的联系纽带。[1]他们既有强大的“地方性”，又时常站上全国性舞台，通过师友、姻亲、党派等关系，形成了错综复杂的结构性力量，甚至一定程度上主导了历史进程的主流方向。晚明乡绅数量庞大，府、州、县官员当然不能疏于迎送，地方公事也不可能不受其影响。士大夫们不仅在地方上有举足轻重的地位，而且在全国政治生活中也呼风唤雨、掣肘朝政，“非昔唐宋局促的情景”。[2]

与袁黄为同科进士的陈于王，字伯襄，别号颖亭，曾任句容知县、湖广按察副使、四川按察使、福建按察使等职，被称为万历年间的“循卓名臣”。陈家与袁黄的关系，非同一般。袁黄的儿子袁俨，娶了陈于王的女儿为妻。袁俨曾任高要知县，天启七年卒于任上，年仅47岁，葬于嘉善的思四区北道圩沙塔浜地方，后被吴江、嘉善两地奉入乡贤祠。

---

[1] 根岸佶：《中國社會に於ける指導層——耆老紳士の研究》，平和书房1947年版。

[2] 王家范：《晚明江南士大夫的历史命运》，收入氏著《百年颠沛与千年往复》，上海远东出版社2001年版，第353—371页。

万历十三年出生，崇祯七年中进士，曾任中书舍人、南京国子监丞、弘光朝的祠祭员外郎等职，以组织推动同善会而闻名后世的陈龙正（1585—1645年），是陈于王的次子。他少即聪颖，深受袁黄赏识。袁黄曾对陈于王言："公二子皆贤，然少者孝思最深，所至不可量。"陈龙正在投身举业的过程中，受同邑名士吴志远的称赏，最后到无锡拜东林党领袖高攀龙为师，与后来名扬天下的魏大中（1575—1625年）成为同学。[1]

魏大中是万历四十四年进士，历任行人司行人以及工科、礼科、户科给事中，累官至吏科都给事中，是当时所谓"东林前六君子"之一。他还在嘉善做秀才的时候，好友钱士升[2]就称赞他"卓然以名教自任"。[3]天启五年四月十三日，已经乡居的魏大中，安排次子魏学濂迎娶陈龙正之兄陈山毓的女儿为妻。四月二十四日，魏大中因阉党陷害而被捕。此事震动江南。据说，当时士民号恸者有万人之多。高攀龙则先后至吴江平望、无锡两地，迎候关押魏大中的囚车。陈龙正不避嫌疑前往无锡送别，并拜访高攀龙，"证学累日"。

陈龙正于万历三十二年大婚，妻子是丁宾的从孙女。丁宾（1543—1633年），字敬宇，又字礼原，号改亭，出生于丁家港（丁家栅），后来住在嘉善县城内的永安里。其父丁衮，倜傥好义，在乡间的声望较高。丁宾18岁时参加县试，被擢为第一。但他在嘉靖三十七年、四十年的两次乡试中遭遇挫折，直到隆庆

---

[1] 陈龙正：《几亭全书》"附录"卷一《陈祠部公家传》，康熙云书阁刻本，收入《四库禁毁书丛刊》集部第12册，北京出版社1997年影印版，第701页；陈鼎撰：《东林列传》卷十一《陈龙正传》，文渊阁四库全书本。

[2] 钱士升（1574—1652年），字抑之，嘉善人，万历四十四年状元，官至礼部尚书兼东阁大学士，曾极力救护为魏忠贤一派所害的赵南星、魏大中等人，为东林党人士所推重。参《明史》卷二百五十一《钱士升传》，第6487页。

[3] 魏大中：《藏密斋集》，钱士升"序"，崇祯刻本，收入《续修四库全书》集部第1374册，上海古籍出版社2002年影印版，第496页。

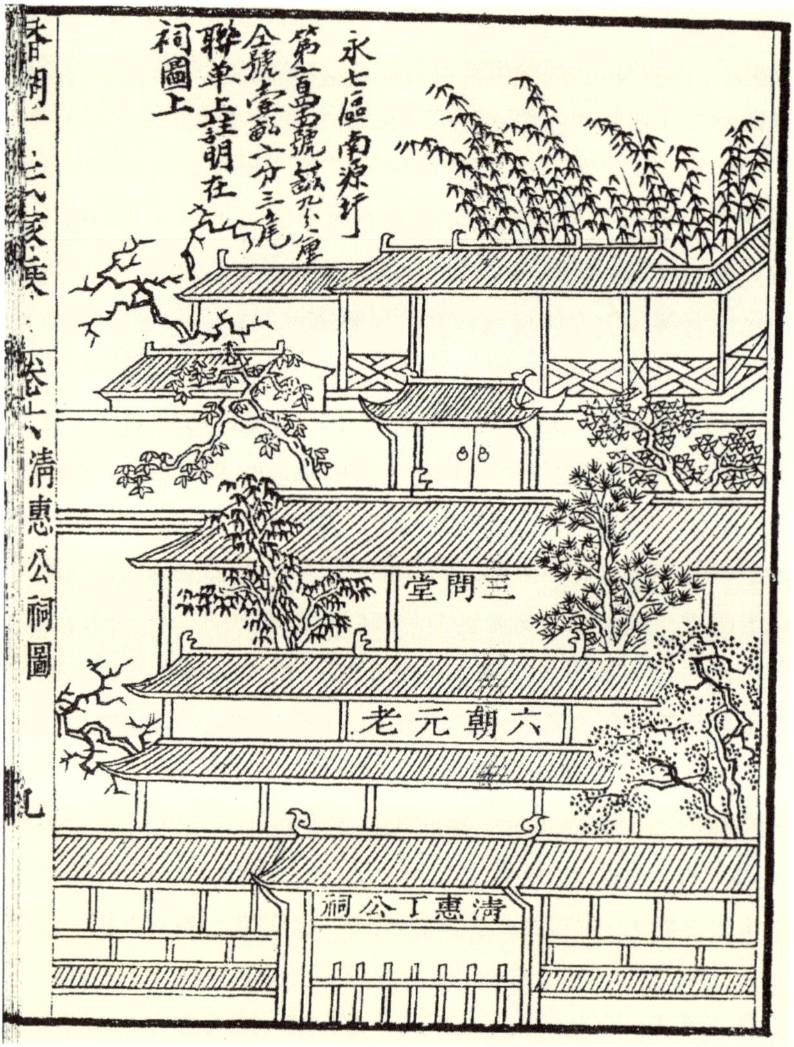

《香湖丁氏家乘》所绘嘉善县城内的丁宾祠堂

五年才高中进士。丁宾及其兄长丁寅，与袁黄有着共同的旨趣，有着“视帖括为刍狗”的潇洒气度，都认同阳明心学一派，且深有体悟。无论在学界还是在官场，丁宾都堪称“有道君子”。[1] 丁宾曾任句容知县、南京大理丞、南京右佥都御史、工部左侍郎、南京工部尚书、太子少保等职，在万历至崇祯时期的官场上声望极著。袁黄对丁宾应当是十分敬重的。在给丁宾的信中，他不吝钦敬颂扬之词：“足下真实之心、恺悌之行事，不敢为天下先而举世让步，言若讷讷而能使听者醉心，以至柔而胜天下之至刚，以无为而胜天下之有为，实当世之伟人而理学之巨擘也！”[2]

陈、丁两家的联姻，强化了当时嘉善地方最顶级的豪族网络。这一紧密的姻亲友朋网络，反过来又极大地抬升了身处其中的当地精英分子的社会地位和声望。

也许因为祖上有寓居吴江芦墟的历史，袁家与居于分湖边的北库叶家埭的名族叶家有着很深的渊源。袁黄的好友、同科进士叶重第，曾将其子托付给袁黄收养，取名“绍袁”。作为养子，叶绍袁自幼就在袁家长大，与袁俨是异姓兄弟。他于天启五年中进士，曾任工部主事，晚号天寥道人。袁俨之子袁栞还娶了叶绍袁的长女叶纨纨为妻。

从袁颢时代开始，袁家就推崇宋代范仲淹父子的行善之风，非常认同“积善之家，必有余庆”的言说。袁黄的父亲袁仁淡于功名，但于“行谊”则相当看重。他在给妹夫沈抑之的信中曾这样论道：“吾祖吾父孳孳训吾辈，谓浮华易谢，实德难磨，故不以科第为荣，而以行谊为重。此妹丈所熟闻者也。”[3] 而袁黄的慈善理念、功过修行观在当时更是产生了极大影响。

[1] 袁黄：《两行斋集》卷十二《光禄寺署丞清湖丁公行状》，第1456—1460页。

[2] 袁黄：《两行斋集》卷九《尺牍·退丁敬宇书》，第1317页。

[3] 袁仁：《参坡公袁先生一螺集》之《沈抑之妹丈》，收入袁黄编：《袁氏丛书》卷十，

由于深受佛教信仰的影响，袁黄积极支持地方的慈善事业。在当时的官绅阶层中，存在着基于共同信仰的松散网络。例如，杭州的一座寺庙破败后，袁黄联系了一些重要的官绅，如陆光祖、冯梦祯、严澄[1]等人，准备联合将其兴复。[2]这些人都与袁黄有共同的信仰偏好。上述事例显示出他们之间可能存在的密切关系。

崇祯年间，陈龙正等人在嘉善推动同善会活动，仍有受袁黄思想影响的痕迹。这或许可以从陈龙正在当地举行同善会活动时的公开演讲中，略窥一二。他的第一次演讲是在同善会成立的次年春天，他说："这同善会，今日是第一遭行起，……所讲的道理故事，都是《五伦书》与《孝顺事实》《为善阴骘》上的。缘这三部书，是永乐、宣德年间颁行天下，与《圣谕六言》一般意思。"最后一次演讲是在崇祯十七年秋天。此时明王朝在北方已经覆灭，明朝残余势力在南京拥立了弘光小朝廷。他说："今年苍生大不幸。遭此天翻地覆，一时官绅士庶惊惶失措，真觉无以自立于天地之间。……今幸变故已定，国运方新，官民上下一个个如起死回生，又须重新整顿个人生在世的大道理。生理如何，只认定同善二字，便是凡与人同的是善，与人异的决是恶。……高皇帝《圣谕六言》，结末二句云'各安生理，毋作非为'，一作非，便反却生理，走向死路上去矣。我们通邑之人，经此大变故，方体贴出这生理二字来。切勿遗亡，自家性命还须自家保守。"[3]

---

[1] 陆光祖（1521—1597年），平湖人，嘉靖二十六年进士，曾任吏部尚书。冯梦桢（1548—1605年），秀水人，号真实居士，万历五年进士，曾任翰林院编修、南京国子监祭酒。严澄（1547—1625年），常熟人，古琴学家，虞山派创始人，大学士严讷次子，以父荫官至邵武知府。

[2] 万历《钱塘县志》纪文，"杂文"条，万历三十七年修、光绪十九年刊本。

[3] 陈龙正：《几亭全书》卷二十四《政书乡筹二》，"同善会讲语"条，《四库禁毁书丛刊》集部第12册，第180—181页。

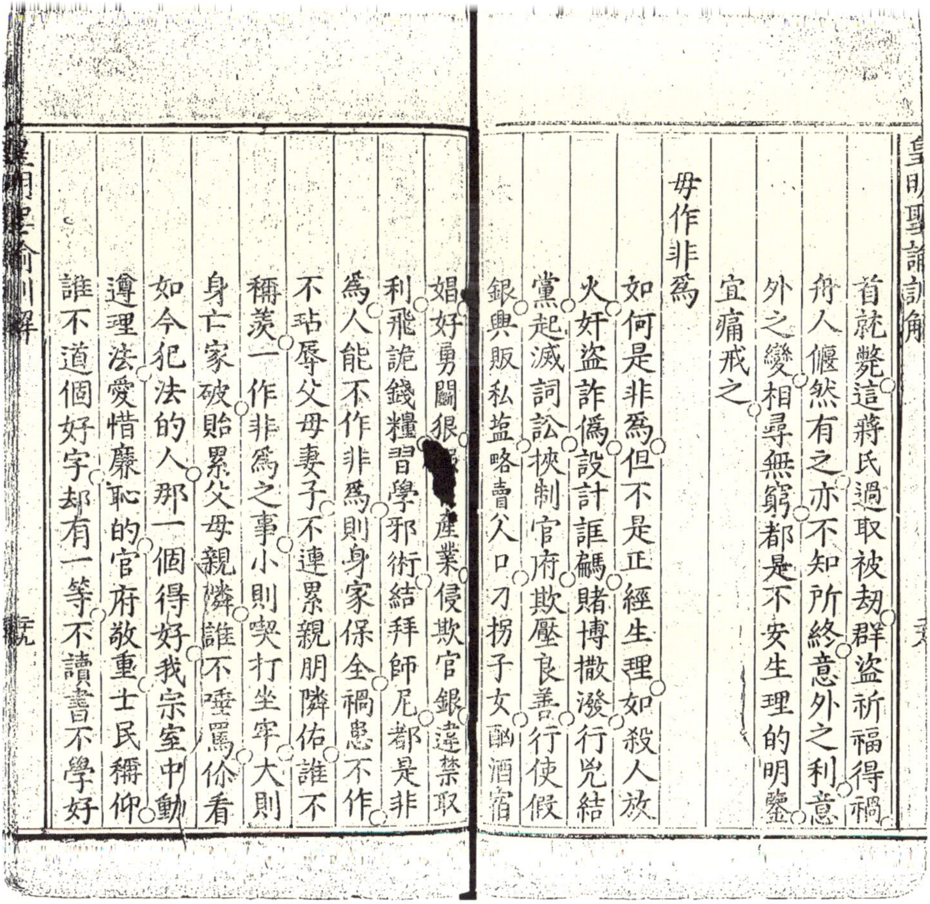

首就斃這蔣氏過取被刼群盜祈福得禍
舟人偃然有之亦不知所終意外之利意
外之變相尋無窮都是不安生理的明鑒
宜痛戒之

毋作非爲

如何是非爲但不是正經生理如殺人放
火奸盜詐僞設計誆騙賭博撒潑行兇結
黨起滅詞訟挾制官府欺壓良善行使假
銀興販私塩略賣人口拐子女酗酒宿
娼好勇鬭狠[illegible]產業侵欺官銀違禁取
利飛詭錢糧習學邪術結拜師尼都是非
爲人能不作非爲則身家保全禍患不作
不玷辱父母妻子不連累親朋隣佑誰不
稱羨一作非爲之事小則喫打坐牢大則
身亡家破貽累父母親隣誰不唾罵你看
如今犯法的人那一個得好我宗室中動
遵理法愛惜廉恥的官府敬重士民稱仰
誰不道個好字却有一等不讀書不學好

《皇明圣谕训解》中对朱元璋《圣谕六言》最后一言“毋作非为”的解释

袁黄有大批从游者及门生，这主要是因为他在举业方面有着独到的教育方法，且成功率相当高。[1]袁黄于隆庆四年中举后，“负笈者云集，指授文规，往往得隽去”[2]，得到时人极大的崇信。袁黄自己也颇为得意，在《游艺塾文规》中说：“场中触目处，全在破题。”袁黄在这本号称“举业定衡”的名著中，一开篇就提到，自己的举业心得在海内久为艺林所传诵。他退出官场后，“杜门教子，复将新科墨卷，自破而承而小谓大讲，分类评订，如何而元，如何而魁，如何中式，一览了然”。[3]另外值得称道的是，在自己的学生过世后，袁黄还会想办法，以合适的机会向官府呈请予以必要的照顾，显示其“怜贫好才”之意。[4]

[1] 参张献忠：《袁黄与科举考试用书的编纂——兼谈明代科举考试的两个问题》，《西南大学学报》2010年第3期，第193—199页。

[2] 乾隆《吴江县志》卷二十八《人物五·名臣三》。

[3] 袁黄：《游艺塾文规》，新刻题识，卷二“破题”条，万历三十年刻本，收入《续修四库全书》集部第1718册，上海古籍出版社2002年影印版，第1、24页。

[4] 袁黄：《两行斋集》卷九《尺牍·与苏州太府书》，第1324页。

五　权势格局与地方生活

晚明嘉善县的权势格局，表面上是以城中的县衙为中心，以皇帝的代理者知县为代表。但就任知县的官员更迭不断，在地方上显然不能形成长久的影响力或权力关系网。所以，那些长期存在于地方社会中的权势群体，就显得更为重要。

在袁黄退官返乡的时代，嘉善县有名的知县，首先是章士雅。章曾敦请袁黄等人主编县志，其中不少内容被后世所编方志传抄。为加强嘉善地方行政管理与治安工作，章士雅撰写了《正疆界议》《置栅议》《夜防议》，都收在这部县志中，很受后人重视。顾炎武的《天下郡国利病书》中，就完整抄有章氏的《正疆界议》。

此后到崇祯年间，先后担任嘉善知县的主要有万历二十六年的余心纯、万历二十九年的谢应祥、万历三十六年的詹尔达、万历三十八年的徐仪世、万历四十五年的吴道昌、天启二年的康元穗、天启五年的林先春、崇祯二年的蔡鹏宵、崇祯六年的马成名、崇祯七年的李陈玉、崇祯十四年的刘大启、崇祯十五年的聂允绪、崇祯十七年的詹承恴等人。[1]

这其中大多数人，都与地方权势群体关系极好。这种地方权势群体与官场交好的情况，在陈龙正的《几亭全书》收录的大量书信中有突出呈现。向州县政府提出建议、表达地区内各方

[1]　嘉庆《嘉善县志》卷十《官师志·职官》，嘉庆五年刻本；光绪《重修嘉善县志》卷十四《官师志上·职官》，光绪十八年刊本。

意见的乡绅们，变得越来越重要。绅士们在地方公事方面的参与度应该是很高的。像松江地方，不少公事都是需要“公所会议”的。[1]当时，江南地方的官吏、乡绅、县民等聚于府学、县学，会商施政的习惯已很普遍，当时称为“士民公议”或“地方公议”。[2]明末清初的上海人叶梦珠这样讲道：士人“一登科甲，便列缙绅，令人有不敢犯之意，非但因其地位使然，其品望有足重也”。[3]退官返乡后的绅士颇具话语权威，威望极高，甚至“居间请托，估计占夺”，无所不为。[4]地方衙门“受乡绅请托”之风大盛，在江南这个冠盖辐辏之地，“无一事无绅衿孝廉把持，无一时无绅衿孝廉嘱托”。[5]

在县城这样的生活空间中，除了政府的常设衙署机构外，很多空间其实属于地方“豪族”“势家”的聚居区。袁家从陶庄移居到魏塘镇（县治所在）时，正是晚明社会剧变的时代。袁家城居化的生活，一直维续至明末。县城是一个县域社会的政治中心。入城或者与城市接触，在民间经常性地被视为与官府有交往或者是与衙门有纠结。但袁家的城居情况并不十分清晰，仅在光绪《重修嘉善县志》中，有简单的记录。该书对袁家的“药园”有这样的记述：“在城东南隅，明袁仁家居八景之一。”[6]

据袁仁自述，“家居八景”是其父袁祥赘入殳家后，将殳家所分的房产交授给女婿钱萼，自己另于魏塘镇内亭桥浒堂之东建筑一厅居住，并精心布置，而形成了所谓的“八景”。袁仁说：

---

[1] 曹家驹：《说梦》，道光八年醉沤居士钞本，收入《四库未收书辑刊》第10辑第12册，北京出版社2000年影印本。

[2] [日]滨岛敦俊：《方志与乡绅》，《暨南史学》2003年第6号，第252页。

[3] 叶梦珠：《阅世编》卷四《士风》，上海古籍出版社1981年版，第83—85页。

[4] 郑瑄：《昨非庵日纂》三集卷九，“惜福”条，明崇祯刻本。

[5] 吴晗：《明代的新仕宦阶级，社会的政治的文化的关系及其生活》，载中国社会科学院历史研究所明史研究室编：《明史研究论丛》第五辑，江苏古籍出版社1991年版，第1—68页。

[6] 光绪《重修嘉善县志》卷三《区域志三・古迹》。

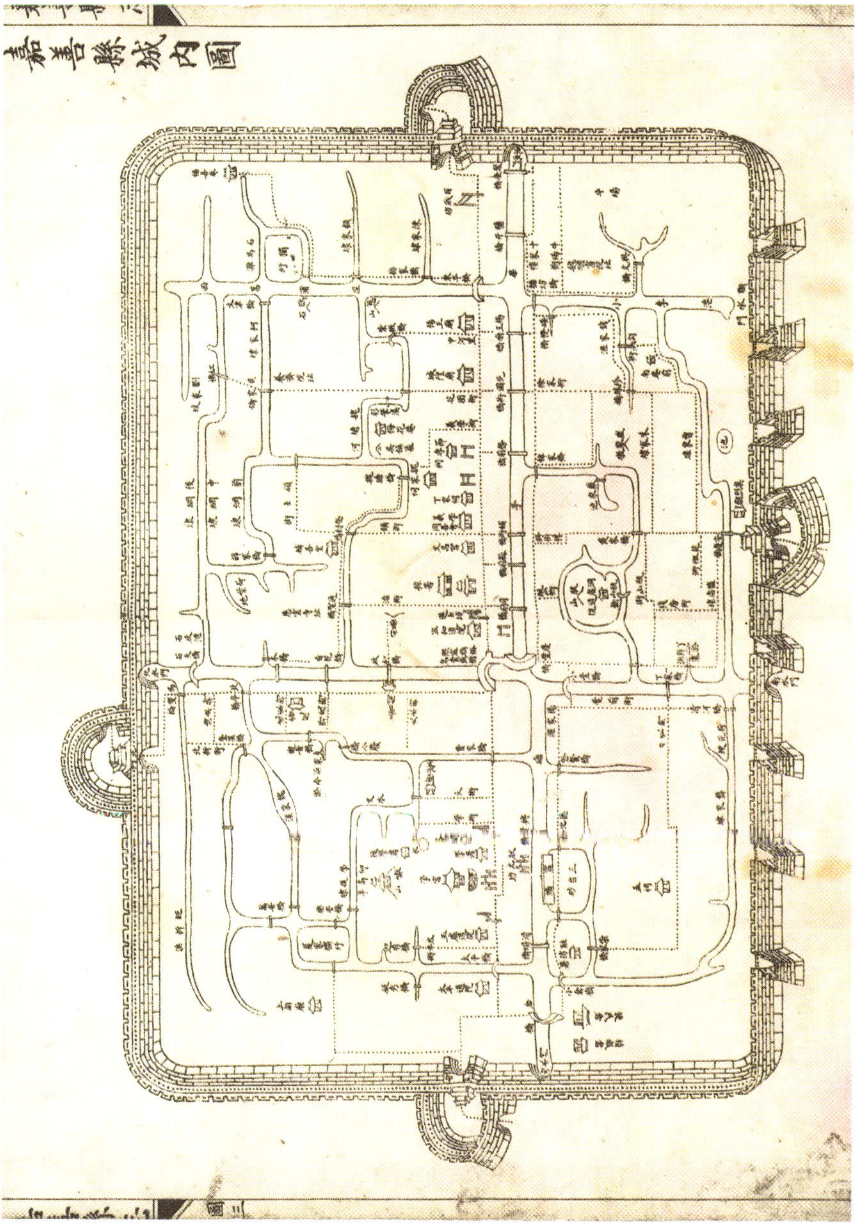

光绪《嘉善县志》所附县城图

“读书抚景，徜徉自适。客至则对酒赋诗，评花咏月，陶然有忘世之趣。吾父既没，余承遗业，思前虑后，愁肠如织，爰作《家居八景赋》以贻之子孙。”袁氏在“愁肠如织”的心境下所述的八景，不妨照录于下，以见其概并略窥袁仁之生活旨趣：

> 植杏于庭而以轩临之，曰怡杏轩；东北有园，植药草三十余种，曰种药圃；轩之东起小楼，楼前有山，曰云山阁；阁后有垩室，曰雪月窝；窝北有池，植藕其中，曰半亩池；上有桥，曰五步桥；绕池皆植芙蓉而虚其南，曰芙蓉湾；湾之南植蔷薇而周围以木架之，曰蔷薇架。[1]

这一“家居八景”，在袁祥时代已经成形，是一个寓于县城内却不失乡野风光意趣的生活空间。袁仁说：“吾父卜筑西菖蒲泾，上有圃可艺，有池可泳，有阁可登，有桥可涉，有轩可偃息，有红杏、青松、芙蓉、蔷薇可寓目而笑傲，余承而居之。”到了嘉靖十二年四子出生时，他觉得这样的空间有些狭隘，于是继续向南筑室，扩大空间。这个新空间的正南门，正好对临魏塘河。其他相应的厨房、仓储、卧室等，就置于袁家整个生活空间的东部。袁仁将它们总称为“半村居”。“半村居”西南就是城内的集市贸易区，东北就属乡野之区了，倒也符合不城不乡的意境。[2]

而袁仁所说的“种药圃”，即“药园”。《嘉善县志》中明确指出，该处后来成了钱棅（1619—1645年）的读书处，并改称“南园”，不久“又归曹清臣，割其东偏属海宁查氏，名半园。今俱废”。袁家留下的故居宅第，虽然已然易主，但这个优雅去

[1] 袁仁：《家居八景赋（序）》，收入袁黄编《袁氏丛书》卷九《参坡公袁先生一螺集》。
[2] 袁仁：《参坡公袁先生一螺集》之《新筑半村居记》，收入袁黄编《袁氏丛书》卷十。

处一直被地方名士们所称颂。[1]

明末当地名流孙在镐的《游钱文部南园诗》，这样描述已被称作“南园”的袁家老宅：“小结疏篱代短墙，傍篱一带绿垂杨。窗敲竹叶琴声碎，月印松梢鹤梦长。静看流泉穿石砌，闲收好景入诗囊。闭关不放红尘到，疑是蓬莱只此乡。”

万历四十年秀才、魏大中之孙魏允枏，也写有“南园”诗，即《南园杂兴诗》：“我爱南园好，池亭面面幽。相逢湖海客，共拟竹枝游。玉树含风冷，银河接地流。此中有邱壑，何必问瀛洲。”

出身名门的秀才蒋睿的《南园诗》，对城中这处住所也有类似的描画：“落落晚风晴，时传款乃声。短桥斜渡水，虚槛敞临城。夜雨怜宵柝，春残乱晓莺。谢公遗泽在，未许曲池平。”

而家居就在东亭桥西浒、与袁家相邻的当地名士曹庭栋（1700—1785年），作有一首《查氏半园落成、集同人举真率会诗》，讲述了他与友人在已改归查家的“半园”举行同好之间的“真率会”：“旧圃辟新径，入门殊快哉。背城森竹木，面水市亭台。歌妙我能按，诗悭客勿催。此盟自今始，一月一回来。”

“南园”主人“钱文部”即钱棅。他是钱士升的次子，较袁黄晚了两辈。清兵下江南时，他成了地方抗清领袖。至于“半园”的主人海宁查氏，在明末清初极为有名。

在万历朝前期，由于袁黄举业的成功，其父袁仁有了恩封“知县”的荣衔。相同的例子，就是丁宾的父亲丁衮，也因子贵而恩封“知县”。[2]但袁黄过世后，袁家的权势地位大不如前，影响力急剧下降。

袁黄这一代，包括丁宾、陈于王、支大伦等人的世代，开始

[1] 光绪《重修嘉善县志》卷三《区域志三·古迹》。

[2] 万历《嘉兴府志》卷十七《貤封》，万历二十八年刊本。

过渡到钱士升、陈龙正、魏大中以及袁黄的养子叶绍袁等这一代人。由于王朝政治与地方社会变化的影响，他们展现出的特质较袁黄这一代有所不同。令人遗憾的是，时代变化带来的不安全感、王朝的危机感，较之前变得更加严重。随着明清更替的到来，他们也很快成了历史。

空间的历史演替，完全可以表现出权力格局的转换之态。在城市生活空间中，权势家族集聚于一处，是惯常的表现。在嘉善县城中，魏塘河自西向东，贯穿全城。自建立县治以来，重要的政府机构和神灵信仰祠庙，都紧临该河两岸分布。在河北的县衙东面，“同善会馆”与“节孝祠”之间，后来建有钱士升撰写祠堂碑记的“丁宾祠”。再往东，是上述袁仁、袁黄的故宅，紧靠东亭桥。再往东不远，是陈龙正的故宅，位于陈家埭。而钱士升的故宅，则在魏塘河南岸的花园弄钱家汇，与河北的袁家也不远。

而在城外的乡野之地，除丁宾家族乡间的世居地（丁家的城居地当时在“永安里”）在县境东北隅的丁家港（丁家栅）外，胥五区（旧称胥山乡）应该也是一个极重要的空间。这里是陈龙正家族的世居地。在胥五区东律字圩陈家横泾桥地方，有陈家的一个祖茔地，其西北方就是陈家的旧居，两处相隔仅数十米。该祖茔地葬有陈家的始祖陈惠，相传他是从临安迁居嘉善的。另一个祖茔地则在上述旧居东南二里许的西南闰字圩地方，邻近的河西就是香和庵。此外，那里还有家族的义庄。义庄约有五顷，“岁量所入，资给族众”。离这儿不远，则有支大伦家族聚居的王带（亦称王埭）镇，还有袁黄自己选定的墓地所在。

袁黄晚年一直笃信风水，在“营寿藏”时，曾雇舟于乡间寻觅合适的地方。这种广泛意义上“生活空间”的安排，显得颇为有趣，有不少好事者将之记入了地方史志。据记载，袁黄在寻觅的过程中，“至一村，见一老人，须鬓皆白，问之曰：‘此间有好风水否？’答曰：‘农民生长此地，七十余年矣，但见官人来作

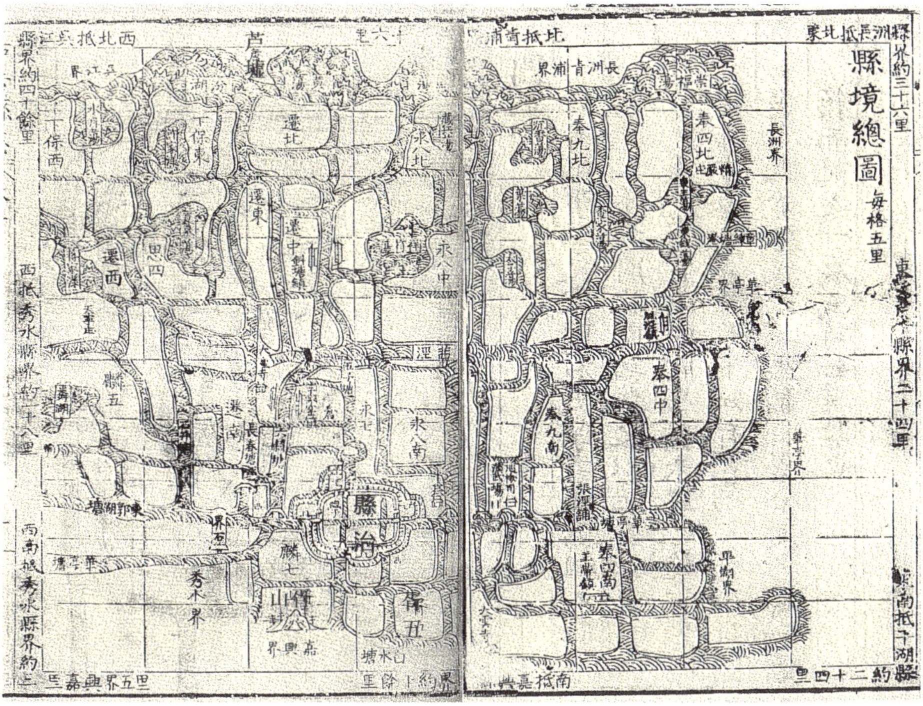

万历《嘉善县志》中所反映的胥五区生活空间与芦墟的位置

坟，不见官人来上坟。’袁恍然悟，遂反棹”。[1]袁黄最终选定的葬地，在胥五区的大西收字圩独社浜（今惠民镇王家村）。

[1] 光绪《重修嘉善县志》卷三十五《杂志中·外纪》。

六 官绅阶层的接受与排斥

在晚明的绅士生活圈中，袁黄的思想显得极具个性。他在自编的《游艺塾文规》中，指出朱熹的《四书章句集注》多有句法“累坠”“软弱”“懒慢”等病，“凡有一句一字可用者俱圈出，其不可用者皆抹杀，即朱传亦有可用及断不可用者，切须诠择”，语中多存嘲讽之意。[1]他在晚年还将其自著的《四书删正》以《了凡袁先生四书删正兼疏意》为题，付梓出版。这在尊奉程朱为正统的理学家们看来，无疑是大不敬的举动。

王夫之曾批评说：“诗之有皎然、虞伯生，经义之有茅鹿门、汤宾尹、袁了凡，皆画地成牢以陷人者：有死法也。”[2]王氏的评说不可谓不严厉。无锡人、曾任湖州知府的陈幼学，对于袁黄“批削《四书》《书经集注》”而成《删正》一书并且大行于时，作了许多驳正，抗疏论列，终使其镂板尽毁。[3]

袁黄在生前身后招致了颇多物议。以“功过格”理论为例，黄宗羲即认为奉行者是“与鬼神交手为市”，张尔岐则说袁黄“与天地鬼神为市”，这都是很严重的批评。刘宗周在其所撰的《人谱》中，对流行一时的“功过格”理论也进行了反驳。直到清末，知识阶层中仍不乏这种对袁黄表达不满的评说。如太仓

[1] 袁黄：《游艺塾文规》卷一，“国家令甲”“文有十忌”条，万历三十年刻本，收入《续修四库全书》集部第1718册，上海古籍出版社2002年影印版，第7、13页。

[2] 王夫之：《薑斋诗话笺注》卷二《夕堂永日绪论内编》，戴鸿森笺注，人民文学出版社1981年版，第69页。

[3] 《明史》卷二百八十一《循吏》，第7217—7218页。

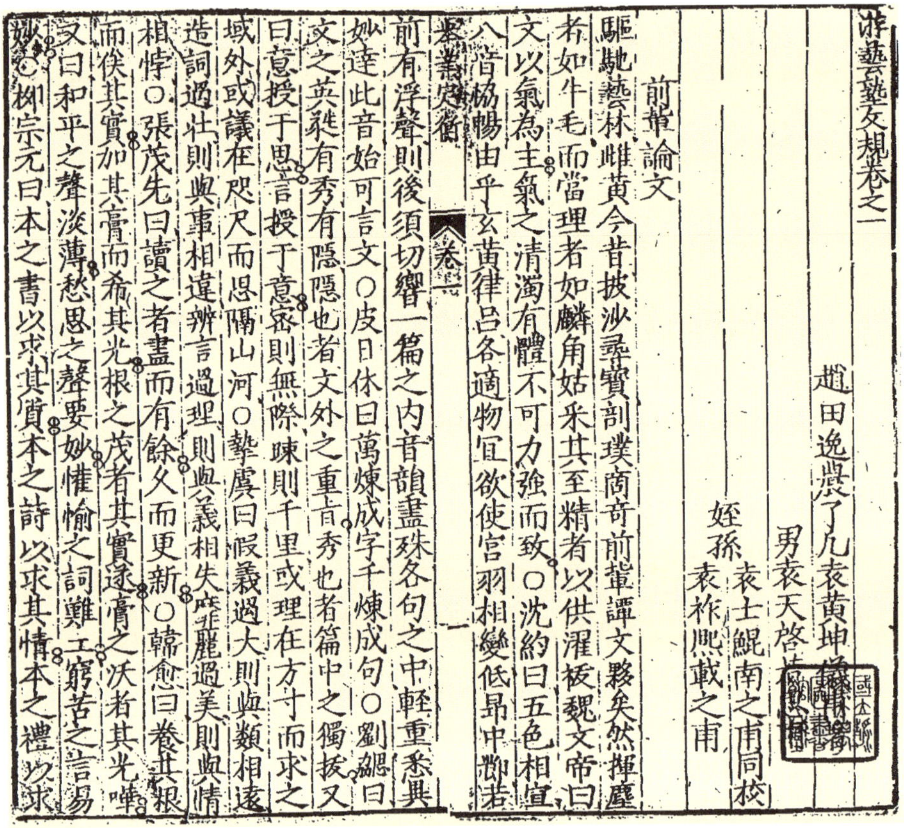

游藝塾文規卷之一

趙田逸農了凡袁黃坤

男袁天啓

姪孫　袁士鯤南之甫同校

袁祚熙載之甫

前輩論文

驅馳藝林雌黃今昔披沙揀寶剖璞商奇前輩譚文夥矣然揮麈者如牛毛而當理者如麟角姑采其至精者以供濯拔魏文帝曰文以氣為主氣之清濁有體不可力強而致○沈約曰五色相宣八音協暢由乎玄黃律呂各適物宜欲使宮羽相變低昂中節若

舉業彀衡　卷一

前有浮聲則後須切響一篇之內音韻盡殊各句之中輕重悉異妙達此音始可言文○皮日休曰萬煉成字千煉成句○劉勰曰文之英蕤有秀有隱隱也者文外之重旨秀也者篇中之獨拔又曰意授于思言授于意密則無際疎則千里或理在方寸而求之域外或義在咫尺而思隔山河○摯虞曰假象過大則與類相遠造詞過壯則與事相違辯言過理則與義相失靡麗過美則與情相悖○張茂先曰讀之者盡而有餘久而更新○韓愈曰養其根而俟其實加其膏而希其光根之茂者其實遂膏之沃者其光曄又曰和平之聲淡薄愁思之聲要妙懽愉之詞難工窮苦之言易妙○柳宗元曰本之書以求其質本之詩以求其情本之禮以求

万历三十年刻《游艺塾文规》书影

人叶裕仁就认为袁黄是"以祸淫福善之说化人，人从而化之"。[1]在所谓道德正统论占据官绅精英主流生活的情形下，袁黄遭到了太多的排斥。一个极重要的原因，应该就是袁黄的言行明显张扬了佛教因果说。

袁黄死后，袁俨曾向官府申请将其父请入乡贤祠，却未成功。这似乎也表明，晚明社会虽然秩序崩坏，但清议之风依然盛行，认为袁黄没有资格进入乡贤祠的舆论广泛存在。对于当时的场景，乾隆《吴江县志》的记载是这样的：

> 万历以来，李贽、袁黄之说盛行于世。黄子俨举天启乙丑进士。师儒守令请祠黄于乡贤，俨奉其状见学使樊公，樊公不应。复以著书立教为言，公正色曰："若无此著述，亦不害。"其同年进士陆君，亦为其父广文请祠，而以爵卑为嫌。公阅其状，徐曰："匹夫为善于乡，身没之后，使人不忘，即可从祀，况士乎？乡贤之典，以贤不以爵也。"许之。因复代为袁请，而称其著书有裨学者。公复正色曰："只为多此著述，故必不可。"既退，吏抱文书入，公立批数十言，末云："提调官永不许溷请，请者参处，以为创立邪说、畔道背经、学术之蟊贼、名教之罪人立案。"吏以白俨，俨奉书涕泣而去。[2]

此段记录，完全抄自明末清初桐乡名士张履祥的《见闻录》，文字上省略不少，但意思一致。[3]张履祥还说："近世，袁黄、李贽混佛、老于学术，其原本于圣人之道不明。洪水猛兽，

---

[1] 叶裕仁：《余孝惠先生年谱跋》，收入北京图书馆编：《北京图书馆珍本年谱丛刊》第156册，北京图书馆出版社1999年影印版，第339页。

[2] 乾隆《吴江县志》卷五十七《杂录二·旧事二》。

[3] 张履祥：《杨园先生全集》卷三十一《言行见闻录一》，中华书局2002年版，第000页。

盖在于人之心术也。”[1]

类似的不满之言，还见诸嘉靖、万历时期的名宦、乌青镇（今乌镇）人李乐的《见闻杂记》。李乐在书中说，他在晚年见到袁黄所编的《四书删正》中，“全不用朱夫子注”。“又见涂抹四书，凡圈外注全涂抹。其正注《学》《庸》十涂一二，《论》《孟》十涂四五。”[2]这让他十分震动和不满。

在乾隆年间吴江地方的官绅们看来，明末清初主流社会对于袁黄著述之谬的批判，绝不止于“功过格”。所以学使樊公不允许袁黄列于乡贤祠中，是完全可以理解的。但他们也承认，袁黄宦绩甚伟，又博览载籍，有过人之处。他们强调“慎重乡贤”的意义，推重张履祥的评说，以应对乾隆年间官方道德评判与社会秩序维护工作中存在的不良风习，以及风俗日薄的颓相。故而他们在编写方志时又保留了这样一小段意味深长的文字：“今为人子孙者，或藉此为门户光宠，好为增饰，以诬其祖，而有司亦第以善善欲长之意，不复核实推求，遂使大典日轻，而睥睨者日益众也。”[3]

可以说，袁黄是一个有着多重面相的关键人物。他在政治上由于宝坻县政的成效而极受时人颂扬，官声颇佳；生活上比较通脱，晚年作为在城乡之间游走的乡绅，在民间拥有很高声望，在士人生活圈中更具广泛的影响力；思想上则排斥所谓理学正统。他的言行，在当时及以后，长期处在一种被排斥与接受的矛盾状态中。在袁黄身后，其着力宣扬的“功过格”、劝善思想以及救荒理念等，影响日益扩大。

晚明的中国社会，确实有袁黄父亲袁仁所论的“举世蚩蚩，

[1] 张履祥：《杨园先生全集》卷二十七《愿学记二》，第747页。

[2] 李乐：《见闻杂记》卷六，万历间刻本，上海古籍出版社1986年影印版，第663页。

[3] 乾隆《吴江县志》卷五十七《杂录二 · 旧事二》。

颓风靡靡，江湖下趋，势不可返”之态。对于遍布朝野的困弊该如何挽救，袁仁感到十分困惑：“江南之租赋太重，何以轻之？北方之荒土甚多，何以辟之？奸倖满朝，何以祛之？贿赂公行，何以清之？造作不息，醮祭日繁，何以止之？贤人在野，何以进之？四夷未靖，边费日增，何以省之？”[1]这么多社会、经济与政治方面的大问题，显然不是整个王朝在短期内能真正解决的。

时代变化带来的不安感受，当然会从精英阶层扩展至更为广泛的世界中。地方精英与浸染着其他精神传统的民众发生着各种层面的接触，两者间就很需要像袁黄这样的独特人物从中联结。然而，在地方利益和王朝统治发生冲突时，远离王朝统治中心的袁黄的“地方性”，得以充分展现，这就不可避免地让他与其他地域的民众在利益分割上产生矛盾。处在这样的复杂情境中，即使像袁黄这般通脱的人，最终仍无法置身事外，甚至动辄得咎。

袁黄等人身处社会变化剧烈的晚明，当时已是国势阽危之际。他在给好友张见吾的信中感慨道：

> 人之处世，如白驹之过隙。风雨忧愁，常居十分之九。我辈碌碌乾没于文字间久矣，纵得挨出穷乡，而所当勠力，所当殷忧者，其事正未足也。[2]

---

[1] 袁仁：《参坡公袁先生一螺集》之《与陆绣卿书》，收入袁黄编：《袁氏丛书》卷十。

[2] 袁黄：《两行斋集》卷九《尺牍·与张见吾书》，第1292页。

第五章

死于刀剑之下：大明朝最后的绅士们

天启末年以来，地方社会危机严重，民变不断兴起，天灾时疫流行，兼之东北女真人的威胁，兵连祸结，使明王朝到了崩溃的边缘。危机加剧的情势在北方表现得特别剧烈，而南方的局面相对而言比较稳定。但面对王朝统治的全面崩溃趋势、社会的失序、道德价值的混乱，紧张、焦虑、迷茫等思想情绪，充斥于士人群体之中。不过，南方的主流精英与社会舆论都没有太多王朝将倾的绝望情绪，人们根本不相信大明王朝会这么快覆灭。甚至到了李自成进入北京、清兵南下扬州等地、已是改朝换代的局面时，东南地区的绅士们还一直怀抱着明朝可以恢复重建的希望。最终被迫转入地下抗清的江南绅士，仍坚持与集结于宁波、舟山等地的残明势力相联系，期盼大明朝的复兴，直至生命的最后一刻。

一 王朝更替的开始

明朝政治的衰败与清朝政权的兴起，是中国历史上浓墨重彩、颇富戏剧性的一页。这一时期的中国，政治、经济、社会及思想文化诸方面都发生了巨大的变化转折。有人认为，正是由于政府的腐败、商业经济的迅猛发展、农村中旧的等级关系的瓦解、对正统理学的普遍怀疑，使明清之际的人们既面临着巨大的机遇，又充满着极大的不安。[1]

明朝末年，“纪纲日坏，吏治日颓，邪教日昌，民生日蹙，治兵使者不谈武备，而谈文章直指绣衣，不问激扬，而问诗酒，甚且达旦酣歌，风流自命，连宵灯火，日费数金，又何怪乎”。在这样的社会处境中，那些“贪墨长吏”自然就横行无忌了。[2]虽然崇祯帝“锐意有为，屡行召对”，常以边事问题切责大臣，人心也赫然震动，但整个颓败的情势已无法改变，也可以说是“有君竟无臣”的结果。[3]

对于大多数中下层人民来讲，面对社会变乱，如果挺身而出，必然深受其害，所以能选择的只有趋避一法。然而，北方地区响应李自成等人的反抗活动，十分频繁。此时，对江南地区震动最大的，莫过于崇祯帝死讯的南传。崇祯十七年三月十八日李

[1] [美]包筠雅：《功过格：明清社会的道德秩序》，“序论”，杜正贞、张林译，浙江人民出版社1999年版，第1页。

[2] 钱士升：《赐余堂集》卷六《与魏廓园年兄》，乾隆四年钱佳刻本，收入《四库禁毁书丛刊》集部第10册，北京出版社1997年影印版，第487页。

[3] 钱士升：《赐余堂集》卷六《与钱牧斋》，《四库禁毁书丛刊》集部第10册，第498页。

自成攻入北京时，崇祯帝自缢于煤山。受战乱影响，这一消息通过大运河传递至长江以北的城市如皋时，已是四月十五日了。[1]

明末清初著名文人冒襄描述了这一消息对南方地区所产生的震动："甲申三月十九日之变，余邑清和望后，始闻的耗。邑之司命者甚懦，豺虎狰狞踞城内，声言焚劫。郡中又有兴平兵四溃之警。同里绅衿大户，一时鸟兽骇散，咸去江南。"[2]冒襄的家，就在如皋县城中。到江南地区确知北京方面的消息时，已晚至四月底五月初。[3]

崇祯十五年中举的镇江人葛麟（约1600—1645年），于崇祯十七年四月二十二日，在焦山起草了讨伐李自成的檄文。他代表地方士人，沉痛地反思了明亡之际士风、吏治的败坏，社会的混乱与生活的不安，同时倡议大家起来反对投降，立誓报仇：

> 只以太平日久，文恬武嬉，习俗相仍，官贪吏狡。既驱民而为盗，盗愈起而民愈贫，犹加剥削；既输赂而得官，官益尊而赂益盛，更肆欺朦。九边不守，门户纷纭；四维不张，线索联络；衣冠豺虎，咀嚼生民；诗书禽兽，败坏军国。何怪乎潢池之啸起、铜马之嚣陵也哉！……府县欺抚按，抚按欺部院，部院欺宰相，宰相欺天子，以致群盗啸聚山林，流氛横蹂直省，毒害及于神京，凶残播于宗庙。群臣欺蔽之祸，至是而已极；逆贼横行之势，至是而莫加。凡我臣民，各怀血气，目击庙朝之难，自应不共戴天，共报君父

[1] ［日］岸本美绪：《崇祯十七年的江南社会与关于北京的信息》，《清史研究》1999年第2期。

[2] 冒襄：《影梅庵忆语》，收入《美化文学名著丛刊》，上海书店1982年据国学整理社1936年版重印本，第15页。

[3] ［日］岸本美绪：《崇祯十七年的江南社会与关于北京的信息》，《清史研究》1999年第2期。

之恩。[1]

对于长久处于安逸生活中的江南绅士而言，“甲申之变”堪称“天崩地裂，悲愤莫喻”[2]。在他们的记述中，多将此“万古痛心事”，比喻为日月湮沦。[3]很快，清军入关，多尔衮、爱新觉罗·福临等人进入北京，宣称清朝正式建立。对地方社会来说，明清交替之际的国家权力，似乎处于一种真空状态。江南的一些官吏与乡绅，仍然在为维持社会稳定付出努力。有学者指出，在当时的江南社会生活中，国家机制发挥的作用微乎其微。流言四播所产生的社会秩序混乱，已经十分严重。[4]异族统治的压力以及明末以来自然灾祸的重击，使整个社会陷入一种危急忧惧的状态。长期生活于江南优裕环境中的文人们，深深感到了末世社会变乱的危险。

许多坚持道德正统的绅士，公开表示反对清朝，有的甚至还想联络一些“健儿侠客”之流，作为新成立的南明王室的“勤王之备”。[5]他们对已降清的官员绅士进行了严厉声讨，如当时苏州府诸生袁良弼等撰《公讨降贼伪项煜、宋学显、钱位坤、汤有庆檄》、常熟县士民撰《常熟县讨叛公檄》、苏州绅士撰《移讨嵩逆檄》、金坛县诸生撰《公讨降贼诸臣义莫大于君臣、罪莫滔于叛逆》、嘉兴府绅衿《公讨伪户政府司务檄》等。他们甚至将那些败坏“忠孝之风”的人斥为“家人小畜”。[6]归有光的曾孙

[1] 葛麟：《葛中翰集》卷二《焦山募讨李自成檄》，收入潘锡恩辑：《乾坤正气集》卷四百五十五，道光二十八年袁江节署求是斋刊、同治五年印行本。

[2] 冯梦龙编撰：《甲申纪事》“序”，上海古籍出版社1993年影印本。

[3] 归庄：《归庄集》卷一《诗词·除夕七十韵》，上海古籍出版社1984年版，第35—36页。

[4] [日]岸本美绪：《崇祯十七年的江南社会与关于北京的信息》，《清史研究》1999年第2期。

[5] 参孙静庵：《明遗民录》卷三《张履祥》《陈瑚》，卷四十《徐孚远》，新中华图书馆1912年版、浙江古籍出版社1985年版。

[6] 参冯梦龙编撰：《甲申纪事》卷八。

归庄（1613—1673年）就说："死为枯骨亦已矣，那堪生而俯首事逆夷。"[1]

忠于明室的士大夫们，为大明的覆亡痛泣三日。当时人称"醉梦不醒人事"的弘光帝在南京即位后，才使江南人心稍微稳定。据说在弘光帝所下的诏书中，有一句"与民更始"。地方上于是讹传，凡是奴仆之辈，可以"尽行更易，不得复奉故主"。江南地方的"奴变"就此兴起。在松江，奴仆千百成群，到主家讨还契约以摆脱奴仆身份，结果奴杀其主者无数。清兵南下后，地方上又遍起"乡兵"，公报私仇的情况更是不一而足。时人曾羽王从上海浦东的周浦镇赶向新场镇，行至下沙地方，看到路上行人无不带刀。他大感惊惧，半途而返。[2]

本来，弘光朝的建立，给江南官绅带来了新希望，如顾炎武所谓的"诚枕戈待旦之秋、卧薪尝胆之会也"。[3]但弘光帝质性暗弱、荒淫太过，江南地方买官鬻爵成风，民间有所谓"都督满街走，职方贱如狗"之谣，政治十分黑暗。很快，因清兵南侵，维时仅一年的弘光朝，在1645年上半年骤然瓦解，使江南百姓措手不及。在苏州，城内居民听闻清兵南下，大为惊恐，纷纷携家带口，逃往乡间避难。当然仍有许多人奋起抗清。如吴江人吴日生（吴易，崇祯十六年进士）与举人孙兆奎一同避入太湖，组织义军进行抵抗。他们以布帕裹头，号称"白头兵"。吴日生最后在嘉善被抓，执送杭州城后，不屈而死。[4]

---

[1] 归庄：《归庄集》卷一《诗词·悲昆山》，第38页。

[2] 曾羽王：《乙酉笔记》，旧抄本，收入上海人民出版社编：《清代日记汇抄》，上海人民出版社1982年版，第8、16—18页。

[3] 顾炎武：《圣安本纪》，"自序"，收入《台湾文献史料丛刊》第三辑第53册，台湾大通书局1984年印行本，第31页。

[4] 顾公燮：《消夏闲记摘抄》卷中，"平定姑苏本末"条，旧抄本，收入孙毓修编：《涵芬楼秘笈》第二集，北京图书馆出版社2000年影印版，第785页。

江南完全陷入了动荡不安之中。很多府县城之绅民，听说“清兵厉害”，都弃城而逃。处于这样的乱世，正如归庄所言：“乱世风俗恶,凡事皆逆施。臣则卖其君,主亦受奴欺。”[1]据《崇祯记闻录》记载，当时人心思乱，像苏州枫桥地方，无赖们结盟聚众，远近呼应，欲为不轨，而居民们惶惧不安，唯恐身家不保。在吴江县，绅士陆文衡家在清兵入侵时，“阖门惊窜，男女仳离”，而且群盗四起，家中被洗劫一空。[2]在嘉定县，有无赖啸聚乡里，县城中的奸宄之徒与之呼应，乘机欺侮邑丞，准备造反。侯峒曾（1591—1645年）亲赴公庭，以其威望令众人解散，并说知县已经准备丁勇，要缉治奸宄，县城秩序因此暂时得以稳定。这些事例都深刻揭示出当时江南社会的实际情状。

被视为执掌宇内文章之柄的“一代伟人”、常熟人钱谦益降清，据说“降表”有千余字，内容大半是骂明朝诸帝的，其余就是歌颂清朝皇帝。他在顺治二年（1645年）五月二十六日，致书苏州官绅，劝谕投降，信中有所谓“名正言顺，天与人归”等语。苏州官员中，巡抚霍达、巡按周元泰、知府陈师泰、同知文王辅、推官万适、长洲知县李实、吴县知县吴梦白等人早已逃走。面对清兵入城，百姓们执香案以迎，没有发生大的冲突。留在城内的“大姓”，也有设香案于外者。到六月初六日，“城内外百姓，相约每图为一人，手执黄旗一面上写‘某图民投顺大清国’，余人各执线香，争往大营纳款”。由于乡绅的“归顺”，地方上自然鸡犬不惊，百姓暂时可以各安生业。而在附近的昆山县，当地大族甚多，并且愿意出钱死守抗清。昆山城破后，乡绅士民死难者数以万计。嘉定县的抵抗同样悲壮，在籍左通政侯峒曾、进士黄淳耀（1605—1645年）等死难。城内外死于“嘉定三

[1] 归庄:《归庄集》卷一《诗词·避乱》，第45页。

[2] 陆文衡:《啬庵随笔》卷二《自述》。

屠”的，有两万余人。

坐镇苏州的巡抚土国宝，出榜告谕城乡地方：“官兵到处，无坚不摧。懦弱孱民，力何能济？竹枪木棍，难支强弩利兵；经纪小兵，怎敌关辽健卒？哀哉小民，譬之驱群羊以入虎口，亡在须臾；倘能改图，犹之拔焚溺而登衽席，福从天降。”告示中又说：“流贼横行，天下望风抱影而逃。尔民虽雄，其能强于李自成乎？无如愚民之不从也。”[1]土国宝表达的虽然都是实情，但江南各地的反抗依旧不断。

嘉兴府地区是从南京顺大运河通往浙江的交通要冲。清军进占南京后，分兵追击南逃明军。南京沦陷的消息于五月间传至嘉善县，知县詹承忠已经解印绶逃走，县学教谕秦世铨也挂印而去，县丞罗连第则将官府册籍印绶送往嘉兴府。清廷任命的新知县吴佩莅任时，钱士升等出来郊迎，皆称“治民”。清朝统治者还限令乡宦们去杭州输诚。[2]

清兵从苏州城到嘉兴城时，嘉兴知府钟鼎臣献城投降，一些居民则争贴“顺民”二字以迎。清军入占杭州后，派降将前明总兵陈梧驻守嘉兴，宣言已下令不杀、不淫妇女、不掠货、从俗不剃发。但到闰六月初五日，清军却下达了“剃发令”，导致民情激愤。数千人拥到陈梧衙署，提出抗议。陈梧等人斩杀了新任的秀水知县胡之臣，据城起义。嘉兴所属的嘉善、海盐、平湖等县也纷纷起兵响应。嘉善县民还杀了吴佩以及典史博士彦，迎立知县詹承忠于干巷镇。地方领袖钱栋、钱栴、钱继登等紧急招兵自卫，准备抵抗。

鼎革之际的战乱及其导致的社会动荡，给江南地区造成了深重灾难。归庄记述了当时昆山的情形：“昆山城中五万户……

[1] 顾公燮：《丹午笔记》，“平定姑苏始末”，江苏古籍出版社1999年版，第55页。

[2] 佚名：《武塘野史》，弘光元年乙酉条，清抄本。

飞作灰尘化为土……身居危城爱财力，兵锋未交命已绝。”[1]在松江，地方百姓本已降顺，但在乡绅沈犹龙的倡议下，招募到一些市井游手之徒起来抗清，事败后遭受杀戮。后来先后有吴志葵、吴胜兆领导的反清活动。松江大受屠戮之苦，伤痍满目。兵燹之后，松江府城东部的察院至秀野桥一带被焚，昔日繁华景象，已减十分之七，很长时间里呈现的是屋无完栋、瓦砾如山的惨象。

就政治与军事而言，还有所谓“江阴保卫战”“嘉定三屠”等。清政府为了隔断内陆地区与沿海的郑成功及其他反清力量的联系，一方面下达了严苛的“迁海令”，强迫浙江、福建等地沿海居民内迁，甚至“片板不容入海洋”；另一方面将大量军队屯于江南重要城镇，加强对反抗势力的防范。

清朝下达的“剃发令”，是在衣冠服制层面对明朝制度所做的一个较大的改革。在“一人不剃发全家斩，一家不剃全村斩”的高压政策下，江南地区百姓的对抗行为，遭到严厉镇压。

在上海浦东地方，从新场到周浦，清兵驾着小船，要求百姓剃发归顺。乡民们心惊胆落，在河岸上迎拜的有数千人。这正如俗语所言，“宁作太平犬，莫为乱世民”。上海等地的村间，人们剃发编头，还竖起了降旗，上写“大清顺治二年顺民”。有趣的是，在听闻抗清明兵要来后，城乡百姓粘于门上的“大清顺民”黄纸被很快扯下，但忽然又传闻清兵复来，这些黄纸又被粘上，如此反复多次。周浦镇的大户店铺凑出银两，买好猪羊米面等物送到县城，向已降清的总兵李成栋表示“感荷天恩”“情愿归顺”。[2]

不愿剃发的绅士，也难逃官府与亲友邻里的控制。如叶舒

[1] 归庄：《归庄集》卷一《诗词·悲昆山》，第37页。

[2] 姚廷遴：《历年记》，“历年记上”，稿本，收入上海人民出版社编《清代日记汇抄》，上海人民出版社1982年版，第61—62页。

瓒，原是明末嘉兴府学生，因不肯剃发被官府关押。其伯父叶世彦以五十石粟将其赎回，“醉而剃之”。[1]归庄在清兵南下之时，曾鼓动昆山百姓杀掉清廷临时任命的知县阎茂才。他占据县城自守，不久即失败逃亡，剃发乔装为僧人，自称“普明头陀”，隐居僻乡。归庄的反清活动，也是从反对剃发开始的，但他本人最终仍在亲友的劝阻下被迫去发。他在诗中言及此事：“亲朋姑息爱，逼我从胡俗。一旦持剪刀，剪我头半秃。发乃父母生，毁伤贻大辱。弃华而从夷，我罪今莫赎。”[2]

曾想隐居为遗民的海宁名士陈确（1604—1677年）也颇无奈。他同样被迫剃发，“变计从俗”。在为父亲所撰的祭文中，他作了这样的告白：

> “身体发肤，受之父母，不敢毁伤”，此言自童时习闻之。故剃发则亏体，亏体则辱亲，亏体辱亲，又何以为人！去秋新令：不剃发者以违制论斩。……近闻不剃发而见执者，法未必死，而大僇辱之，终亦不免于剃发。……故确亦思变计从俗也。[3]

为对抗官府的强制剃发，有的地方组织了军事武装。“剃发令”下达至江南地区后，据说福山副总鲁之玙首先倡拒，由此头缠白布的“乡兵”四起。在嘉定县，不愿剃发的绅士百姓组成“义兵”，欲谋举事；举人王霖汝和弟弟王楫汝召集了七百多人，号称“王家庄兵”；监纪、知县支益，在石冈地方起兵，约有千人，称“石冈兵”；南翔镇地方的大族招募了两千人起事，号称

[1] 柳树芳纂：《分湖小识》卷二《人物上·隐逸》。

[2] 归庄：《归庄集》卷一《诗词·断发二首》，第44—45页。

[3] 陈确：《陈确集》文集卷十三《祭文一·告先府君文》，中华书局1979年版，第310页。

“南翔兵”。之后，娄塘、罗店、外冈等地也先后有人起来对抗剃发。[1]

个别地方官员对所辖地区尚未剃发的百姓，采取了为其保密的态度。当然，这样做可以使他们避免因执行“剃发令”不力而获罪。昭文县就有这样一则故事：个别村落因为不知有“剃发令”而长期未剃，外来贸易者发现此事后遂至县城上告。知县一方面对其款以酒食，另一方面连夜派人到这个村里去剃发。次日再审前案，到村里当场看验时，这些商贩看到的已非昨日之景象。此事不但保住了知县的乌纱帽，也使这个村的百姓免受戕害。[2]但即便是因为不知“剃发令”而未剃发，很多人仍难逃劫运。据说无锡人华凤超在国变后闭门不出达七年之久，后来他在侄儿婚宴上现身，依然鬓发宛然，随即被人告发，受惨刑而死。[3]

到顺治三年二月间，剃发虽非人心之愿，但不剃者已然大大减少。从二月底至三月初旬，出城市者都剪了发，乡村地方也开始剪了。[4]

---

[1] 钱大昕：《潜研堂文集》卷二十二《记侯黄两忠节公事》，商务印书馆1936年版，第315—319页。

[2] 吴熊光：《伊江笔录》下编，清广雅书局刻本，第37页。

[3] 李介：《天香阁随笔》卷一，清伍氏刻粤雅堂丛书本，第22页。

[4] 《崇祯记闻录》卷六，收入《台湾文献史料丛刊》第三辑第52册，台湾大通书局1984年印行本，第86—87页。

二　抗清巨族的陨灭

在江南地区，每个州县都有著姓望族，他们是地方民众眼中的“大家巨室”。这样的巨室，上关国计，下切民瘼，将地方社会与全国性场域连接起来。如陈龙正所论，巨室是有“公心”的，对官府也有一定威慑力：“巨室有公心，为政果持身无缺，行事合宜，彼自不敢不听。”[1]

在因“嘉定三屠”而殉难的绅士中，黄淳耀与侯峒曾是最具代表性的两位。他们的家族在当地堪称巨室，并且拥有广泛的官绅关系网络。

黄淳耀，字蕴生，号陶庵，祖居安亭镇讴思村。他为人严毅方正，卓然以名教为己任。崇祯十六年中进士后，他给弟弟写信说：“吾廷试传胪时，鼎甲先上殿，人皆啧啧称羡。吾此时叹息天地间自有为数千年一人、数百年一人者，今人必不肯为数千百年之一人，而必欲为三年之一人，可怪也！”

黄淳耀曾经在某抚军幕下做馆师。有位知县听说他在抚军衙门中办事，觉得这是一个机会，就带了数百两银子来贿赂黄淳耀的父亲，希望通过这种途径向上层疏通关系。黄淳耀在给父亲的回信中说：“父生男之身，尤望生男之心，若行一不义，取一非有，男心先死矣，尚何以养父乎？”由此可见其为人方正，品节高尚。

[1] 陈龙正：《几亭外书》卷一《随处学问·不得罪于巨室》，崇祯刻本，收入《续修四库全书》子部第1133册，上海古籍出版社2002年版。

钱谦益曾请黄淳耀到常熟担任家庭教师。客居钱家的著名文人程嘉燧拿出一幅海棠小笺，请黄淳耀相和。黄淳耀问唱者为谁？程嘉燧说："宗伯如君柳夫人作也。"柳夫人即柳如是，原是青楼名妓，颇具才华，崇祯十四年被钱谦益纳为妾室。黄淳耀觉得有失身份，变色道："忝居师席，可与小君酬和乎？"程嘉燧劝道："此何伤，予亦偕诸君和之矣。"黄淳耀极不高兴，说道："先生耆年硕德，与主人为老友，固可无嫌，诸君亦非下帷于此者。若淳耀，则断不可。"程嘉燧被他这样一说，感到十分羞惭。1644年弘光朝在南京建立，求仕者争趋南京，黄淳耀独独不往。有人问他原因，他答道："某公素善予，今方与当国者比，往必为彼牢笼矣。君子始进必以正，岂可损名义以殉之耶！"[1]

侯峒曾是嘉定县紫隄村人，该地现在属于上海市闵行区诸翟镇。据说在崇祯末年，村西多紫薇花，从四月到八月间，沿堤香色不绝，因此该村也被称为紫薇江。这里是两府三县交界，江塘北岸属于苏州府嘉定县，江塘南岸东湾稍西至北衖沿堤一带属松江府上海县，向西过鹤龙桥则属松江府青浦县，整体环境比较荒僻，因此向来被人们认为是盗贼们规避潜藏的渊薮。后来在地方士人的要求下，晚至乾隆三十年，才在村中设立巡司，分防这个嘉定、上海、青浦三县交界的"边地"，附近的盘龙镇（蟠龙镇）也在其管辖范围之内。[2]

紫隄村中有一座关帝庙，原本是侯氏的家祠，由侯廷用兴建，其子侯尧封（侯峒曾的曾祖）修葺。这座家庙中曾有一封楹联，乃侯尧封所题。其文云："一代文明承上谷，百年清白自弘农。"

---

[1] 汪有典：《史外》卷二十一《前明忠义别传·黄贞文传》，乾隆十四年淡艳亭刻本。

[2] 金惟鳌纂：《盘龙镇志》，"官署"，光绪元年修，收入上海市文物保管委员会编"上海史料丛编"，1961年印行本，第35页。

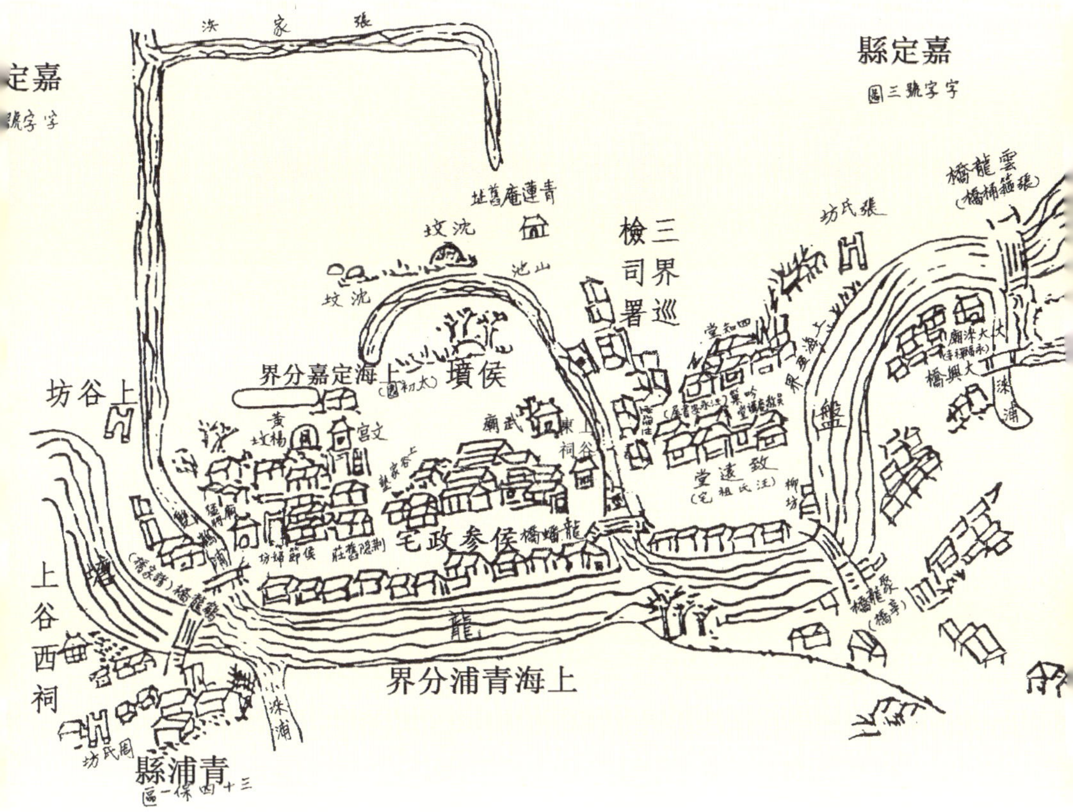

嘉定与上海、青浦三县交界的紫隄村

侯家本籍上谷郡。侯峒曾这一支，从宋室南渡开始，即已南移了。他们初寓临安，后徙上海乌泥泾，再移真如镇桃树浦，最后辗转迁居于紫隄村。明朝初年，侯家的侯守常与杨家的杨彦升为中表兄弟。侯守常无子，而年齿倍于杨氏，故抚之为嗣。这个杨家，出自天下闻名的“弘农杨氏”。彦升改姓侯后，生侯朴，侯朴生侯论，侯论生侯廷用。就这样，从明初以降，侯家开始兴旺起来，家族子弟多数以科举入仕。民间评说江村[1]人文，侯廷用实开其端。

侯廷用之子侯尧封，字钦之，号复吾。他是隆庆五年辛未科进士，曾任刑部主事、监察御史，万历初年因得罪张居正而被罢官，后来又进官至福建右参议，代理布政使。经历过官场凶险的侯尧封常告诫子侄们说：“不愿尔等为第一流官，但愿尔等为第一流人。”侯尧封长子侯孔诏，曾游学嘉兴、平湖等地，23岁时才以浙籍入泮。侯孔诏之子侯震旸在万历三十八年中进士，天启时曾任给事中，因触忤魏忠贤而被削籍，后获赠太常少卿的荣衔。而侯震旸之子侯峒曾则于天启五年中进士。到侯震旸时代，侯家在嘉定县城中建了宅第，开始城居生活。[2]

值得一提的是，在万历四十五年，已经以编刊科举参考书《麟经指月》而在士人生活圈中声名大显的苏州人冯梦龙，被侯震旸聘至侯家，成为侯峒曾、侯岷曾、侯岐曾三兄弟的馆师。他也可能与侯峒曾同年去南京参加过乡试。[3]

---

[1] 江村即紫隄村，因盘龙江而名。

[2] 汪永安原纂、侯承庆续纂、沈葵增补：《紫隄村志》卷三《匾额》、卷五《人物》；汪永安：《紫隄小志》卷上《神庙》、卷二《人物》，上海博物馆藏康熙五十七年稿本，收入上海市地方志办公室编：《上海乡镇旧志丛书》第13册，上海社会科学院出版社2006年版，第10、39—41、44—46页。

[3] [日]大木康：《明王朝忠烈遗孤侯涵生平考述》，《中国文学研究》第25辑，复旦大学出版社2015年版，第109—125页。

《吴郡名贤图传赞》中的侯峒曾像

侯峒曾中进士后，授官南京兵部主事，后官至江西提学参议。他废黜了两名出身宗室的考生，得罪了封藩当地的益王。益王问："误黜两宗生，亦谴责胥吏乎？"侯峒曾毅然道："胥吏何罪？此曹奉参议，参议奉朝廷令甲也，胥吏何罪？"益王虽然很恼怒，但因其直言，也不能如何。后来侯峒曾任嘉湖道左参政，官声极著，因考核时获得"卓异"的考评而被举荐为顺天府丞，但他称病未去。弘光朝建立后，任命侯峒曾为左通政，他又称病不就。[1]

实际上，年少时期的侯峒曾、侯岷曾与侯岐曾，是同年入泮，也都较有文名。学使褒称他们为"江南三凤"，并奖送匾额以为民间"品望"。由于侯岷曾过世较早，侯家重要的子嗣辈，就是侯峒曾与侯岐曾的六个儿子，即玄演、玄洁、玄瀞与玄洵、玄汸、玄泓（后改名玄涵）。[2]他们都曾随黄淳耀学习，并参加了由黄氏组织的"直言社"。入社的友朋中，还有黄淳耀的弟弟黄渊耀、陈俶、苏渊、陆元辅等人。其中，侯玄泓是黄淳耀最得意的门生。在侯峒曾与侯岐曾兄弟的努力经营下，侯家不仅在嘉定地方拣择到最好的老师教育下一代，而且还招徕许多地方名流，当中就有陈俶、陈瑚、葛云芝、归庄等人。

侯峒曾兄弟的6个儿子被誉为"侯氏六俊""上谷六龙"或"江左六龙"。[3]与侯氏六兄弟交游密切的归庄，对他们评价很高，称其为"嘉定六侯"。[4]也有人称他们为"疁城六侯"，如宜兴人陈维崧（1625—1682年）在"侯掌亭诔词"中说："或示一编，词条最优，谁与作者，疁城六侯。黄巾载乱，青盖齐飞。

---

[1] 汪有典：《史外》卷二十一《前明忠义别传·侯通政传》，乾隆十四年淡艳亭刻本。

[2] 汪永安原纂、侯承庆续纂、沈葵增补：《紫隄村志》卷五《人物》；汪永安：《紫隄小志》卷二《人物》，上海市地方志办公室编《上海乡镇旧志丛书》第13册，第51、57页。

[3] 汪永安原纂、侯承庆续纂、沈葵增补：《紫隄村志》卷五《人物》。

[4] 归庄：《归庄集》卷三《序·侯研德文集序》，第214页。

云俱几道，白骨同归。茕茕智含，又弱一个。”侯玄演字几道，侯玄洁字云俱，侯玄瀞字智含，他们是侯峒曾之子；侯玄泓字研德，侯玄汸字记原，侯玄洵字文中，他们是侯岐曾之子。诔词中所谓“茕茕智含，又弱一个”，是指侯玄瀞在国变后亡命，曾匿于扬州僧舍，未几即死。[1]据说，侯震旸认为这6个小儿中最聪颖的是侯玄汸。侯震旸与子弟们讨论李可灼和红丸案时，9岁的侯玄汸居然毫不怯场地问道：“杨涟既与方从哲同被召在内庭，当进红丸时，何不面诤，而顾从众出宫门乎？”这让侯震旸大为惊奇。[2]

侯家发展到侯峒曾及其子侄辈时，婚姻网络已经外扩，联姻对象倾向于苏州、松江、嘉兴的官僚精英之家。侯家女子们嫁的不是一般的官宦子弟，而是当时昆山的三大豪族和松江的世家大族。侯峒曾母亲龚恭人是方伯龚锡爵之女，侯峒曾本人娶的是少参李先芳的孙女。另外，侯玄演娶了姚妫俞，侯玄洁娶了龚氏，侯玄洵娶了夏允彝之女夏淑吉，与侯玄瀞订而未婚的是云间名族之女盛韫贞。她们死后合葬于紫隄村的节孝阡，合称“侯氏四贞”。[3]

顺治元年春天，称病归里的侯峒曾听闻京师巨变后，流涕道：“臣若在都，当以颈血殉梓宫。今无死所矣！”他曾登舟准备赴国难，却中途遇盗，几溺于水。弘光朝建立后，有官员经过嘉定，极想让侯峒曾出来相见，他坚拒不出。[4]

---

[1] 王应奎：《柳南随笔》卷四，第73页。

[2] 杨凤苞：《秋室集》卷五《侯雍瞻父子纪畧》，光绪十一年陆心源刻本。

[3] 汪永安：《紫隄小志》续一《内则》，上海市地方志办公室编：《上海乡镇旧志丛书》第13册，第85—86页；汪永安原纂、侯承庆续纂、沈葵增补：《紫隄村志》卷七《列女》；董含：《三冈识略》卷二，“春草堂诗”条，第27页。

[4] 夏允彝：《家传》，收入侯峒曾著、侯玄瀞编：《侯忠节公全集》卷首，民国二十二年铅印本；汪永安原纂、侯承庆续纂、沈葵增补：《紫隄村志》卷五《人物》。

顺治二年六月，侯峒曾与黄淳耀、王泰际、陈俶等人，一起领导了地方的抗清活动。侯自称“总督”，曾在罗店地方获得多次胜利。其实，在清兵攻打嘉定前夕，侯峒曾正卧病在紫隄村的家中。据说，在黄淳耀等千余人的敦请下，侯峒曾回到了嘉定县城。他认为：“吾家世受国恩，捐躯报主，分也！”他们与绅士百姓一起画地而守，侯峒曾负责守东门、黄淳耀负责守西门。六月廿六日，侯峒曾还曾写信，要侄儿侯玄汸、侯玄泓筹款200两，以为军需，并说：“二侄知义举，亦快亦危，小心小心！”自闰六月甲午至七月癸丑，他们已坚守嘉定城22天。不幸天降大雨不止，守城者十分疲困，同时东门忽然坍塌，清兵乘势攻入城内。侯峒曾与侯玄演、侯玄洁坚持在城上指挥，乡兵劝他们出逃，侯峒曾说：“我既与城守，城亡与亡，去何之？”城破前夕，侯峒曾等人不得不从西门撤出。侯峒曾说：“嘉定亡，余何忍独存！”之后他竟又返回城中，拜完家庙后，投家中后园的“叶池”而死。他的两个儿子玄演、玄洁也一起跳池，但都因水浅未果，终被清兵钩出后乱刀砍死。

在侯峒曾眼中，自六月十五日以后，嘉定的政局、民间的混乱状况，是所谓“事已不可问矣”。抗清的“乡兵”其实大多已经解散，仅赖嘉定城中一二智勇之士以保卫身家为名，奋起坚守孤城。这应该是他在无奈之下怀抱的最后希望。侯峒曾死前赋诗称：“吾头宁可断，吾节不可移。”[1]他死后被清兵枭首，头颅悬示于西城门，后被挂到城中侯家“上谷宗祠”的南檐。五天后，侯峒曾的叔叔侯鼎旸与门生朱之熙分别偷偷收了他的尸身与尸

[1] 秦立纂：《淞南志》卷五《忠义》，上海图书馆藏嘉庆十年秦鉴刻本，收入上海市地方志办公室编：《上海乡镇旧志丛志》第13册，上海社会科学院出版社2006年版，第49页。

首，厝于故居丛桂之下。[1]也有记载说，有个叫金生的人，乘夜将侯峒曾的头颅偷走，藏在箧中。侯鼎旸则装了侯峒曾的尸身，最终将其合葬。[2]

顺治四年侯岐曾被捕后，官府指名要抓侯玄瀞。侯玄汸带着侯玄瀞避往支硎山的中峰。听闻官兵将至，侯玄汸让侯玄瀞登上一只小船从水上逃走，并将玄瀞的名字写在自己的衣服上，跳水赴死，结果被人救起。他只好再乔装成僧人，躲在吴山中。而侯玄瀞不久之后就死了。侯玄汸听到弟弟的死讯，抚胸大哭道："吾万死一生保吾弟，为世父遗孤计耳。今顾至此极乎！"[3]

再看黄淳耀兄弟。在县城被攻破后，黄淳耀与其弟黄渊耀避至城西僧舍，曾题殉节词于墙上。[4]有僧人阻止道："公未仕，可勿死也。"黄淳耀说："城亡与亡，此儒者分内事耳。"殉节词这样写道："弘光二年七月二十四日，进士黄淳耀自裁于城西僧舍。呜呼！进不能宣力王朝，退不能洁身自隐，读书寡益，学道无成，耿耿不寐，此心而已。"[5]黄渊耀也说："阿兄，此其时矣！"两人遂同时自缢。[6]据记载，他们兄弟死时，口血喷入壁间，入砖寸许，血迹历久不灭。[7]

当时不愿接受清朝统治的江南知识分子，大多如长洲老秀才顾所受（1582—1645年）一般，采取自杀的方式，以明心迹。

---

[1] 汪永安原纂、侯承庆续纂、沈葵增补：《紫隄村志》卷五《人物》；钱大昕：《潜研堂文集》卷二十二《纪事·记侯黄两忠节公事》，第318页；光绪《嘉定县志》卷三十二《轶事》，光绪六年重修、尊经阁藏版。

[2] 杨凤苞：《秋室集》卷四《侯文节传》，光绪十一年陆心源刻本。

[3] 汪有典：《史外》卷二十一《前明忠义别传·侯通政传》，乾隆十四年淡艳亭刻本。

[4] 顾公燮：《消夏闲记摘抄》卷上，"陶庵先生昆仲死节"条，收入孙毓修编：《涵芬楼秘笈》第二集，第651—652页。

[5] 汪有典：《史外》卷二十一《前明忠义别传·黄贞文传》，乾隆十四年淡艳亭刻本。

[6] 顾炎武：《圣安本纪》卷六，《台湾文献史料丛刊》第三辑第53册，第188、195页。

[7] 杨凤苞：《秋室集》卷四《黄贞文传》，光绪十一年陆心源刻本。

顾所受，字性之，幼时颖异于常人，深为长洲知县江盈科所赏识。顾所受11岁时就已补诸生，师从太仓著名学者、隆庆五年进士管志道。他喜交游，有盛名，然而秉性较严，以礼义自守，一般的学者都对他很敬畏，时人称其为“东湖先生”。甲申之变后，他听闻老友许琰自杀后哭道：“吾乃不能与君同死，愧君多矣。”“公死矣，后死者其谁与归？”顺治二年清兵南下后，南京失守，各府县望风瓦解。顾所受感叹说：“今日人心如此，皆缘不学。”他来到许琰墓前，殡告道：“所受以不死者，欲有所俟以成公志也。今已矣，敢不从公地下。”五月二十八日，他到学宫拜完孔子像后，跳入泮池中而死。[1]他留下的绝命诗云：“身是明朝老布衣，眼看世界不胜悲。从容死向宫墙地，免使忠魂弃浊渠。”[2]

像顾所受这样自尽或赴水而死的，还有许琰、徐汧等人。他们的行为体现出当时江南士人面临王朝彻底覆灭时的一种气节秉持和精神映照。

侯峒曾与侯岐曾兄弟的子嗣辈死难者多，渐形凋零，被时人颂为“忠孝节义，萃于一门，百世钦仰”。[3]“嘉定三屠”后，侯家子孙多改姓杨或徐，以避劫难，采取不入仕、务农耕或设教卖画等生活方式，没入茫茫人海中了。[4]

多年以后，侯家稍形雍容，于城中废宅之上建“侯氏宗祠”祭拜先人，以示不忘侯家的“祖功宗德”。[5]康熙六十年（1721

[1] 乾隆《长洲县志》卷二十四《人物三》，乾隆十八年刻本；乾隆《元和县志》卷二十四《人物》，乾隆二十六年刻本。

[2] 顾炎武：《圣安本纪》卷六，《台湾文献史料丛刊》第三辑第53册，第188、195页。

[3] 顾公燮：《消夏闲记摘抄》卷下，“一门忠孝节义”条，收入孙毓修编：《涵芬楼秘笈》第二集，第832页。

[4] 黄友斌：《百年清白、三世英名——明代嘉定侯氏》，载上海市嘉定区政协文史资料编辑委员会编《嘉定抗清史料集》，上海古籍出版社2010年版，第231页。

[5] 计东：《改亭文集》卷八《嘉定侯氏宗祠记》，乾隆十三年计瑸刻本。

年），在嘉定县西城，根据知县刘昆湝的题请，官府于侯家旧宅仍贻堂东面的寿宁堂建了侯氏“三忠祠”，即以家祠为专祠，祭祀侯震旸、侯峒曾与侯岐曾父子三人。[1]

嘉庆六年（1801年），在地方官府与绅士们的动议下，于华亭县的皇甫林（广富林）建了一座陈夏二公祠，也叫景忠祠，专门祭祀陈子龙、夏允彝，并附夏完淳。咸丰年间祠堂坏圮，当地人范祥霖重修。同治九年（1870年）五月，该祠被题准列入官方祀典，知县陈其元负责重建祠宇，春、秋两次致祭如礼。需要指出的是，这个景忠祠，原来还附祭沈犹龙、李待问、章简、李向中、吴易、何刚、鲁之玙、顾咸正、夏之旭、黄蜚、黄家瑞、徐孚远、殷之辂、侯岐曾、张宽、徐开祚、徐世威、顾天逵、顾天遴、徐尔穀、钱枏、吴志葵、俞积沛、翁英候、翁世荫、董刚、李之檀、董祐申、宋用枚、袁国楠、张谢石、王澐、徐桓鉴、张昂之、朱元趾、盛符升等36人，但他们没有进入官方祀典。

知府陈廷庆撰写的《景忠祠碑》有这样的说明：“景忠祠者，华亭陈忠裕子龙、夏忠节允彝之祠也。”这些抗清名士之所以能在清代获得褒扬，是出于新王朝稳定政局后昭揭大义的需要。凡是明清交替之际的死难之臣，只要行事有据，都得到了清廷的赐谥予祠。建立景忠祠，就是要颂扬他们的大节，让天下人知晓。[2]

---

[1] 姚承绪:《吴趋访古录》卷七《嘉定》，江苏古籍出版社1999年版，第157页；汪永安原纂、侯承庆续纂、沈葵增补:《紫隄村志》卷三《祠宇》。

[2] 光绪《青浦县志》卷二《建置·坛庙》，光绪四年刊本。

三 侯岐曾的日记

在顺治二年进行大屠杀后，清廷在嘉定城乡地区推行剃发，很多士民皆称“大清顺民”。在这一“天崩地裂”的过程中，城乡大众的生活与绅士的动向，呈现出一幅迷乱与紧张的图景。此后，江南城乡各地的抗清活动逐渐停息下来，绅士们不再用激烈的手段去对抗清朝，而是更多地采用退隐的形式，或隐居乡里，远离城市，或遁入空门，寻求寄托，走完他们作为明室遗民的最后历程。

在幸免于难的人们中，有一个人十分值得关注，他就是侯峒曾的弟弟侯岐曾（1595—1647年）。清兵攻城时，他受兄长侯峒曾之命，奉母亲龚恭人避往江村故居。据说清兵屠城时，侯玄瀞与侯玄汸也恰好与他在一起，因而得以暂免诛杀之祸。[1]

侯岐曾少时即以奇慧出名，11岁时与两位兄长补县学诸生，得到学使的表彰。他长大后极重气节，敦尚行谊，在江南文坛也有一定地位。“嘉定三屠”后，侯岐曾开始撰写日记。因此，他这段惊心动魄的最后岁月与那段悲壮的历史，被真实而详细地记录了下来。

侯岐曾以保孤、奉母为己责，改换名号，髡发披缁，匿迹乡里，“绝迹忍饿”地苟活于世。同时他也时刻怀抱故国旧君之思，

[1] 参汪琬：《钝翁续稿》卷二十六《墓志铭三·侯记原墓志铭》，天津图书馆清康熙刻本。

侯岐曾像

据孔继尧绘·《沧浪亭五百名贤像》，道光十年苏州石刻。

所以又时时仰天扼吭。[1]他的日记记录了当地社会的变化和他自己的日常活动及心灵世界。日记起于丙戌年（顺治三年，1646年）正月初一，至丁亥年（顺治四年，1647年）五月初十日绝笔。次日他被清兵捕获，五月十四日就赴死了。

在这不到一年半的时间里，侯岐曾日记所述，涉及当时诸多敏感时事与地方抗清活动，因而语词之间颇多隐晦。他特别提及其姻亲夏允彝到紫隄村时，为避人耳目，化名“黄志华”，而他自已则称“半生主人”。他一般是通过写在一小幅竹纸上的密函，与这个“黄志华”朝夕“密通往来”，密函抬头必称“黄老”。他还说，乙酉江南之变后，仅存的那些抗清志士，都是这样改易姓名，隐藏起来的。

日记中附有不少书札，署的是侯岐曾的法名“广维”，或者化名“易之”。他自述了写日记的缘起：“乙酉以后，家遭覆荡，身陷□□。其间岁时阅历，都非耳目恒遘，为宜札记，以备后人稽考。”南明政权成立后，侯岐曾认为应该“执笔为新天子纪年，敬竢南都克复之后”。[2]他后来还表达过类似的意思：“予有日纪，本为身丁大乱，虽穷乡日多异闻，欲一笔之，以备它年野史采择。”[3]

侯家在明末嘉定地方属于社会上层。但经历了这样的时代巨变与家国不幸，侯家上下老幼自然告别了以往的优渥生活，全赖侯岐曾来“养母、奉嫂、抚孤”，还时时需要提防清廷爪牙的缉捕。家人们逃亡乡间，四处避难，生活之艰辛难以用言语形容。

清朝要在江南建立统治秩序，强制推行“剃发令”。作为抗

[1] 侯岐曾：《侯岐曾日记》（以下简称《日记》），金元钰“题跋”（嘉庆十五年重阳日），收入《明清上海稀见文献五种》，人民文学出版社2006年版，第482页；《日记》，丙戌正月十三日，第486页。

[2] 《日记》，侯岐曾“自序”，第483页。

[3] 《日记》，丙戌十二月初七日，第603页。

清人士，侯岐曾当然不会顺从。有一次他听到外地还有未剃发的义士，顿时“悲慰交至”。他说：“两年来偷生异域，无刻不经历龙潭虎窟，宛转刀山剑树之下，待死而已。然而一寸丹心，数茎白发，相依为命，死生之盟，尚不以远近隔也。”[1]

清朝官府对剃发程度其实有一定的区分。侯岐曾日记中对此有比较清楚的记载：官府设有“清发道”，按“五等”定罪。[2]所谓“五等”，就是“一寸免罪，二寸打罪，三寸戍罪，留鬓不留耳，留发不留头”，另外“顶大者与留发者同罪”。[3]

侯岐曾在给拒不剃发、“以气节自任”的好友杨维斗[4]的信中，讲述了他们随时可能触及的这种危难：“吾家祸重如山，时时恐蹈危机。处境微异，敛迹略同，总非‘乱离’两字足以概之。”[5]

在侯家残存的子孙中，侯玄瀞也是至死未剃发，许多日常行动需要由已剃发的侯岐曾之子侯玄汸代劳，以免引起不必要的麻烦。[6]

在侯岐曾等人看来，留发就是忠孝，是家国大义。他说：

> “忠孝”两字，吾家不敢让人；危苦千端，吾生何人相诉。只今三春物色，何非怨鸟啼花；每念百里吴门，都是愁亭恨水。道义知己，积想为劳。顾惟有辘辘绕其方寸，岂复

---

[1] 《日记》，丙戌正月廿一日，第489页。

[2] 《日记》，丙戌二月廿九日，第504页。

[3] 《日记》，丙戌三月初一日，第504页。

[4] 杨维斗应该是侯峒曾的表弟。参侯峒曾：《仍贻堂集》卷二《与杨维斗表弟书（崇祯戊寅）》，收入潘锡恩辑：《乾坤正气集》卷四百四十，道光二十八年袁江节署求是斋刊、同治五年印行本。

[5] 《日记》，丙戌二月廿二日，第498页。

[6] 《日记》，丁亥三月初七日，第621—622页。

有项领成于足下乎？[1]

可是到了危难之时，侯岐曾为了更好地隐避起来，仍然不得不剃发。[2]他在给顾咸正的一封密信中这样苦叹道："天下少此离别，少此会聚。死拒伪命，生入里门，不独全其眷属，且全其发，遂为千古全人矣。岂非忠义之报。"要做到这样，在清廷的严密控制下，是"步步愁亭恨水"，"刻刻将死字钉在额门"。[3]

像侯岐曾、顾咸正这样的义士，对新建立的清王朝，自然毫无认同之感。坚持不剃发就意味着要献出生命，在已被清朝掌控的地区，这无疑是要在龙潭虎穴中求生，"待死而已"。他在给从嘉定屠城惨祸中幸免的侄儿侯玄瀞的一封信中，谈及县衙中的捕差人、捕书手经常到乡下巡缉，并认为这是要拿问侯家人的先兆。侯家人被迫在乡间四处躲藏，侯岐曾认为自己不过是一个"活死人"而已。[4]明朝的覆灭、江南的惨变和家族的不幸，让他时刻萦绕于怀："乾坤变革，家国崩离。畽邑之祸，较它邑独深；寒门之祸，较畽邑倍惨。""事势到此，所谓天也，非人也。"[5]

五月二十八日，是侯岐曾的生日。家人在流离之际，仍为他庆祝，而他却难以释怀："生涯抵弧矢，岂适合桑篷之义乎！痛念予同母六人，庶妹一人，昨岁犹存其三。忽遭邑难，吾兄吾妹同日沉渊，今孑然惟吾在耳。"他觉得自己有责任担起维续家庭的重任，也有义务参与光复大明江山的事业："于吾君则为残黎，于吾亲则为遗种，敢不勉留仰事俯育之身，冀睹少康、光武之

[1] 《日记》，丙戌二月廿二日，第499页。
[2] 《日记》，丁亥三月廿四日，第625页。
[3] 《日记》，丙戌四月初三日，第515—516页；《日记》，丙戌五月廿五日，第537—538页。
[4] 《日记》，丙戌正月廿六日，第490页。
[5] 《日记》，丙戌二月廿二日，第499页。

事。”[1]他盼望明朝会像夏朝少康复国和东汉光武中兴一样，重新振兴起来。

这时的侯家，已不可能像普通百姓一样常居于私宅之中，而是经常通过舟船，飘荡在水乡野泽之处。侯岐曾日记中多次出现的惠庄、恭庄、某某庵之类的小地名，都是在国变前与侯家有密切关系的所在。像惠庄就是侯家以前资助过的尼姑庵，所以在国变后，侯家还能于逃隐的艰难生活中，在这里举行一些礼佛、送表等礼仪性的活动，或者将庵中尼姑请到临时栖居的家中。作为侯岐曾个人起居处的“甲乙轩”，则有纪念甲申、乙酉年间发生于北京与南京的国变之意。在这里，侯岐曾常常接待那些地下抗清名士和帮助侯家与官府周旋的人。

在清明、中元、除夕等重要日期，侯家都要敬天地、事鬼神。其余节候，则“止祭皇考及仲兄”。这是顺治二年秋天以前侯家在嘉定城中生活的常态。但此后一段时间祀典几废，侯岐曾只能祭伯兄侯峒曾与两个侄儿了。侯家在乡间安定下来后，侯岐曾举行了一次较大的祭奠活动，他说这是“二十余年死生大痛，攒并一时”。[2]

顺治三年六月，住在惠宁的寡嫂忽然病重，不久就过世了，过世当天即匆忙入棺，丧事十分简单。[3]七月初一，侯岐曾与侯玄瀞商议丧牌之事。因为侯家是官方严拿的对象，所以不便将名字表出。侯岐曾只好代书数言告白亲友：“自去秋丧乱，先兄亡侄，同时殉节，不意天复降割先嫂诰封恭人李氏，于今丙戌六月廿六午时以疾卒于内寝。废疾藐姑，属在颠沛，既不克备宾尸之位，又弗能胜拜踊之节。情穷礼变，惨疚斯极。哀吁亲知，勿辱

[1] 《日记》，丙戌正月廿八日，第491页。

[2] 《日记》，丙戌五月初九日，第529页。

[3] 《日记》，丙戌六月廿七日，第555页。

吊唁。即瓣香尺楮，概不敢承，亦犹未能为先兄治丧之志也。抆泪谨告。”

家庭的吃穿用度让侯岐曾颇感为难。简单的丧事就花费了不少，寡嫂留下的财物也很快用完了。衙门中的差人又来告知官府的压力。侯岐曾千方百计凑了些钱，打发了他们。他十分想知道巡抚土国宝对侯家的态度是否有缓和的余地，但他也认为“惟有听其一籍矣”。[1]顺治三年二月廿二日，他在给杨维斗的信中这样说道：嘉定惨变后，不仅祸重如山，而且家产又被巡抚土国宝下令籍没，生活艰辛，真可谓“皮穿骨尽”。[2]他一直想方设法，不断花钱打点官府，希望能免于籍没。他与侯玄瀞商量应付官府的各项开支，觉得数日内必须筹得数百两方可应急。如果能免于籍没，那么他们与官府沟通的花费，“亦有千金”。对侯家而言，仅这一笔已是一项庞大开支。侯峒曾留下的房产，之前已折价变卖了。此时侯玄瀞又拿出三十亩田准备变卖，作为应付之资。[3]

清初江南各地新建立的衙门机构，已开始正常地向城乡民众征收赋税。侯家虽隐居乡间，依然不能豁免。有人向衙门诬告说乡间各家私占荡田，于是地方政府就下令要求一律纳税。侯岐曾觉得实在不堪重负，只好“仰屋一叹”。[4]

在日记中，侯岐曾不断提及他如何应付地方官府、处理田产等事，这说明在“嘉定三屠”后，侯家应该还保留有一定数量的田产。顺治三年五月二十五日，侯岐曾在给“中道人”的信中这样说：经历鼎革之乱后，“三世之业荡尽，惟存薄田。亩租籍没二令并下，支吾数月，幸得二令俱收。然从此薄田虽为二物，仅足偿子母家耳”。所剩的这些薄产，除了日常生活开销外，主要

[1] 《日记》，丙戌七月初一日，第556—557页。

[2] 《日记》，丙戌二月廿二日，第498页。

[3] 《日记》，丙戌八月初七日，第570页。

[4] 《日记》，丙戌二月初三日，第493日。

就用来应付官府的勒诈了。[1]

七月初二日，侯岐曾写道："取租未已，粮务又急。"他准备将掌租诸仆召来，因为衙门的"逼粮差子"就要到了。[2]次日，他得知"租、粮二者，署官皆亲比严拿，万分无姑缓理"。[3]对于这样的困境，他感叹"重殃叠费，无门可诉"，不得不责成掌租诸仆，招集他们聚会，希望能"激发其忠义"。[4]八月初二，亡嫂过五七，城中有来信说官府要摊派卖人参事，侯家也被派了差不多四斤。侯岐曾希望"领一免三"，之后又分派人手到各乡去处理。[5]八月初六午后，他派家人侯驯入嘉定城，带去应付官府的粮银二十两；另给侯驯数十两去衙门打点。[6]九月初二，他准备派下人朱三传信各乡于初六交租。[7]以上种种，表明侯家还有不少田产在出租。

很多事情，侯岐曾都会与侄儿侯玄瀞相商。七月中旬，他连写了两封短信给侯玄瀞，指出地方赋税任务中的纳粮、推田两项，已经所费不赀，决定将手头积存的租金分一半给侯玄瀞。他强调说，这是"吾与侄分财之始，亦即吾侄承家之始"。[8]

由上述各方面情形，大概可以了解当时江南绅士家庭所具有的经济实力与比较广泛的社会关系。然而历经战乱之后，侯家不少家产已被籍没，面对地方官府的敲逼，生活日渐窘迫。

---

[1] 《日记》，丙戌五月廿五日，第536—537页。

[2] 《日记》，丙戌七月初二日，第557页。

[3] 《日记》，丙戌七月初三日，第557页。

[4] 《日记》，丙戌七月初四日，第558页。

[5] 《日记》，丙戌八月初二日，第568页。

[6] 《日记》，丙戌八月初六日，第569页。

[7] 《日记》，丙戌九月初二日，第578页。

[8] 《日记》，丙戌七月廿一日，第564—565页。

四 与官府的周旋

侯岐曾从事的是地下抗清活动，所以他的日记必须写得相当隐晦。日记中涉及的许多人物，除了有名的几位外，大多以熟名、外号、简称或化名记录，如今已不可能找到传记性的材料对他们作出全面的身份说明。通过日记中显示出的侯氏与他们的交往、事务安排及亲疏程度，可以了解侯家在嘉定惨变后残存的社会网络与人际关系。

侯岐曾的朋友中，如潘秀、得和、陆元辅等人，是他很重要的依赖。他与衙门中的管科、张胥、冯胥等人，往来更是密切，特别是管科，在他的日记中出现频率极高。这些人都是帮助侯岐曾与清朝地方官府周旋的得力人物。一方面，他们需要侯家付出不少活动经费；另一方面，他们也确实承担了不小的风险。侯岐曾对当中的个别人，也不太满意。像管科虽然是侯家的亲戚，却经常来索“在城粮银”，“扰扰无刻静”[1]；而“身份太高”的冯胥，是官府的“变产总持”，即使被其“老奸所卖”，也不得不在他身上花费银子。[2]为了应付嘉定知县和巡抚土国宝这样的官员，侯岐曾只能与这些衙门中人虚以委蛇，这也实属无奈之举。

在隐居乡村期间，侯岐曾密切关注着地方的形势变化，经常派仆人或亲友入城打探，主要目的是了解清朝政权的新举措以及官府对于侯家的态度，进而能够时刻联系有关人员与官府沟通，

[1] 《日记》，丙戌十一月十七日，第598页。

[2] 《日记》，丙戌七月廿五日，第566页；《日记》，丙戌六月十一日，第545页。

以期解决侯家的难局。

有一次，得和告诉侯岐曾嘉定城中“狱库俱劫，堂廨尽焚，而贼令故在”。侯岐曾感叹道：“岂天偏留其身以甚其毒耶。”他在给朋友徐克勤写的信中说：“弟寄隐于槎上，万万不能揖一客……日来老兄有何见闻，龙变虎搋，岂渐作乌头马角耶？使人养养，亦使人闷闷。”[1]这反映出他当时的焦虑之情。后来他仍然对此事保持关注，并在日记中记述道：“是日，各乡已无复逃民，盖昨一夕逃尽，遂作空城故也。闻虏令孑然一身，对一二厮役涕泣云：‘这是我平昔驭盗太严所致。’堪为一噱。”[2]

顺治三年五月初二，侯岐曾又托人去嘉定城中探听情况：“呼管科入城，体察变后事宜，且冀籍产一案。”[3]五月初五日是端午节，他在家陪母亲喝蒲酒，“得和见报，虏兵马步及千人入城，城中汹汹，俄尽撤回矣，总不可解”。他在给侄儿的信中写道：“今日泛蒲佳节，朱符桃印，虽无复旧观，聊借承欢以拔闷。……有自槎来者，云槎人喧传马兵奄至，十室九逃，殊可畏也。”[4]

由于侯峒曾父子的反抗行为，官府要“没公遗产”并捕捉侯峒曾幼子侯玄瀞。[5]而地方官衙中的一些头面人物，似乎对侯岐曾一家多少有些“宽容”的意思，暂时让他家断断续续过着相对安稳的日子。当然，衙门官吏对侯家持有这种暧昧缓和的态度，其目的不过是多捞几把。故而他们常常放出消息，向侯家索取金钱。

---

[1] 《日记》，丙戌四月廿七日，第526页。

[2] 《日记》，丙戌四月廿八日，第526页。

[3] 《日记》，丙戌五月初二日，第527页。

[4] 《日记》，丙戌五月初五日，第528页。

[5] 顾公燮：《消夏闲记摘抄》卷下，“一门忠孝节义”条，收入孙毓修编：《涵芬楼秘笈》第二集，第831页。

五月十九日，侯岐曾据管科的通报，在日记中写道：

> 知邑有署印者，即日至矣。令固不能久留，对张胥云："侯家事，乘我在此，包它申文干净，但须助我行赀。"云云。乞子面目，至此和盘托出，翻属可怜。与母相商，恐它日起炉作灶，转贻后悔，无可如何。再检斥产银半佰，授科去。发僮江上相迎，即告侄以故。邀得和来，与订期日往江桥，盖为禹者告德符，王庵适有梅竹一区，可以潜隐。其直止六十金，然亦非吾力所及，姑托得和一省视耳。[1]

侯岐曾将嘉定知县的这种无耻贪婪行径直呼为"乞子面目"，但他也没有其他办法，不得不设法凑钱让管科带去。这位在侯岐曾日记中形象不堪的知县，是河南光州人唐瑾，顺治三年以进士身份履任。清代的地方志中对他倒是有较好的评价："时邑中流亡始复，瑾加意抚循，遇士大夫有礼。"[2]

五月二十一日，管科回复与知县的交涉结果："道昨所囊金，大不满乞儿之意。对胥役云：'这送你们也不够。'又亲对管科云：'你家事大，若付掌印手，最少千金。今吾已荡尽，前日汝家送我的，俱化为乌有了。此时随分金库等器物，皆可助我用。难道我要与你家完局，你家反不理会？只索抛去便了。'"侯岐曾则"以见闻习惯，都无笑骂，惟谋之儿汸，各竭所有"。[3]那一点点银两，自然难以满足知县的贪欲，侯岐曾只能再想办法，竭尽所有，以塞其口。

五月二十三日下午，又有人从城中赶回告知情况："乞儿无

[1] 《日记》，丙戌五月十九日，第532—533页。

[2] 光绪《嘉定县志》卷十三《职官志下·知县》，光绪六年重修、尊经阁藏版。

[3] 《日记》，丙戌五月廿一日，第533页。

厌已极，赂已收而复加，其声尚尔喝喝。[1]侯岐曾当即给侯玄瀞写信，告知这几天与官府沟通的情况，又说目前家中所凑集的银两，大体总是随手耗尽，并连写了两个“可恨”。另有一信是写给顾咸正的，道出了侯家面临的困境：“不意寒家仳离余息，被令劫更惨。所以然者，为籍事未结，临行转相勒索故也。今则晨昏菽水之需，几于荡尽。情事惨绝，不能专驰一力候兴居。”[2]

两天后，侯岐曾给朱茂昭去信，对朱氏为侯家奔走抚院衙门的辛劳表示感激。在他看来，只要“用事之人不爽初约”，官府对侯家的籍没、征租等问题，是可以解决的。朱茂昭与官府关系颇深，也是侯家的好友。侯岐曾随信附上了五两银子给朱氏，说是“取酒”之用。[3]这五两银子，实在已是侯家最后的体面了。

五月二十八日，侯岐曾听说土国宝、李成栋都到了嘉定县城，于是命金科入城，并知会管科、顾俊，打听消息。[4]他对土国宝等人的到来，表示不安：“土、李一时入邑，必有一番作用，削根掘株，其中莫不有危机乎？”[5]

尽管心中不安，侯岐曾还是费尽心力多方打点。六月初一的日记显示，他当日十分忙乱，主要就是在应付官府：“上午遣顾俊入城。下午，管科自城趋至，恶缘娆人不了。遣俊者，邀朱茂昭入郡，完抚院一局。检行缠五金，又致二十金，以防意表之费。科则持示李督飞票三纸，张胥迫我行贿于督府，莫知所以置对。”[6]面对各种无奈情形，侯岐曾相信，“人当至穷时，仍必有

[1]《日记》，丙戌五月廿三日，第534页。

[2]《日记》，丙戌五月廿四日，第535页。

[3]《日记》，丙戌五月廿五日，第538页。

[4]《日记》，丙戌五月廿八日，第539页。

[5]《日记》，丙戌五月廿八日，第540页。

[6]《日记》，丙戌六月初一日，第542页。

一条走路”，只要能花上钱，总会找到办法。[1]

六月十九日傍晚，管科从城里回来，说“督府暂尔支吾，许宽限一月”，前提仍然是要多花钱。晚上得和从府城归来，也说“四家出重赂，已许保全，且有待侯之语”。[2]同一天，侯岐曾给好友陈子龙写了一封信，由女婿顾天逵带去。[3]信中说：

> 至交凋尽，弟今所属望者，惟吾兄一人。吾兄之获济，即大事之获济。吾辈覆巢遗卵，庶几犹有安枕之望也。若问一年来惊涛万状，彼从而取其租，又从而没其产，又复忽放忽收，顷刻如鬼物之不可摸索，弟惟刻刻钉一死字于额门。为存孤计，孤乃幸存，此介之推所云“天功”也。而老母以下数十口如丝之命，都幸须臾无死。……行旌难以遥度，想见越、海、福原往来如织。姑寄此一行，其得达左右与否？思之正如茫茫大海，举笔亦无可申祷祝者。……努力！努力！珍重！珍重！……吾邑近事，吾家东床或亦能道一二，弟则何从水面说起，魂与书飞。[4]

这是侯岐曾向好友的倾诉。支持他生活下去的，还是忠、孝二字。地方官府的苛求，让侯岐曾感觉很是无力。他毕竟要保存侯家遗孤，所以也不能公开对抗。在六月二十三日的日记中，充满了这种愤懑与无奈：“予痛愤诛求理极，从前臣力已竭，从后将何协助？即杯铛数十器，亦为诛求之用，耗荡过半矣。今则涓滴万不足填江河，惟分授子侄及埸孙等，庶几犹存先世遗泽

[1] 《日记》，丙戌六月初二日，第542页。

[2] 《日记》，丙戌六月十八日，第550页。

[3] 顾天逵，字大鸿。顾天遴，字仲熊。顾氏兄弟此时已削发扮成僧人模样，方便公开活动。参赵经达编：《归玄恭先生年谱》，“永历元年”条，收入归庄：《归庄集》，第542页。

[4] 《日记》，丙戌六月十八日，第551页。

也。”[1]

侯岐曾在日记中写下了江南许多抗清名士的活动，对侯家为脱免官府之害而形成的社会关系网，也有所揭示。当中的很多人，不是他的至亲，就是他的至友。

八月初，侯岐曾为减轻官府摊派卖参、钱粮征比的负担，特地邀人在惠庄相商。但是不管如何弥补，官府仍计划籍没侯氏家产，并准备即日具题。侯岐曾感到一月来奔走请托的辛劳，已付之流水，且浪掷了许多银两。夏平南建议说，降清后官至弘文殿学士的李雯正好回到松江，可以由夏完淳写信给他。侯岐曾在八月初六日的日记中这样记录：“入槎晤平南、存古，商所以浼李舒章者，词旨不能殚悉。”初八日的日记写的还是此事：“正促写李书……存古至，亦出所上李弘文书，情文斐蔚，或堪动听耳。”[2]

夏完淳写给李雯的信很长，当中有这样的话：“侯忠烈九列大臣，一门毕命，徒有申胥之志，卒被王琳之殃。而废宅芜，追呼孔迫，官征之命，络绎道途，致同气有向隅之悲，遗体有穷途之恨。”夏完淳还说，如果李雯援手相助，侯家将十分感激，所谓“生效执鞭，死当结草”。[3]这样的措辞，确实令人动容。当时夏平南已返回松江，侯岐曾写信给他说：“此举乃背城之背城。得仁人扶挽，便可邀万全之万全。”八月十四日，侯岐曾得知，李雯已有信回复，并表示将出手相助。这让他觉得有了新希望。[4]然而不久之后，侯岐曾派人打探得知，巡抚土国宝的“籍

[1]《日记》，丙戌六月廿三日，第554页。

[2]《日记》，丙戌八月初五日、初六日，第569—570页。

[3] 夏完淳：《夏完淳集笺校》卷九《与李舒章求宽侯氏书》，白坚笺校，上海古籍出版社1991年版，第407、409页。

[4]《日记》，丙戌八月初八日、十四日，第570、573页。另可参白坚：《夏完淳陈子龙研究的珍贵史料——读侯岐曾〈丙戌丁亥日记〉札记》，载《文献》[illegible]年第[illegible]期，第[illegible]页。

《夏节愍全集》所附夏允彝与夏完淳父子合像

没疏”已经发出，包括侯家在内的“五家俱不免”，此时的侯岐曾只有“漠然”。[1]后来，新任的嘉定知县居然向侯家发了优恤告示。不过侯岐曾已经确认“守城殉节者籍”，乃官府“画一之法”，[2]是不能改变的事。

需要说明的是，夏完淳（字存古）的父亲，是抗清殉节的名士夏允彝（1596—1645年）。他与陈子龙为同科进士，文名也与陈子龙并称；弘光朝时曾任吏部主事。[3]在松江地方士人眼中，夏允彝的文章节义，可与日月争光。平时在家中，他常告诫家人：“我若赴水，汝辈决不可捞救，救起必苏，苏而复死，是两次死矣，非所以爱我！”因此在他投池殉节时，家人都只是“环视”之。由于池塘水浅，夏允彝只能低头伏水，气绝的时候，背上的衣裳还是干的。他的绝命词有云：“卓哉吾友，虞求（徐石麒），广成（侯峒曾），勿斋（徐汧），绳如（吴嘉胤），子才（盛玉赞），蕴生（黄淳耀）！”他提到的这些江南殉节名士，都是与其砥砺有素之友朋。

夏允彝的兄长夏之旭，也是地下抗清名士，侯岐曾在日记中常称他“元初”；夏平南则是夏完淳的从兄；夏完淳的姐姐夏淑吉嫁与侯岐曾幼子侯玄洵为妻。侯家女眷中最令人感佩的，就是夏淑吉。

夏淑吉，字美南，能作诗。她嫁给侯玄洵后，21岁就守了寡，一力抚养只有周岁的儿子。嘉定城被清兵攻破后，侯家遭难，她的父亲夏允彝也已经自杀。夏淑吉为了躲避方便，就改名荆隐，在曹溪、龙江间建了临时寓居的屋宇。侯、夏两家在逃亡时，都将此地作为栖止之所。

---

[1] 《日记》，丙戌八月廿九日，第577页。

[2] 《日记》，丙戌十一月十一日，第595页。

[3] 计六奇：《明季南略》卷四，“夏允彝赴池死”条，中华书局1984年版，第266页。

侯玄演妻姚氏与侯玄洁妻龚氏，都随夏淑吉一起隐居，她们住的地方就是后来所谓的“东园岁寒亭”。顺治四年五月侯岐曾被抓后，老母龚氏也赴水而死。夏淑吉乘夜坐船，偷偷棺殓，并收埋庶姑刘氏的尸体，将其一起安置于祖茔旁。后来，她还派人到松江找寻夏完淳的尸体。夏淑吉积极维持家庭，结果事情稍稍平息后，她的儿子侯檠却夭折了。夏淑吉说：“吾数年来三百六十骨节交付太空，更无系恋矣。”于是她削发为尼，法名“神一”，著有《荆隐遗稿》等。

姚氏名妫俞，字灵修，是万历四十七年进士、苏州人姚希孟（1579—1636年）的孙女，善于撰作诗文。丈夫侯玄演死后，她也出家为尼，改字“再生”，著有《再生遗稿》。

夏淑吉的表妹盛韫贞，或作盛蕴真，字静维，工于诗赋。侯峒曾生前曾为侯玄瀞求婚，盛氏父母也都同意了。尚未婚聘之时，侯玄瀞不知所终，盛韫贞著《怀湘赋》以自见，不久归入侯家。后来她也断发为尼，拜夏淑吉为师，称“寄笠道人”，与姚氏、龚氏相友。

康熙年间，夏淑吉病亡，姚氏与龚氏也死了。盛韫贞为她们写了传记。盛韫贞守节30年，最终与上述3位节妇合葬。侯玄泓后来被官府释放，相继娶了章氏、莫氏。但他27岁时就过世了，莫氏一力抚养遗腹子侯莱，守节至63岁而殁。[1]

侯家非常重要的姻亲还有昆山人顾咸正。顾咸正是顾鼎臣的曾孙，侯岐曾日记中反复出现的“端木”或“弦斋”，指的就是他。[2]

顾咸正，字端木，崇祯六年举人，崇祯十三年以会试副榜的

[1] 嘉庆《直隶太仓州志》卷四十四《人物·列女三》，嘉庆七年刻本。

[2] 计六奇：《明季南略》卷四，“顾咸正答洪承畴”条，第259页；光绪《昆新两县续修合志》卷二十七《忠节上》，“顾咸正”条，光绪六年刊本。

《吴郡名贤图传赞》中的顾咸正像

资格出任延安府推官。时值当地农民暴乱，又连年大旱，百姓多死，或为盗贼。顾咸正招抚流民开垦荒地，将无主荒田立为官庄，出私钱募人耕种，结果获得较好的收成。他又教民引水穿井，加强农田灌溉，普及捕蝗法，同时积极抓捕盗贼，治绩显著。农民军占据西安等地后，顾咸正被捕。后来，他趁农民军被明朝军队打败之机，逃回江南。他回到家时，弟弟顾咸建与顾咸受已殉节而死。于是，他参加了陈子龙等人的地下抗清活动，草拟密疏，托人寄往舟山残明将领黄斌卿处，并嘱转达给唐王，结果事泄被捕，被押解至南京。[1]总督洪承畴问他："汝知史可法在乎，不在乎？"顾咸正答："汝知洪承畴死乎，不死乎？"洪承畴默然，将顾咸正及其同事40余人全部杀掉。[2]

顾咸正的弟弟顾咸建是崇祯十六年进士，曾任钱塘知县，早年文名也很盛。他是苏州孝廉张世伟的女婿，而张世伟与文震孟、姚希孟、周顺昌、朱陛宣等人交好。天启末年，魏忠贤杀周顺昌，顾咸建却将女儿嫁给周顺昌之子周茂萼，以示其立场。顺治二年五月，清兵下江南。弘光朝阁臣马士英奉太后到杭州，请潞王监国。潞王因为害怕没有应允，却听从了巡抚张秉贞的建议，与清朝议和。六月十三日，清兵打到杭州，马士英逃走，潞王就派顾咸建出来迎降。结果杭州地方百姓"随而噪者数万，惟恐失顾知县"。顾咸建到浙江布政使堂上，缴出官印，自沉于河。百姓将他救起，夜半时分送他出城。结果到吴江地界，他仍被清兵抓住，坚决不降，最后被杀于杭州清忠坊，享年52岁。顾咸正的儿子顾天逵、顾天遴兄弟面对这样的时世，曾说："世受国恩，家本忠孝，虽书生义不苟活。"顾氏一门父子兄弟五人，

[1] 同治《苏州府志》卷九十四《人物二十一》，同治间修、光绪九年刊本。

[2] 计六奇：《明季南略》卷四，"顾咸正答洪承畴"条，第259—260页。

最后全部死于国事。[1]顾大逵是侯岐曾的女婿，与归庄为挚友。归庄曾与他和诗说：“叹老嗟卑非我事，家忧国恨只今年。”[2]两人在诗中表露出对王朝覆灭的无奈和深深的“家忧国恨”，以及“愿提一剑荡中原，再造皇明如后汉”的豪气。[3]

以夏、侯、顾三家为核心，在江南地区构成了非常紧密的姻亲关系网络。他们患难与共，风雨同舟，经常聚会于侯玄瀞家，“谈及时事，各蓄异谋”。[4]夏完淳避难于侯家时，写有与侯玄泓等人共勉的诗，其中一句“星霜握手同兄弟，风雨知心托死生”[5]，让人感怀。

而上文中提及的李雯，乃松江名士，与陈子龙、宋征舆曾并称“云间三子”，文名颇盛。清兵下江南后，李雯在北京准备参加清朝举行的科考，后来被清廷授职弘文院撰文、中书舍人。这当然有违明室遗民的所谓“忠孝”思想。顺治二年，李雯剃了发，内心是“难忘故国恩，已食新君饵”，颇有悔痛之情。他在给好友陈子龙的小诗《东门行寄陈氏》之后的附信中写道：“失身以来，不敢复通故人书札者，知大义之已绝于君子也。”[6]他用的“失身”等词，很能表明内心的尴尬状态。据宋征舆记载，

---

[1] 计六奇：《明季南略》卷四，“顾咸正答洪承畴”条，第259—260页；同治《苏州府志》卷九十四《人物二十一》。

[2] 归庄：《归庄集》卷一《诗词·乙酉除夕次顾大鸿韵四首》、卷七《传·两顾君大鸿仲熊传》，第51、407页。

[3] 归庄：《归庄集》卷一《诗词·夏日陈秀才池馆读书》，第56页。

[4] 邓之诚：《骨董琐记》三记卷五《顾咸正一案刑部提本》，中国书店1991年版，第561—570页。

[5] 汪永安：《紫隄小志》续二《诗词》，上海市地方志办公室编：《上海乡镇旧志丛书》第13册，第105页。

[6] 参李雯：《蓼斋后集》卷一《乐府·东门行寄陈氏》、卷一《五言古诗·李子自丧乱以来追往事、诉今情、道其悲苦之作、得十章》、卷五《杂文·答发责文》，收入《四库禁毁书丛刊》集部第111册，据中国科学院图书馆藏顺治十四年石维昆刻本影印，第653—654、690—691页。

李雯在他生命的最后时间里，“深以得官为恨”，同时又染有重病。[1]顺治四年五月，陈子龙殉难。当年冬天，李雯就“郁郁道死”，殁于归京途中。[2]

陈子龙差不多比侯岐曾小14岁。他是夏完淳的老师，曾与夏允彝等人一起在松江创建过几社，与侯岐曾则为至交。他说：“吾生平交满天下，今日乃知侯氏父子兄弟真人杰也。”[3]“吾结纳多矣，未有急难可托如侯君者。”[4]陈子龙最后的逃难生活，就是在侯岐曾的极力帮助下渡过的。

---

[1] 宋征舆：《林屋文稿》卷十《云间李舒章行状》，上海图书馆藏康熙九钥楼刻本。

[2] 吴伟业：《吴梅村全集》卷五十八《诗话》，李学颖集评标校，上海古籍出版社1990年版，第1135页；宋征舆：《林屋文稿》卷十《云间李舒章行状》，上海图书馆藏康熙九钥楼刻本。

[3] 白坚：《夏完淳陈子龙研究的珍贵史料——读侯岐曾〈丙戌丁亥日记〉札记》，载《文献》1989年第4期，第138页。

[4] 汪永安：《紫隄小志》卷二《人物》，上海市地方志办公室编：《上海乡镇旧志丛书》第13册，第54页。

五　地下抗清活动

从顺治二年五月清兵下江南计起，至顺治四年五月侯岐曾、陈子龙等人殉难，不过两年光景。史家于抗清历史的书写中，往往对这两年着以重墨。然而除了侯岐曾留下的日记，罕有资料能真正呈现那些在江南隐居并坚持抗清活动的志士们的日常生活。侯岐曾在日记中，以颇为谨慎的态度，记录了江南地方社会各种变化情况、与浙东鲁王等抗清政权的联系以及听闻抗清消息的感受等内容。

顺治三年除夕这一天的早上，侯岐曾从噩梦中惊醒，觉得“大事当不远”，家族危难也许会随时降临。于是他决定从次年开始，写日记“务略之又略”。[1]即便如此，这些日记对追索彼时抗清志士的生活史而言，仍是弥足珍贵。

顺治三年四月初七，侯岐曾在给儿子玄汸的一封信中说：“伯母传语羊玄，要防拿船，似尚须一两日消停”；“潍［维］亭未必真抢，而居民逃窜则有之”。当时有传言说，抗清的“白腰党”布满太湖、沙湖之间，潍亭一带的石岸都被他们抉开了。他认为这些多属“流闻”，不必太在意。至于昆山县城的戒严，他觉得是可信的。[2]过了几天，他比较概括地记下了上海等地抗清人士的一些活动情况。[3]五月间，陆元辅与他会面，说起新泾一

[1]　《日记》，丁亥“除夕”条，第608页。

[2]　《日记》，丙戌四月初七日，第517页。

[3]　《日记》，丙戌四月十二日，第519页。

带清兵“淫掠至惨”，城中十室九闭。这些都让他感到紧张。[1]

侯岐曾听闻各地抗清的消息后，时常是喜忧参半，但多数归于绝望。他自己也认为，在日记中的这些记录，如“闽浙义师齐奋，隆武恩诏初颁”等，是“遥遥未可为据”的。[2]

顺治三年三月二十七日，侯岐曾记道：“得和从郡回，一饭而去。得大鸿札，为言龙种面授语，闽浙似合似分。隆武诏书，我今日始得见之。(自闻浙师大捷，旋闻杭州被围，大约道路流言日日有之，略记之，以需后验。)”[3]二十九日，他在给顾天逵的信中说：“南州事，为母者，道基初定，一手劈开；为子者，家业世承，终身孝养：此相成不相碍之局也。……我屡欲通问南州师，而前此皆寄子侄笔端，兹正不欲为凡此情形。啍啍絮絮，烦足下夫妇即将吾此字密商之可也。”[4]四月初三，他又写信给顾天逵：“自相订后，即几几望足下夫妇束装东下矣。忽得尊公言旋之报，不意乱离悲痛之余有此一场狂喜。”[5]这个“尊公”就是顾咸正。当天，侯岐曾还给顾咸正写了一封密信，其间谈及他对当时形势与时局的看法：

> 兹特先驰一介叩首，百凡情话，都未暇及，惟欲一询西北情形。齐豫秦晋间，何处有反正之机？或口授大鸿，详悉见报，尤妙也。……至弟生趣已尽，止为侍母全孤，留此残生。能使残生早捐，则种种滔天之祸，不复可支矣。说到此，尚能作意表行事否乎？惟有愤闷欲绝。自今已后，亲翁时时锡我南车，死生祸福，俱不至伥伥靡靡矣。晤对之期，

[1] 《日记》，丙戌五月初九日，第529页。

[2] 《日记》，侯岐曾“自序”，第483页。

[3] 《日记》，丙戌三月廿七日，第513页。

[4] 《日记》，丙戌三月廿九日，第514页。

[5] 《日记》，丙戌四月初三日，第516页。

更容专订。[1]

侯岐曾对与浙江地方南明抗清人士的沟通，向来十分谨慎。有时他也时常嘱咐相关同志，要保持高度警惕，以免引来杀身之祸。五月二十九日，他给顾咸正的信中这样说道：

> 下邑变事虽繁，而初旬之约再忍不过。昨乃特奏八行，岂意复中道返也。从此音书阻达，一等之大事之不可期，庶可解烦化躁。……弟以为今日传某忠臣予恤，明日传某名士拜官，此至危至危之事，将来无数杀机尽在此中。以故陈情一疏，弟每凛凛持之。至如家兄之事，所云日光月华、雷轰电烈，非待口说而后彰，亦不争迟速于旦晚也。鄙夫所见，向来如此，然正未敢执臆断以误当机。况亲翁所云无误，是真实无误者，以故遗孤斗胆相托，直欲一介专驰中道人许，其书疏未敢遽缄，悉呈台览。

这天，他让侯玄汸代写疏稿，薄暮时分才完成。侯岐曾在日记中记道："予作三札，并前诸札未达者一一托之弦斋。侄止寄中道人一札，同疏往。城中事传说纷纷，金科至，知骈戮数人，令已下狱，尚需核实。灯下，同汸絮嘱陶蝉，来朝勿复相关矣。小昆信至，知存古大有来意，因钱濑广之变，故迟之。"[2]

六月十七日，侯岐曾接到顾咸正的长信，大概有几千字。这让他觉得复明活动颇可期待："大都策中兴之必可期，目前举动，力劝吾辈勿过于畏慎，盖谓予前札申申指点危形故也。大鸿为父陈情，即日泛海，一言告别，可云壮游。两日闻钱塘□□，大歼

[1]《日记》，丙戌四月初三日，第515—516页。

[2]《日记》，丙戌五月廿九日，第540页。

于萧山之伏机。昆来者言之亦凿凿，岂天人遂尔凑泊耶？”[1]

第二天早上，他听说夏完淳兄弟已于前一日傍晚抵达槎楼，随即派人送信问候。他觉得抗清友人所云“□□实未渡江，胜负两皆说梦”，实在匪夷所思。[2]他在信中提醒夏完淳等人，在槎楼隐居时，行动一定要慎密。同日，他又给顾咸正写了一封长信：

> 当此雕肝腐肠之时，忽投以益智定胆之剂，能不苏苏起立乎？……弟今日所处与兄不同，兄虽出万死一生之余，而此身既全，自当理前事以启后图。弟则覆巢遗卵，除却奉母全孤而外，誓不敢萌它妄想。而又亲见彼法之加刃于我，一步紧一步。……忠义诸家，不云暗结白腰，则云显通闽海。而忠义诸家，举事如戏，实亦有可蹑寻，则其一举手间，何异于扫尘烁冻哉！至如目前诛求家业，虽未即及性命，而身危者苦趣自知，亦安得更有闲心剩力以及其他。是则弟与兄所处实实不同，所以知有干惕，不知有宽泰，直由情地无可奈何耳。……而今日读□新皇诏书，不觉眉掀肉舞，以为理数值其至穷，惟当以气焰相取，吾从此不敢复执所怀来矣……刻刻防擒家属，一出门即防及藐诸。[3]

对于抗清消息的不确，侯岐曾显得十分焦虑。他在给顾天逵的密信中说，“钱塘之事，或云渡江小败，退保杭州，或云其实未渡，或云悉众而渡”，都是“杳无回报”，需要等待其他消息来证实。[4]后来他还向顾咸正询问：“钱塘已有确耗否？长兴白

[1] 《日记》，丙戌六月十七日，第547页。

[2] 《日记》，丙戌六月十八日，第547页。

[3] 《日记》，丙戌六月十八日，第548—549页。

[4] 《日记》，丙戌六月十八日，第549—550页。

龙鱼服，不终困于豫且否？此成败大关也。雁门一网，不至株连否？”[1]

对于太湖地区义士们的抗清活动、浙东南明政权的北上举动以及全国其他地方的抗清消息，侯岐曾都密切关注。但是，毕竟明朝大势已去，那些频繁的抗清活动又力量有限，太湖义兵势渐孤蹙，浙东地方的抗清活动时常受挫。实际情况与传言中的抗清捷报还是有出入的。侯岐曾等人在焦虑中又带着些许期盼，正如归庄诗中所言：“安得中兴真主应时出，救民水火中。”[2]

七月下旬，侯岐曾收到顾家传来的信息，说从江北来的人“亲见何督师（腾蛟）破泗州，瑞昌王破太平府”，而且还听说“宛陵、淮南间义兵日新月盛”。正当振奋不已时，他又从夏平南那里得知“金华已被屠，浙东不复可为”，不觉惨沮欲绝。[3]

至于被清兵擒获的明室旧臣的情况，也多与传闻不合，真假难辨，让侯岐曾“为之闷闷”。[4]有人从城里来，言及嘉定各地发生不少变乱，南翔镇居民十分紧张，“终宵戒备”。而清兵所过之地，对乡村多有骚扰，南翔、大场等镇，“传闻打粮所必不免”。侯岐曾说：“予飘摇转徙，暂寄此中，万非获已，慨然识之。”[5]他一方面希望听到的好消息都是确实的，另一方面也希望官府的催科能够宽缓。可是南京方面并无任何异常警报，而准备参加科考的举子们正络绎前往。那些传闻浮言无定准，而“处乱之情”令人悲伤。[6]

十月间，侯岐曾在给顾咸正的信中，提到了这种“处乱之

---

[1] 《日记》，丙戌六月廿一日，第552页。

[2] 归庄：《归庄集》卷一《诗词·悲昆山》，第38页。

[3] 《日记》，丙戌七月廿五日，第566页。

[4] 《日记》，丙戌七月十七日，第563—564页。

[5] 《日记》，丙戌二月初六日，第494页。

[6] 《日记》，丙戌七月廿九日，第568页。

情”：“当此之时，一二懿亲契友，惟以废绝往来为真往来，此乙酉七月四日以后自盟然也。比来尚有以太平物色施及寒庐者，弟几欲挥刀相向，宁可做一场人命耳。至今年六月，复遭先嫂恭人之变，弟保孤之责愈重矣，而诛求之累亦愈惨。至八月以后，弟积病乃大发，两日一疟，冰崖炎井，变换不知凡几。至此纵未能忘情往来，亦穷于时势之不可奈何矣。”[1]这是对于侯家情境最为真实的告白。

此后他收到的抗清消息，令人越发不安。福建失守，隆武帝避入江西；四川抗清的张献忠也失败了。[2]至于北京已然“恢复”的传说，他更不可能相信。他觉得：“大事既不可期，身家水火，日甚一日。”[3]

[1]《日记》，丙戌十月初三日，第585页。

[2]《日记》，丙戌十一月廿二日，第599页。

[3]《日记》，丁亥四月十七日，第634页。

六　抵抗的失败

在松江等地，侯岐曾的好友陈子龙、夏完淳等人准备举事。他们决心采取行动，与吴胜兆有关。吴胜兆本是明军中的一名指挥，降清后南下到苏州任苏松常镇提督。他与驻苏州的巡抚土国宝多有摩擦，被洪承畴调驻松江。在部下戴之俊等下的劝说下，他准备反清。戴之俊与陈子龙联系反清之事，陈子龙表示愿意与据守舟山的黄斌卿联系，同时派友人夏之旭去见吴胜兆。双方约定，舟山的明军于顺治四年四月中旬进抵吴淞，与吴胜兆内外配合，共襄复明大业。[1]不过很可惜，这个反清计划走漏了消息，并未成功。[2]

顾咸正曾提出："海外黄斌卿是夏允彝结拜兄弟，可结连他起兵，我等作为内应。"他与侯玄瀞、夏完淳等即各具奏本、禀揭、条陈等文书，托谢尧文交付给通海舵工孙龙，送往舟山黄斌卿处。此外，托谢尧文、孙龙带通海文书的还有"结连过苏松湖泖各处豪杰、同心内应好汉"的钦浩、吴鸿等人。他们也写就各类禀帖，推荐某人可为文官，某人可任武职。临行前，顾咸正等人郑重叮嘱谢尧文道："你须谨慎，此事关系身家性命。"[3]

与侯岐曾一样，谢尧文也是嘉定人。他以前因事犯狱，是侯岐曾救了他。他经常负责上海、松江、嘉定等地抗清义士与浙江

[1]　顾诚：《南明史》，中国青年出版社1997年版，第454—458页。

[2]　归庄：《归庄集》卷四《跋·书申节愍公传后》，第298页。

[3]　邓之诚：《骨董琐记》三记卷五《顾咸正一案刑部提本》，第361—370页。

鲁王政权之间的联络工作。顺治四年三月十九日，谢尧文到柘林附近的�阙（今属奉贤），准备渡海前往舟山，晚上寓居于当地旅舍。因衣冠与时不合，他被柘林游击陈可抓获，同时还被搜出了一些书信表疏，而表文正出于夏完淳之手。据说谢尧文在被捕前，还“口出大言”，被捕后一受刑，就全部招供了。

此案恰由在松江的提督吴胜兆负责。所以谢尧文被抓后，只作了关押处理，没有进一步审问。不久，吴胜兆的部下发生内讧，吴的兵变最终失败。巡抚土国宝派人搜查吴府，发现了那些“逆反”书信与表疏，十分震惊。随后，清军即按名搜捕，对抗清人士进行大清洗。

最后，除侯玄瀞等22人出逃外，其余以顾咸正、夏完淳等为代表的抗清志士共计34人，均被捕获。[1]侯岐曾、顾天逵等首先被杀。清刑部题本中说：顾咸正等“率皆心臆共剖，肝胆相许。文愿设谋于帏幄，武愿戮（勠）力于疆场。虽射天之弓未张，而当车之臂已怒。无将之诛，万不能为各犯贷也”。[2]

不过，在刑部尚书吴达海等人审理这起大案的题本中，基本上没怎么提及侯岐曾的情况。题本中主要讲，顾咸正与侯峒曾之子侯玄瀞、夏允彝之子夏完淳“夙怀不轨之心，共造逆天之罪”，希望与舟山的黄斌卿等人联心，勾连湖泖党羽，俱应依照“谋叛律”，不分首从皆斩；他们的妻妾子女入官为奴，财产籍没充饷，父母祖孙兄弟不限籍之异同都“流二千里”。[3]

---

[1] 柳亚子：《柳亚子文集》“南明史纲·史料”，上海人民出版社1994年版，第155—156页。邓之诚指出，关于被捕的人数，《明季南略》及其他一些书都作40余人，唯乾隆《苏州府志》记为34人。这34人于顺治四年九月十九日在江宁同死，这个数字与刑部尚书吴达海的题奏相吻合。参氏著《骨董琐记》三记卷五《顾咸正一案刑部提本》，第562页。

[2] 顾诚：《南明史》，第460页。

[3] 邓之诚：《骨董琐记》三记卷五《顾咸正一案刑部提本》，第561—570页。

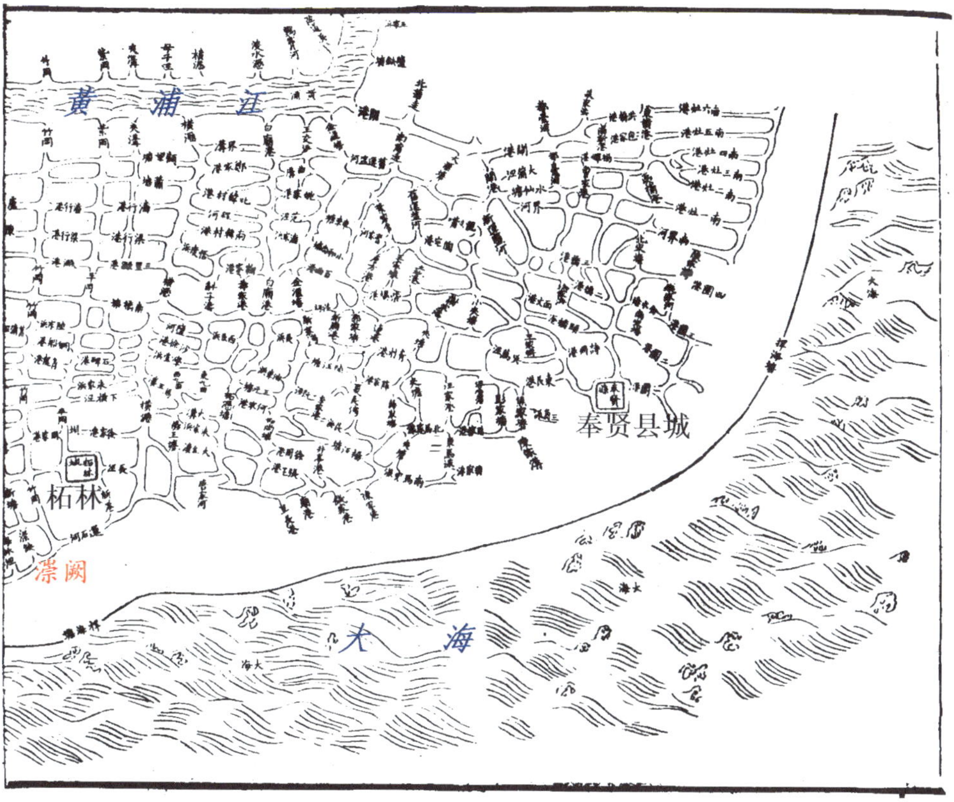

嘉庆《松江府志》中所绘的柘林与漴阙的位置

七 最后的日记

这样一件反清大案，涉及松江地方最著名的抗清人士陈子龙。顺治四年四月间，陈子龙听到抓捕风声后，与夏之旭、小童子等人逃到侯岐曾家，躲至“厂头”。[1]侯岐曾让顾天逵将他们藏在仆人侯驯的家中，侯驯奉命安排他们在乡间躲藏。由于此地离松江城较近，他们时刻有被抓的危险。侯岐曾在日记中说，四月二十六日，因松江风声较紧，陈子龙与夏之旭只好避至嘉定乡下的王庵，离侯家所居地方仍然不远。陈子龙为表示感激，为侯岐曾作《贫交行》，诗中说：“家无担石凌万夫，义重丘山轻一死。”[2]

此时乡间到处传言说，清军大兵俱集松江，将兴大狱。而据时人的看法，土国宝发兵下乡，名义上是“剿寇”，实际上则是“杀人掠财”，结果“满载而归”。[3]陈子龙等人被迫重找避地，躲到了离王庵仅三里的丰浜（封浜），但四邻对他们产生了怀疑。在侯驯的劝告下，他们避至槎楼。[4]

此后，在顾天逵和顾天遴的安排下，他们转移到昆山，隐藏在黄泥潭丙舍（墓舍），希望转道昆山进入苏州境内，通过常熟

---

［1］ 厂头是嘉定县东南约35里处的一个重要聚落，也属古迹。参姚承绪：《吴趋访古录》卷七《嘉定》，第146页。

［2］ 汪永安：《紫隄小志》续二《诗词》，上海市地方志办公室编：《上海乡镇旧志丛书》第13册，第104页。

［3］ 佚名：《吴城日记》卷中，江苏古籍出版社1999年版，第230页。

［4］ 《日记》，丁亥五月初五日，第640页。

出海，远走浙东。不料，常熟地方道路戒严，舟楫不通，他们就准备到唐市镇的杨彝处躲藏，却被杨氏拒绝，只好再回到昆山隐藏。这时，侯岐曾已避迹于嘉定厂头的恭寿庄。大概在五月初十日中午，侯驯回到恭寿庄，向他汇报了这一情况。第二天，陈子龙就被捕了，他五岁的儿子也被捕杀。清兵在搜捕侯岐曾时，侯驯故意将他们引到别处，希望拖延时间让主人逃走。但侯岐曾最后仍被抓获，侯驯大呼道："匿陈黄门（即陈子龙）者吾也，与主何与！"[1]

在屡被后人征引的《南疆绎史》中，记录了侯岐曾帮助陈子龙逃难之事，以及他与亲友们的最后死难："子龙亡命，同夏之旭奔嘉定，告急于侯岐曾；匿其仆刘［侯］驯家，已迁昆山顾天逵所。当事迹至嘉定，执岐曾，别遣兵围天逵家；遂获子龙，锁舟中，泊跨塘桥下。子龙乘间，跃入水死，是月二十四日也，犹戮其尸。"据说，操江都御史陈锦审问陈子龙时道："何不剃发？"陈子龙答："吾惟留此发，以见先帝于地下也。"再问他就"瞠目不答"了。[2]

五月十二日，侯岐曾与侯驯等人都被抓到了松江城。巡抚土国宝审讯之后，派人送来酒菜，要侯岐曾通个家信，就可以不死。侯岐曾却说："吾已无家，何信为？"第二天再审，侯岐曾踞坐，用方言大骂不止。[3]

十四日午刻，侯岐曾与及仆人侯驯、俞儿、朱山、鲍超、陆二、李爱等一起，被杀于松江城西门的跨塘桥，即"云间第一桥"。与他们一同死难的，还有顾天遴与顾天逵。他们与陈子龙素非相识，却因国家大义，藏匿子龙而死。顾天遴是生员，死时

[1] 汪永安原纂、侯承庆续纂、沈葵增补：《紫隄村志》卷五《人物》。

[2] 温睿临、李瑶：《南疆绎史》卷十四《陈子龙传》，清傅氏长恩阁钞本。

[3] 汪永安原纂、侯承庆续纂、沈葵增补：《紫隄村志》卷五《人物》。

27岁；顾天逵是贡生，死时30岁。他们的亡难与陈子龙的死一样悲壮，“有古烈士风”。当时有位宝山参将，称侯岐曾为“好男子”。后来还有人说，顾咸正一家，“以藏亡通海，一门殉义，其事最烈”。[1]

通过侯岐曾的日记可以看到，当时他的身体状况与精神状况一样，都比较糟糕，有时便秘六七日，有时是急性腹泄[2]，有时是痰火病发，有时为寒热重症。[3]五月初七是俗传的“天生婆婆”祭拜活动日，当时的他尚未从一场严重的腹疾中完全恢复过来。第二天，他的心情似乎很糟，因为有人来报告“千确万确”的消息，说官府当晚可能会来他们住的恭寿庄抓人。侯岐曾抱着侥幸心理让家人保持镇静，结果当晚确实什么也没有发生。初九日，侯岐曾的母亲还在逗弄孙儿为乐，报信的人再次传来消息，“彰彰有据”，结果晚上依然没事。[4]侯岐曾还是大意了，不过在那样的时局，侯氏一家又能躲到哪里去呢？

侯岐曾的日记最后只写到五月初十日，十分简单：

> 早，汸辞入城。王内三两书来，才附一札。[5]

日记中附的这个“札”，其实是封短信。原文是这样的：

> 唐市之行，不遇朱家，便似所问非所对。要之，行止久远，莫非天定也。元兄杳然不报，甚异！甚异！儿正驰急足

[1] 陈去病：《五石脂》，江苏古籍出版社1999年版，第375页。

[2] 日记中常说是痁、霍乱或“河鱼暴下”。

[3] 参《日记》，丙戌十一月廿四日、十二月初五日，丁亥元月初三日、元月十九日、元月廿一日、二月廿六日、五月初六日，第600、602、609、611、612、619、640页。

[4] 《日记》，丁亥五月初七日、五月初八日、五月初九日，第641页。

[5] 《日记》，丁亥五月初十日，第641页。

伺的音，而使者亦留之，不可得其往复语尔尔，巩不宜邅迴本境矣。奈何？奈何？弟为大兵将入畴境，闻多所征捕。寒家万分极危，然不暇自计，而亟望吾翁择其所安。真切心事，不出前柬所云，但媿意有余而力不及。更无一条必稳之路，惟吾翁自审择之。[1]

根据后来看到日记的侯玄汸的说法，这封短札是仆人侯驯从昆山回来，告知彼处情况后，侯岐曾于当天晚上写好，准备要托人带给陈子龙的。不料，第二天他们都被捕了。这封短札就成了侯岐曾的绝笔。

侯玄泓认为，因为陈子龙、吴胜兆等人的谋叛行径，牵连侯岐曾甚至奴仆等人一同被杀，官府对此实在是用刑太过了。他说："胜兆依'谋叛律'斩，子龙以'谋叛未行逃匿山泽律'绞，府君藏匿子龙，律减子龙一等，他人捕得及罪人已死又减一等，法如是足矣。"[2] 仔细体味玄泓之言，令人感伤。

---

[1] 《日记》丁亥五月初十日，侯玄汸"附记"，第642页。
[2] 汪有典：《史外》卷二十一《前明忠义别传·侯通政传》，乾隆十四年淡艳亭刻本。

八 绝望的绅士们

在清朝努力于江南确立统治秩序的过程中，地方精英阶层与民众的态度和依归取向，产生了很大分化。有一部分人，主要是地方绅士，或为生活所迫，或为实现个人愿望，暂时服从了清朝的统治。一些乡村中的强宗大族，似乎对“华夷之别”并无严格区分。像上海地区的大族曹氏，就积极支持新建立的清王朝，虽然后来的“奏销案”使他家一度衰落。[1]而更多的人，可能与吴江人陆文衡一样，“居恒以惜阴宝俭为第一义”。他回思甲申、乙酉之交家遭颠覆，所谓“国亡家破，萃于一时”，却又不能赴君父之难，既不敢自附于绅，也不敢自比于人，只能“绝人逃世”，苦叹“天长地久，此恨何穷？”[2]当然，为后世多所称道的，则是那些奋起抵抗的江南绅士与民众。他们否认清王朝已经建立的事实，以武力和文化批判等方式，进行着各种各样的反清活动。

不可否认的是，长期优游于江南的绅士反抗清朝统治，一是出于耻为“异族”之臣民的心理，如归庄所言“华人变为夷，苟活不如死”[3]；二是担忧新王朝的建立，将使他们丧失原有的既得利益和社会地位。附和他们一起反清的，主要是明末以来的“盗

[1] 顺治十八年，清廷将上年奏销有未完钱粮的苏州、松江、常州、镇江四府并溧阳一县的官绅士子全部黜革，史称“奏销案”。详参［日］佐藤仁史：《清朝中期江南的一宗族与区域社会——以上海曹氏为例的个案研究》，《学术月刊》1996年第4期，第83—89页。

[2] 陆文衡：《啬庵随笔》卷末《附录乡贤公感忆生平篇》。

[3] 归庄：《归庄集》卷一《诗词·断发二首》，第44页。

贼”、无业游民、光棍等。绝大部分乡村民众并未参与反清活动。他们除了对剃发比较敏感外，其实还是较为淡漠而怯懦的。而地方无赖、乱民与真正的抗清义士或义师，纠结在一起，让后人很难区分。

在这样的历史大变局中，个人生命显得十分微渺。面对清朝摧枯拉朽式的狂飚突进，任何抵抗都显得徒劳，也时常让侯岐曾这样的抗清志士感到绝望。

清兵下江南前夕，夏允彝就曾对好友曹家驹说过“天下必归清朝无疑”，但又说“我唯有一死，但争迟速耳”。清兵南下时，松江名士、曾任户部主事的吴嘉胤面对危难时局，慨然有揽辔之意，对曹家驹说：“我非乐仕进，特欲觅一死所耳。”[1]夏允彝绝命词中所言“中兴望杳，何忍长存”[2]的绝望心境，在当时的士人群体中普遍存在。

弘光朝结束后，江南地区的一二士子率乡民抵抗强敌。正如时人所论，“是以羊投虎，螳臂当车，虽乌合百万，亦安用乎！”[3]他们之所以誓死抵抗，大抵是为了“义”，明知不可为而为之，以死明义，所谓“临危一死报君恩”。[4]松江人杜登春身历鼎革之乱，在撰写《社事始末》时，就说：“乙酉、丙戌、丁亥三年之内，诸君子各以其身为故君死者，忠节凛然，皆复社、几社之领袖也……此外之孤忠报国死而不传者，又不知凡几。”[5]

而清朝官府对于反清分子的大规模清洗，在很大程度上动摇

---

[1] 曹家驹：《说梦》，道光八年醉沤居士钞本。

[2] 黄宗羲：《弘光实录钞》卷四，浙江省图书馆藏光绪三年傅氏长恩阁钞本，收入《续修四库全书》史部第367册，上海古籍出版社2002年影印版，第413页。

[3] 计六奇：《明季南略》卷四，“总论起义诸人”条，第278页。

[4] 参汪荣祖：《江南与明亡清兴——兼论历史地缘说》，载熊月之、熊秉真主编：《明清以来江南社会与文化论集》，上海社会科学院出版社2004年版，第10页。

[5] 杜登春：《社事始末》，收入张潮主编：《昭代丛书》续编戊集卷十六，吴江沈氏世楷堂藏板，道光年间刊、光绪二年重印本。

了绅士阶层在地方上的力量。工部侍郎陈有明与土国宝坐镇西仓城，“日杀百人，半月方止”。[1]其结局多如归庄所言，“自陵谷变迁，士君子之秉大义、抱微尚者，有郁积于中而又难于讼言，则托之古人以见志”。由于“郁积于中”“难于讼言”，编写“遗民”传记等，恐怕成了那时许多江南有志之士的最后选择。如嘉定人朱子素就是以编写《遗民录》以见其志，而为此书作序的归庄也只能“掩卷而太息”了。[2]

若非有侯岐曾日记留传后世，人们很难从细微处感受到那种日常生活中的惊心动魄。与侯岐曾暗中勾连的江南反清人士，遍布太湖东南部城乡地区，有的还是一代名士。他们短暂的抵抗活动，随着清政权的全面渗透而告终结。像紫隄村这样“三凤蜚名，六龙著族”的士族聚居地，在鼎革之后同样是“风景在而山河殊，繁华歇而沧桑易”。[3]村庄需要向新政权的衙役、讼师或者兜售士人特权的人寻求庇护，城镇需要通过秘密会社组织寻求保护，士人则向帝国特权求得保护。这样一来，地方社会就无法被真正动员起来。所谓“每一王兴，有附而至荣者，即有拒而死烈者”，生易死难之叹，在明清交替之际更让人感怀至深。[4]

到了顺治四年，怀着最后复明希望的江南士人，大多已趋于绝望。如归庄就发出了“宫阙山河千古壮，可怜不是旧京华”的感叹。[5]殉难时不过17岁的夏完淳，留有绝笔诗：“无限河山泪，谁言天地宽！已知泉路近，欲别故乡难。毅魄归来日，灵旗

[1] 姚廷遴：《历年记》，“历年记上”，稿本，收入上海人民出版社编：《清代日记汇抄》，上海人民出版社1982年版，第65页。

[2] 归庄：《归庄集》卷三《序·历代遗民录序》，第170—171页。

[3] 汪永安：《紫隄村小志》卷之前《近村》，第5页。

[4] 计六奇：《明季南略》卷四，“总论江南诸臣”条，第277页。

[5] 归庄：《归庄集》卷一《诗词·寄怀顾宁人》，第141页。

空际看。”[1]临刑前，夏完淳还对人说：“我辈未尽之志，慎毋相忘！”[2]而侯岐曾的日记，亦如清代人讲的那样，所谓“忠孝之言，缠绵悱恻，几使人不忍卒读”。[3]

时代的变幻与命运的转折，让人体味到一种深深的悲凉。一如陈子龙遁迹江村时留下的遗诗所言：“泪尽人间世，天涯何处逢。”[4]而遗存于世的人，或如盛韫贞所作的《春草堂诗》中所述：“玉树人俱尽，金庭事已非。何须问短笛，独立泪沾衣。”[5]在那样一个动荡不安而危难莫测的时代，“冀无望之福，必招无望之祸”。[6]

弘光政权结束以后，南方各地的抗清斗争，逐渐汇聚于隆武、鲁监国、绍武、永历等南明政权的旗帜下。这既是明朝的延续，又是清初历史的组成部分。那些志在抗清复明的文人士大夫们，各自拥戴这些不同的政权。很多人在起事时，以明室帝王为效忠对象，构建起他们的精神依托。陈子龙在松江地方起兵抗清时，就曾悬挂明太祖像，当众宣誓，以此示明身为明臣。侯岐曾参加嘉定的地下抗清活动时，也曾设明太祖像于“甲乙轩”中。由此可见，这种情况在明朝遗民中是相当普遍的。

1647年侯岐曾等人殉难后，又历14年，为顺治十八年（1661年），也是南明永历十五年。这一年，清军攻入云南，守在昆明的是南明王朝中维时最长的永历帝朱由榔。他是万历帝朱翊钧之孙，崇祯帝朱由检的堂弟。危难之际，永历帝被迫避往缅

[1] 夏完淳：《夏完淳集笺校》卷五《五言律诗·别云间》，第260页。

[2] 陈去病：《五石脂》，第290页。

[3] 《日记》，金元钰“题跋”（嘉庆十五年重阳日），第482页。

[4] 陈子龙：《避地》，收入汪永安：《紫隄小志》续二《诗词》，上海市地方志办公室编：《上海乡镇旧志丛书》第13册，第105页。

[5] 董含：《三冈识略》卷二，“春草堂诗”条，第27页。

[6] 曹家驹：《说梦》，道光八年醉沤居士钞本。

甸曼德勒，被缅王莽达收留。吴三桂攻入缅甸，莽达之弟莽白发动政变称王，并于次年春天，将永历帝遣返给吴三桂。不久，永历帝父子及眷属25人在昆明篦子坡被弓弦勒死。南明政权至此终结。

参考文献

一、古籍

朱元璋撰：《皇明祖训》，洪武礼部刻本，收入《四库全书存目丛书》史部第264册，齐鲁书社1996年影印版

朱瞻基编：《五伦书》，正统十二年内府经厂本

《万历起居注》，北京大学出版社1988年影印本

《明实录》，台湾“中央研究院”历史语言研究所1962年校印国立北平图书馆藏红格本

宋濂等撰：《元史》，中华书局1973年点校本

张廷玉等撰：《明史》，中华书局1974年点校本

曹家驹：《说梦》，道光八年醉沤居士钞本，收入《四库未收书辑刊》第10辑第12册，北京出版社2000年影印本

陈鼎撰：《东林列传》卷十一《陈龙正传》，文渊阁四库全书本

陈继儒：《陈眉公集》，万历四十三年刻本

陈继儒：《见闻录》，宝颜堂秘籍本

陈龙正：《几亭全书》，康熙云书阁刻本，收入《四库禁毁书丛刊》集部第12册，北京出版社1997年影印本

陈龙正：《几亭外书》，崇祯刻本，收入《续修四库全书》子部第1133册，上海古籍出版社2002年影印版

陈去病：《五石脂》，江苏古籍出版社1999年版

陈确：《陈确集》，中华书局1979年版

邓元锡：《皇明书》，万历刻本

丁元荐：《西山日记》，康熙二十八年先醒斋刻本，收入《续修四库全书》子部杂家类第1172册，上海古籍出版社2002年影印版

董含：《三冈识略》，辽宁教育出版社2000年版

杜登春:《社事始末》,收入张潮主编:《昭代丛书》续编戊集卷十六,吴江沈氏世楷堂藏版,道光年间刊、光绪二年重印本
范濂:《云间据目抄》,申报馆丛书本
冯复京:《明常熟先贤事略》,收入《明代传记丛刊》综录类第52册,台湾明文书局1991年影印版
冯梦龙编撰:《甲申纪事》,上海古籍出版社1993年影印本
冯梦祯:《快雪堂集》,万历四十四年序刻本
傅凤翔编纂:《皇明诏令》,嘉靖二十七年补刻本
葛麟:《葛中翰集》,收入潘锡恩辑:《乾坤正气集》卷四百五十五,道光二十八年袁江节署求是斋刊、同治五年印行本
谷应泰:《明史纪事本末》,中华书局1977年版
顾鼎臣、顾祖训汇编:《明状元图考》,汉阳叶氏平安馆藏明万历三十七年刊本
顾鼎臣:《顾文康公三集》,中国科学院图书馆藏万历至顺治顾氏家刻本,收入《四库全书存目丛书》集部第55册,齐鲁书社1997年影印版
顾鼎臣:《顾文康公诗草》,中国科学院图书馆藏万历至顺治顾氏家刻本,收入《四库全书存目丛书》集部第55册,齐鲁书社1997年影印版
顾鼎臣:《顾文康公文草》,中国科学院图书馆藏万历至顺治顾氏家刻本,收入《四库全书存目丛书》集部第55册,齐鲁书社1997年影印版
顾鼎臣:《顾文康公续稿》,崇祯十六年刻本,收入《四库禁毁书丛刊》集部第59册,北京出版社1997年影印版
顾公燮:《丹午笔记》,江苏古籍出版社1999年版
顾梦圭:《疣赘录》,雍正七年顾怀劬刻本
顾梦游:《顾与治诗》,清初书林毛恒所刻本
顾起元:《客座赘语》,中华书局1987年版
顾炎武:《圣安本纪》,收入《台湾文献史料丛刊》第三辑第53册,台湾大通书局1984年印行本
归有光:《震川先生集》,周本淳校点,上海古籍出版社1981年版
归庄:《归庄集》,上海古籍出版社1984年版
过庭训:《本朝分省人物考》,天启刻本
海瑞:《海瑞集》,中华书局1962年版

何良俊：《四友斋丛说》，中华书局1959年版

侯峒曾：《仍贻堂集》，收入潘锡恩辑：《乾坤正气集》卷四百四十，道光二十八年袁江节署求是斋刊、同治五年印行本

侯峒曾著、侯玄瀞编：《侯忠节公全集》，民国二十二年铅印本

侯岐曾：《侯岐曾日记》，收入《明清上海稀见文献五种》，人民文学出版社2006年版

皇甫录：《皇明纪略》，民国二十九年商务印书馆景印元明善本丛书十种“历代小史”本，收入《续修四库全书》子部第1167册，上海古籍出版社2002年影印版

黄六鸿：《福惠全书》，光绪十九年文昌会馆刻本

黄宗羲：《弘光实录钞》，浙江省图书馆藏光绪三年傅氏长恩阁钞本，收入《续修四库全书》史部第367册，上海古籍出版社2002年影印版

计东：《改亭文集》，乾隆十三年计瑸刻本

计六奇：《明季北略》，中华书局1984年版

计六奇：《明季南略》，中华书局1984年版

江左樵子：《樵史演义》，清初写刻本

焦竑：《玉堂丛语》，中华书局1981年版

孔毓埏：《拾箨余闲》，国家图书馆藏康熙间稿本

况钟：《况太守集》，吴奈夫、吴奈蛤点校，江苏人民出版社1983年版

雷礼：《国朝列卿纪》，万历徐鉴刻本

李东阳：《怀麓堂集》，文渊阁四库全书本

李介：《天香阁随笔》，清伍氏刻粤雅堂丛书本

李乐：《见闻杂记》，万历间刻本，上海古籍出版社1986年影印版

李雯：《蓼斋后集》，收入《四库禁毁书丛刊》集部第111册，据中国科学院图书馆藏顺治十四年石维昆刻本影印

李诩：《戒庵老人漫笔》，中华书局1982年版

柳树芳纂：《分湖小识》，道光二十七年胜溪草堂柳氏刻本

陆容：《菽园杂记》，中华书局1985年版

陆深：《俨山集》，清文渊阁四库全书补配文津阁四库全书本

陆师贽：《过庭随笔》，传抄本

陆文衡：《啬庵随笔》，光绪二十二年吴江陆同寿刻本，台湾广文书局1969

年影印版
马文升：《马端肃奏议》，收入《景印文渊阁四库丛书》史部第427册，台湾商务印书馆1986年影印版
冒襄：《影梅庵忆语》，收入《美化文学名著丛刊》，上海书店1982年据国学整理社1936年版重印本
南园啸客：《平吴事略》，收入中国历史研究社编：《虎口余生记》，上海书店1982年印行本
潘柽章：《松陵文献》，康熙三十二年潘耒刻本，收入《续修四库全书》史部第541册，上海古籍出版社2002年影印版
钱大昕：《潜研堂文集》，商务印书馆1936年版
钱棻：《萧林初集》，崇祯刻本，《四库未收书辑刊》第6辑第28册，北京出版社1997年影印版
钱谦益：《国初群雄事略》，中华书局1982年版
钱士升：《赐余堂集》，乾隆四年钱佳刻本，收入《四库禁毁书丛刊》集部第10册，北京出版社1997年影印版
沈德符：《万历野获编》，中华书局1997年版
沈节甫：《纪录汇编》，上海涵芬楼影印明万历刻本
施沛：《南京都察院志》，天启刻本
宋端仪：《立斋闲录》，明抄本，收入《续修四库全书》子部第1167册，上海古籍出版社2002年影印版
宋征舆：《林屋文稿》，上海图书馆藏康熙九钥楼刻本
孙静庵：《明遗民录》，上海新中华图书馆1912年版、浙江古籍出版社1985年版
孙毓修编：《涵芬楼秘笈》，北京图书馆出版社2000年影印版
谈迁：《国榷》，中华书局1958年版
陶宗仪：《南村辍耕录》，中华书局1997年版
田艺蘅：《留青日札》，明万历间刻本，上海古籍出版社1985年影印版
汪琬：《钝翁续稿》，天津图书馆清康熙刻本
汪有典：《史外》，乾隆十四年淡艳亭刻本
王鏊：《震泽长语》，嘉庆十三年张海鹏辑、借月山房汇钞丛书本
王夫之：《薑斋诗话笺注》，戴鸿森笺注，人民文学出版社1981年版

王世贞：《弇山堂别集》，中华书局1985年版
王应奎：《柳南随笔》，中华书局1983年版
王沄续撰：《陈子龙年谱》，收入陈子龙：《陈子龙诗集》附录二，施蛰存、马祖熙标校，上海古籍出版社1983年版
魏大中：《藏密斋集》，崇祯刻本，收入《续修四库全书》集部第1374册，上海古籍出版社2002年影印版
温睿临、李瑶：《南疆绎史》，清傅氏长恩阁钞本
文征明：《文征明集》，上海古籍出版社1987年版
吴伟业：《梅村家藏稿》，四部丛刊景清宣统武进董氏本
吴伟业：《吴梅村全集》，李学颖集评标校，上海古籍出版社1990年版
吴熊光：《伊江笔录》，清广雅书局刻本
伍袁萃：《林居漫录》，明万历间刻本，收入《续修四库全书》子部杂家类第1172册，上海古籍出版社2002年影印版
夏完淳：《夏完淳集笺校》，白坚笺校，上海古籍出版社1991年版
谢肇淛：《五杂组》，中华书局1959年版
徐昌治：《昭代芳摹》，崇祯九年徐氏知问斋刻本
严嵩：《钤山堂集》，嘉靖二十四年刻增修本，收入《续修四库全书》集部第1336册，上海古籍出版社2002年影印版
杨凤苞：《秋室集》，光绪十一年陆心源刻本
杨循吉：《松筹堂集》，北京图书馆藏清金氏文瑞楼钞本，收入《四库全书存目丛书》集部第43册，齐鲁书社1997年影印版
杨循吉：《吴中故语》，收入《苏州文献丛钞初编（上）》，古吴轩出版社2005年版
姚承绪：《吴趋访古录》，江苏古籍出版社1999年版
姚福：《清溪暇笔》，明邢氏来禽馆抄本，收入《续修四库全书》子部第1167册，上海古籍出版社2002年影印版
姚廷遴：《历年记》，稿本，收入上海人民出版社编：《清代日记汇抄》，上海人民出版社1982年版
叶德辉、叶庆元等纂修：《吴中叶氏族谱》卷六十七《碑志》，宣统二年刻、1911年增修本
叶梦珠：《阅世编》，上海古籍出版社1981年版

叶权:《贤博编》，中华书局1987年版
叶绍袁原编、冀勤辑校:《午梦堂集》，中华书局1998年版
叶盛:《水东日记》，中华书局1997年版
叶裕仁:《余孝惠先生年谱跋》，收入北京图书馆编:《北京图书馆珍本年谱丛刊》第156册，北京图书馆出版社1999年影印版
叶子奇:《草木子》，中华书局1997年版
于慎行:《谷山笔麈》，中华书局1984年版
余继登:《典故纪闻》，中华书局1997年版
俞汝楫编:《礼部志稿》，文渊阁四库全书本
袁黄:《了凡杂著》，万历三十三年建阳余氏刻本，收入《北京图书馆古籍珍本丛刊》第80册，书目文献出版社1988年影印版
袁黄:《两行斋集》，线装书局2006年影印本
袁黄:《游艺塾文规》，万历三十年刻本，收入《续修四库全书》集部第1718册，上海古籍出版社2002年影印版
袁黄编:《袁氏丛书》，台北"国家图书馆"藏万历间嘉兴袁氏刊本
袁营等修:《赵田袁氏家谱》，咸丰八年纂修、民国间增修，民国九年钞本
曾羽王:《乙酉笔记》，旧抄本，收入上海人民出版社编:《清代日记汇抄》，上海人民出版社1982年版
张朝瑞:《皇明贡举考》，万历刻本
张大复:《昆山人物传》，明刻、清雍正二年重修本
张凤翼:《谭辂》，万历间刻本
张瀚:《松窗梦语》，中华书局1985年版
张弘道:《明三元考》，明刻本
张居正:《张太岳集》，上海古籍出版社1986年版
张履祥:《杨园先生全集》，中华书局2002年版
郑瑄:《昨非庵日纂》，明崇祯刻本
周复俊:《泾林杂纪》，明刻本
周寿昌:《思益堂日札》，中华书局2007年版
朱鹤龄:《愚庵小集》，上海古籍出版社1979年影印版
朱元璋:《明太祖集》，黄山书社1991年版
朱子素:《嘉定屠城惨史》，宣统三年嘉定旅沪同乡会刊本

庄廷铳:《明史钞略》，四部丛刊三编景旧钞本
《崇祯记闻录》,《台湾文献史料丛刊》第二辑第52册，台湾大通书局1984年印行本
《明珠缘》，上海古籍出版社1996年版
《天水冰山录》，商务印书馆民国二十六年铅印雍正六年周石林整理本
《吴城日记》，江苏古籍出版社1999年版
《武塘野史》，清抄本
《云间杂志》，奇晋斋丛书本
《诸司职掌》，明刻本，收入《续修四库全书》史部第748册史部，上海古籍出版社2002年版
正德《姑苏志》，正德间刻本
万历《嘉善县志》，万历二十四年刻本
万历《嘉兴府志》，万历二十八年刊本
万历《昆山县志》，万历四年刊本
万历《钱塘县志》，万历三十七年修、光绪十九年刊本
崇祯《嘉兴县志》，崇祯十年刻本
崇祯《乌程县志》，崇祯十年刻本
康熙《昆山县志》，康熙间稿本
康熙《秀水县志》，康熙二十四年刻本
乾隆《元和县志》，乾隆二十六年刻本
乾隆《长洲县志》，乾隆十八年刻本
嘉庆《嘉善县志》，嘉庆五年刻本
嘉庆《直隶太仓州志》，嘉庆七年刻本
道光《昆新两县志》，道光六年刻本
同治《苏州府志》，同治间修、光绪九年刊本
光绪《嘉定县志》，光绪六年重修版
光绪《昆新两县续修合志》，光绪六年刊本
光绪《青浦县志》，光绪四年刊本
光绪《重修嘉善县志》，光绪十八年刊本
陈尚隆纂、陈树榖续纂:《陈墓镇志》，雍正二年成书、乾隆三十五年续修，抄本

金惟鼇纂:《盘龙镇志》，光绪元年修，收入上海市文物保管委员会编“上海史料丛编”，1961年印行本

秦立纂:《淞南志》，上海图书馆藏嘉庆十年秦鉴刻本，收入上海市地方志办公室编:《上海乡镇旧志丛书》第13辑，上海社会科学院出版社2006年版

汪永安:《紫隄村小志》，康熙五十七年辑录稿，收入上海市地方志办公室编:《上海乡镇旧志丛书》第13册，上海社会科学院出版社2006年版

汪永安:《紫隄小志》，上海博物馆藏康熙五十七年稿本，收入上海市地方志办公室编:《上海乡镇旧志丛志》第13册，上海社会科学院出版社2006年版

汪永安原纂、侯承庆续纂、沈葵增补:《紫隄村志》，康熙五十七年修、咸丰六年增修，上海图书馆藏传抄本

上海市嘉定区政协文史资料编辑委员会编:《嘉定抗清史料集》，上海古籍出版社2010年版

二、著作

白寿彝主编:《中国通史》，上海人民出版社1995年版

陈梧桐、彭勇:《明史十讲》，中华书局2016年版

陈学霖:《明初的人物、史事与传说》，北京大学出版社2010年版

陈永发主编:《明清帝国及其近现代转型》，台湾允晨文化实业股份有限公司2011年版

邓之诚:《骨董琐记》，中国书店1991年版

樊树志:《晚明史》，复旦大学出版社2003年版

樊树志:《万历传》，人民出版社1993年版

顾诚:《南明史》，中国青年出版社1997年版

黄仁宇:《万历十五年》，三联书店1997年版

黄仁宇:《中国大历史》，三联书店1997年版

经君健:《清代社会的贱民等级》，浙江人民出版社1993年版

李光璧:《明朝史略》，湖北人民出版社1957年版

李文治编:《晚明民变》，上海书店、中华书局1989年版

李治安、孙立群撰:《社会阶层制度志》，上海人民出版社1998年版

廖峰：《嘉靖阁臣顾鼎臣研究》，巴蜀书社2012年版
柳亚子：《柳亚子文集》“南明史纲·史料”，上海人民出版社1994年版
吕思勉：《中国通史》，华东师范大学出版社1992年版
孟森：《明清史讲义》，中华书局1981年版
钱穆：《国史大纲》，商务印书馆1994年版
王家范：《百年颠沛与千年往复》，上海远东出版社2001年版
王仲：《苏州历史名人·况钟》，古吴轩出版社2003年版
韦庆远：《明代黄册制度》，中华书局1961年版
吴晗：《读史劄记》，三联书店1956年版
吴晗：《朱元璋传》，人民出版社1985年版
徐泓：《二十世纪中国的明史研究》，台湾大学出版中心2011年版
郁维明：《明代周忱对江南地区经济社会的改革》，台湾商务印书馆1990年版
张海瀛：《张居正改革与山西万历清丈研究》，山西人民出版社1993年版
张仲礼：《中国绅士——关于其在19世纪中国社会中作用的研究》，李荣昌译，上海社会科学院出版社1991年版
朱东润：《张居正大传》，东方出版中心1999年版
［美］包筠雅：《功过格：明清社会的道德秩序》，杜正贞、张林译，浙江人民出版社1999年版
［美］邓尔麟：《嘉定忠臣：十七世纪中国士大夫之统治与社会变迁》，宋华丽译，中央编译出版社2012年版
［美］史景迁：《追寻现代中国：1600—1912年的中国历史》，李璧玉等译，上海远东出版社2005年版
［美］魏斐德：《讲述中国历史》，梁禾主编，东方出版社2008年版
［日］酒井忠夫：《中国善书研究（增补版）》，刘岳斌等译，江苏人民出版社2010年版
［日］上田信：《明清时代：海与帝国》，高莹莹译，广西师范大学出版社2014年版

三、论文

白坚：《夏完淳陈子龙研究的珍贵史料——读侯岐曾〈丙戌丁亥日记〉札

记》,《文献》1989年第4期
冯贤亮:《清初地方士人的生活空间与场境变换——以董含与三冈董氏为例》,《学术月刊》2016年第5期
林志鹏:《袁黄〈四书删正〉及其对朱熹的批驳》,《鹅湖月刊》2015年第41卷第3期
林志鹏:《袁黄〈四书删正〉考述》,《中国典籍与文化》2015年第3期
任宜敏:《袁了凡佛学思想析论》,《人文杂志》2007年第4期
王鸿泰:《倭刀与侠士——明代倭乱冲击下江南士人的武侠风尚》,《汉学研究》2012年第30卷第3期
王鸿泰:《武功、武学、武艺、武侠:明代士人的习武风尚与异类交游》,《中研院历史语言研究所集刊》2014年第八十五本第二分
王卫平:《慈风善脉:明末清代江南地区的慈善传承与发展》,《苏州大学学报》2016年第3期
吴晗:《明代的新仕宦阶级,社会的政治的文化的关系及其生活》,中国社会科学院历史研究所明史研究室编:《明史研究论丛》第五辑,江苏古籍出版社1991年版
徐泓:《明代社会风气的变迁——以江、浙地区为例》,邢义田、林丽月主编:《社会变迁》(台湾学者中国史研究论丛),中国大百科全书出版社2005年版
徐泓:《明代在中国历史上的地位》,陈支平、万明主编:《明朝在中国史上的地位》,天津古籍出版社2011年版
张献忠:《袁黄与科举考试用书的编纂——兼谈明代科举考试的两个问题》,《西南大学学报》2010年第3期
章宏伟:《有关袁了凡生平的几个问题》,《明清论丛》第七辑,紫禁城出版社2006年版
汪荣祖:《江南与明亡清兴——兼论历史地缘说》,熊月之、熊秉真主编:《明清以来江南社会与文化论集》,上海社会科学院出版社2004年版
汪荣祖:《明清帝国的空间》,陈永发主编:《明清帝国及其近现代转型》,台湾允晨文化实业股份有限公司2011年版
[日]岸本美绪:《崇祯十七年的江南社会与关于北京的信息》,《清史研究》1999年第2期

［日］滨岛敦俊：《方志与乡绅》，《暨南史学》2003年第6号

［日］大木康：《明王朝忠烈遗孤侯涵生平考述》，《中国文学研究》第25辑，复旦大学出版社2015年版

四、外文文献

John King Fairbank, *The United States and China*, the 4th edition, Harvard University Press, 1983.

Fei Hsiao-Tung, *China's gentry: essays in rural-urban relations*, the University of Chicago Press,1953.

Ho Ping-ti, *The Ladder of Success in Imperial China: A spect of Social Mobility in China, 1368-1911*, Columbia University Press, 1962.

Chu Tung-tsu, *Local Government in China under the Ch'ing*, Cambridge, MA: Harvard University Press, 1962.

根岸佶：《中國社會に於ける指導層——耆老紳士の研究》，平和書房，1947.

后记

从事明清史教学工作有年，但从未想过写一本总合个人兴趣的小书。在责编黄云龙先生的一再督促下，利用农历2016年岁末最后的一点闲暇，最终拼合成一本完全不是通史的稿子。在他的精心编校下，完成了本书。

既然不是通史，那就只能呈现几个断面。但实际上，各个历史断面之间，保持着千丝万缕的内在联系。从明朝开基业到明末抗清的终结，从帝都到乡野，从政治到社会，只能尽量兼顾叙述，从而基本呈现出明代政治生活的主线与社会变迁的大势。

明朝是比较特殊的一个断代。它处在两个北方民族入主中原的时段中间，既不愿接续元朝，也不愿让另一个政权接手，处境尴尬而又无奈。

从元明交替开始，朱元璋这个新王朝的开创者，直言明王朝是宋代的延续，完全忽略了元代，将元代视为一个闰位。这样，明朝的典章制度逐渐确立，到永乐年间，形成明朝人常说的大明祖制。然而至少从正德年间开始，这些要求就被慢慢改变了。嘉靖年间，有点怀旧的知识人还愿意多谈洪武朝的故事，从而来批评当下的世风，表现他们的不满。

这种不满的情绪，来自社会生活中礼制的崩坏，更来自于王朝政治应对危机的无力。于是清议之风大起，言论虽然空疏，但舆论声势极大，在朝野之间声气相通，出现了不同的门户派系。宦官当政之势日隆，在这群浊流的对立面，形成针锋相对的所谓清流。清浊必须分流，忠奸势同冰炭。由于帝王的幼小、平庸、病态或偏执等导致的朝政荒怠，使明朝政治中长期存在门户之斗、忠奸之争。当最后要予全面规复和整顿的时候，内忧外患已达极点，终致一切不可收拾。

政治上的不堪，并不能掩盖社会生活繁荣的现实。这是晚明中国社会的有趣现象，与中国历史上其他朝代兴替的情况，多不相侔。晚明的中国社会，因农业与手工业、商品经济的发展，海外贸易比较兴盛，白银大量流入，租税要求朝着纳银化方向发展，社会生活风气中有明显奢化的态势。

在文人相尚的文学创作方面，明朝承续元末以来的基础。明初宋濂、王祎、方孝孺、刘基、袁凯等人以诗文成就显名于世，其他流风遗逸，不可胜数，蔚然称盛。永乐、宣德以后，渐有衰落之态。到弘治、正德时期，如《明史》指出的，李东阳出入宋、元，溯流唐代，擅声馆阁，堪为代表。同时李梦阳、何景明倡言复古运动，影响极大，明代诗文至此为之一变。嘉靖时期，王慎中、唐顺之等人，文宗欧阳修、曾巩，诗仿初唐风格。李攀龙、王世贞等人，则主张文章要效秦、汉，诗规盛唐。文化上出现了比较繁盛的局面。散文名家归有光登上文坛较晚，却以司马、欧阳自命，力排李梦阳、何景明、王世贞、李攀龙。而徐渭、汤显祖、袁宏道、钟惺等人，也争鸣一时，于是形成别开生面的繁荣局面。天启、崇祯年间，钱谦益、艾南英追范北宋矩矱，张溥、陈子龙则力主东汉文风，文学上又起了新变化。

上述这些言说，由于书稿专题与篇幅的局限，无法展开讲述。明代历史上的无数瞬间，其实都值得玩味，无论盛衰，无论贫富，无论悲喜。

山川生笔墨，日月逝琼浆。或者正如明末终身不求仕进的绍兴人张岱所谓，人生世间，繁华靡丽，过眼皆空，总是一梦；又如明末松江秀才曹家驹所说的，人生如梦，是吉梦、恶梦，还是醒梦，言之者娓娓，听之者津津，都付谈笑间，真的是“风景在而山河殊，繁华歇而沧桑易”。

形成这本小书初稿的时候，正处冬月的江南乡间。现在写就这个后记，又是寒冬时节了。

冯贤亮

2021年1月30日于复旦大学光华楼